华章经管

HZBOOKS | Economics Finance Business & Management

本书是国家自然科学基金重点项目
（项目编号：71832007）的研究成果之一

赵曙明 著

经营的智慧

江苏交通控股有限公司
交通强国的实践

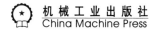

图书在版编目（CIP）数据

经营的智慧：江苏交通控股有限公司交通强国的实践 / 赵曙明著. —北京：机械工业出版社，2020.9

ISBN 978-7-111-66400-0

I. 经… II. 赵… III. 交通运输企业 – 国有企业 – 企业经营管理 – 概况 – 江苏 IV. F512.753

中国版本图书馆 CIP 数据核字（2020）第 156630 号

本书在企业战略的历史演变和四度思维的基础上对江苏交通控股有限公司（以下简称"江苏交控"）的战略定位、资金融控、服务创新、产融结合进行深度剖析，并进一步提炼了江苏交控在信息转型、人文环境、风控保障方面的创新实践，最后对江苏交控的未来蓝图进行展望。本书既展现了江苏交控大量鲜活典型的案例，又对江苏交控的大量创新实践进行了理论提炼。

经营的智慧
江苏交通控股有限公司交通强国的实践

出版发行：机械工业出版社（北京市西城区百万庄大街 22 号　邮政编码：100037）
责任编辑：刘新艳　　　　　　　　　　　责任校对：李秋荣
印　　刷：三河市宏图印务有限公司　　　版　　次：2020 年 9 月第 1 版第 1 次印刷
开　　本：170mm×240mm　1/16　　　　 印　　张：19
书　　号：ISBN 978-7-111-66400-0　　　 定　　价：69.00 元

客服电话：（010）88361066　88379833　68326294　　投稿热线：（010）88379007
华章网站：www.hzbook.com　　　　　　　　　　　　读者信箱：hzjg@hzbook.com

版权所有·侵权必究
封底无防伪标均为盗版
本书法律顾问：北京大成律师事务所　韩光 / 邹晓东

FOREWORD | 推荐序

  交通，是兴国之要、强国之基。建设交通强国，对于交通人来说是一个宏伟的目标、一项伟大的事业。欲建设让人民满意、保障有力、世界领先的交通强国，必先打造一流设施、一流技术、一流管理、一流服务，谱写强有力的新时代交通强国建设新篇章。

  江苏交控自 2000 年成立以来，在近 20 年的发展历程中，取得了令人瞩目的成果，也做了很多创新的探索，比如，江苏交控高速服务区商业模式创新迭代，全国第一个立足于"云、网、边、端"架构的调度云平台，全国领先的"苏式养护"理念，创新的干部管理体制机制等。

  江苏交控的快速发展离不开领导者的智慧。"十三五"期间，董事长蔡任杰先生提出从"宽度一厘米、深度一百米、长度一千米、高度一万米"四个维度深入推进国有资本优化调整和整体质态提升，为江苏交控坚持"一主两翼、双轮驱动"的发展战略，实现"建成具有国际视野、国内一流的综合大交通国有资本投资公司"发展愿景提供了系统性的思考框架。四个维度既是江苏交控发展过程中智慧的提炼，也是领导者杰出的战略眼光、敏锐的市场意识、坚韧的"工匠精神"、利他的人文情怀的展现。

  本书的独到之处不仅仅是提炼了很多鲜活的案例，展现了江苏交控在充分理解外部环境变化的基础上所进行的深度思考和积极探索，更重要的是，对江苏交控的实践进行了理论升华，形成了系统性的思维框架。现在企业所处的外部环境的不确定性增加，此外，与过去不同，整个宏观环境不再呈高速增长状态，再加上新兴产业和新兴技术的出现，深深影响了企业的思考逻辑。过去我们所认为的能让企业成功的管理模式，可能会成为下一个决策的羁绊。当前，交通运输行业也面临着大变局，正迎来"大交通"时代。江苏将围绕推动国家战略实施、省级战略落地以及体现江苏交通的特色，着力打造交通强国江苏样板。江苏交控作为全省重点交通基础设施建设投融资平台，怀揣着初心和使命，脚踏实地，勇担责任。外部环境的变化并没有让江苏交控人迷失方向，反而更加清醒。在对行业重新定义的基础上，江苏交控认识到其"聚焦"战略是核心定位，并对"交通"的内涵和外延有了自己的理解，从聚焦于高速公路，发展成聚焦于三大主业，即立足于交通基础设施、金融投资、"交通+"，着力构建充满活力的综合大交通生态圈。

本书从战略定位、资金融控、服务创新、产融结合、信息转型、人文环境、风控保障、未来蓝图八个方面对江苏交控的经营实践进行提炼，并进行理论提升。本书不仅介绍了江苏交控的管理经验，还基于中国文化背景，基于时代发展要求，对江苏交控的经营管理实践进行提炼，体现了中国企业在中国文化背景及新时代发展的要求下，对经营实践的探索，对经营理论的创新，对经营智慧的沉淀。

我很高兴能够看到企业的实践和理论的思考深度结合并阐述清晰的书，很感谢赵曙明教授的研究团队对江苏交控进行深入的研究，并对江苏交控的经营智慧进行提炼，帮助企业的管理跋涉者在面对层出不穷的管理问题和理解巨变的环境时，把握机会，勇敢探索，找到方向！

北京大学王宽诚讲席教授，国家发展研究院 BiMBA 院长

陈春花
2020 年元月于北京大学

FOREWORD 序 言

行驶在江苏的高速公路上，总有一种顺畅、舒心的感觉。这是因为江苏的高速公路不仅路网密度居全国之首，而且创造了诸多的"江苏奇迹"：服务区商业模式转型升级发展、高速路桥管养模式创新突破、超大流量安全畅行持续巩固、高质量发展的经营管理指标始终保持在良好状态等。但很少有人会想到这些奇迹背后的创造者如何瞄准国家战略与行业发展方向，将一个个创举与高质量发展、人们对美好生活的期待完美地融合在一起。带着由衷的赞叹和敬意，人们开始关注这些奇迹的创造者——江苏交控，逐渐体会到正是江苏交控人点滴的平凡工作造就了江苏交控不平凡的业绩，坚守的初心凝结成永恒的经营智慧。

江苏交控成立于 2000 年，是江苏省重点交通基础设施建设项目省级投融资平台。截至 2019 年末，公司下辖子公司有 34 家，拥有员工近 3 万人，公司全口径资产规模突破 5700 亿元，净资产突破 2400 亿元，拥有江苏宁沪高速公路股份有限公司（以下简称"宁沪高速"）、江苏金融租赁股份有限公司（以下简称"江苏金融租赁"）两家上市公司。初识江苏交控，对它的第一印象便是路桥企业，想探索这家公司是如何将"江苏奇迹"推向极致的。早在"十二五"期间，江苏交控便提出了"一体两翼"的发展战略。在"十三五"期间，"一体两翼"发展成"一主两翼"，其内涵和外延不断趋于成熟。伴随着两翼的快速发展，最终形成交通基础设施、金融投资、"交通+"三大主业的战略态势。目前，江苏交控主要承担四项职责：一是负责全省高速公路、高铁、机场、港口、航空等重点交通基础设施建设项目的投融资;二是负责江苏省铁路集团有限公司(以下简称"江苏省铁路集团")、江苏省港口集团有限公司(以下简称"江苏省港口集团")、东部机场集团有限公司(以下简称"东部机场集团")的出资任务,其中分别占股江苏省铁路集团96.25%、江苏省港口集团29.64%、东部机场集团27.3%;三是负责全省高速公路、过江桥梁的运营和管理,公司目前管理全省87%的高速公路,管辖里程达4229公里,其中跨江大桥8座、收费站349个、服务区94对;四是依托交通主业,负责相关竞争性企业的资产和市场经营管理,涉及金融投资、电力能源、智慧交通、文化传媒、工程养护、客运渡运等领域。

当前,中国特色社会主义进入新时代,江苏交控在省委、省政府和省国资委党委的领导下,充分发挥交通基础建设投融资主渠道作用,高质量地实现了发展速度、质量和效益的有机统一,为江苏省构建现代综合交通运输体系提供了有力支撑,助力落实"一带一路"倡议,推动长江经济带建设,实现长三角区域一体化的国家发展战略。

董事长蔡任杰先生提出了"宽度、深度、长度、高度"四个维度的系统思考框架:"宽度一厘米"从战略角度要求江苏交控在思考战略定位时要聚焦三大主业;"深度一百米"强调了精益求精、追求卓越的"工匠精神";"长度一千米"指出了产业的衍生性,从三大主业向价值链和生态圈布局;"高度一万米"则是高站位的全球视野的体现。四个维度是企业发展经营智慧的高度凝练,也是本书结构布局所围绕的核心理念。

任何经营智慧都是在特定的环境下,由组织和个人不断学习、积极探索、努力实践、持续完善而形成的系统性的经验总结与历史积淀。江苏交控牢记使命,奋力续写新时代"交通强省"新答卷。当前,江苏交控正处于"发展机遇期、矛盾凸显期、改革攻坚期"三期叠加的关键发展时期,面临着"钱从哪里来,人往哪里去,险从哪里防"三大难题。新时代要求既要有新担当、新作为,也要有新的动能、新的思维、新的业态。江苏交控积极贯彻落实《交通强国建设纲要》,聚力"构建大交通、防范大风险、聚焦大主业、开展大创新、强化大党建、推动大发展",全面提升综合实力和可持续发展能力，努力实现"资产总量变得更大、结构布局变得更优、质量效益变得更高、支撑作用变得更强、窗口形象变得更美、员工生活变得更好"。回顾过去，立足现在，近20年的发展历程，江苏交控精益求精；展望未来，不忘初心，建设交通强国，江苏交控责任在肩。

本书在剖析企业战略的历史演变和四度思维的基础上，对江苏交控的战略定位、资金融控、服务创新、产融结合进行深度剖析，并进一步提炼了在信息转型、人文环境、风控保障方面的创新实践，最后对江苏交控的未来蓝图进行展望。本书既展现了江苏交控大量鲜活典型的案例，又对江苏交控的大量创新实践进行了理论提炼。

作为一项研究性课题，本书汇聚了很多人的汗水和努力，感谢赵宜萱、周路路、秦伟平、李晋、李召敏、施扬、张宏远、曾颢、蔡静雯、张敏、李进生、李茹参与书稿的创作！另外，我还要感谢赵宜萱老师在整个书稿的设计、统稿方面做了大量工作，提出了很多建设性意见。感谢佰德（中国）人力资源集团董事长高辉原先生协助做了大量的协调和调研工作。特别要感谢江苏交控董事长蔡任杰先生对此项目的重视和支持，感谢江苏交控的人力资源部做了大量的组织、协调工作和企业专家团队对书稿提出了多轮建设性反馈意见，以及感谢参加访谈的近百人对案例素材的提供。同时，我还要感谢机械工业出版社华章公司的王磊、张竞余和欧俊在本书的编辑与出版过程中提供的大力支持。他山之石，可以攻玉。愿集体的智慧能够汇聚，助力江苏交控迈向新的发展，不断将中国管理实践推向新的高度。

南京大学人文社科资深教授、商学院名誉院长、博士生导师

赵曙明　博士
2020年元月于长沙

前 言 | PREFACE

企业经营有术更要有道,《史记·货殖列传》云:"与时逐而不责于人。故善治生者,能择人而任时。""与时逐"强调遵循市场规律,把握住稍纵即逝的商机,而成败的根本体现在"择人"与"任时",因此这些又最终体现于企业经营的智慧。企业经营智慧的形成与沉淀,是对管理实践的提炼总结,是一个伟大的企业思想和文化的诞生过程,必将有力地影响一个产业,甚至一个时代。经营是做正确的事,是面对市场的不确定性——市场的变化、创新的变化以及商业模式的变化,做出决定和选择。经营结果代表管理水平,管理结果最终体现在经营结果上。当经营活动出现闪光,并连成了企业的永续经营体,一个企业便被赋予了思想性,进而凝结成了企业的经营智慧。

建设交通强国,关乎民生福祉增进,关乎经济高质量发展,也关乎国家竞争力提升。加快建设交通强国,打造现代化综合交通体系,将为实施国家战略、推动区域发展、助力"一带一路"、实现长三角一体化、促进社会进步等提供强有力的保障。高速公路被誉为国家走向现代化的桥梁,是发展现代化交通的必经之路,现代化建设的不断发展给交通运输发展提出了更高的要求。铁路企业的成长,曾经是管理史中著名的"管理运动"的开端,那交通业的发展能否继续为经营智慧的培养与沉淀提供创新元素?江苏交控以"服务于江苏经济社会发展大局,完成省委、省政府交办的投融资任务"为首要使命,充分发挥交通基础建设投融资主渠道作用,以

"建成具有国际视野、国内一流的综合大交通国有资本投资公司"为愿景,高质量发展,始终走在全国前列。回顾转型历程,总结改革成效,这份答卷中不乏可圈可点之处,对其加以梳理,不知能否称为"智慧",但至少江苏交控人对多年的努力感到欣慰,对未来的发展多了期待,更为行业甚至时代的进步承担着责任,便暂以"智慧"自诩之。

发展历程:经营智慧的来源

江苏交控是江苏省重点交通基础设施建设项目省级投融资平台,不但负责全省高速公路、高铁、机场、港口、航空等重点交通基础设施建设项目的投融资和全省高速公路的运营与管理,而且依托交通主业,负责相关竞争性企业的资产和市场经营管理。

江苏交控的成立,得益于江苏省推行的"政企分开、建管分离"的高速公路建设管理模式,近20年的风雨兼程、跨越式发展,离不开江苏交控人的目标远大与不懈追求。在成立之初,江苏交控便有着明确的战略定位,兼有功能性的路桥业务和市场化竞争的非路桥业务,较早实现了对不同类型业务的分类改革和管理,但在艰辛探索中,也曾有过些许坎坷。2007年,公司投资的强度不断加大,负债规模急剧攀升,财务状况持续承压,在经营和投融资困难的关键时候,江苏交控通过变现资产等方式有效化解了风险,渡过了难关,发挥了"压舱石"的作用,实现了对交通主业的有效反哺和对主业发展的坚守。如今,在大交通投融资体制和创新的改革风潮里,同时在加快建设国际视野、国内一流综合大交通国有资本投资公司的奋斗征程中,江苏交控日益精进,成绩令人瞩目。

2000年,江苏交控在成立之时主要承担重点交通基础设施投融资、全省高速公路路网的运营和管理以及相关竞争性企业的市场化经营等任务,经过多年的发展,江苏交控逐步构建了以交通基础设施为主体,金融投资和"交通+"为两翼的"一主两翼"产业发展格局,逐步成为大型省级国有资本投资公司。

"十二五"期间,江苏交控立足于"保供给、防风险、降成本、创效益"的工作思路,创新拓展融资渠道,加大直接融资力度,强化公司资金管控,围绕"一体两翼"战略,不断优化资本布局结构,坚持"更好地为公众服务"的价值理念,以创建"畅行高速路、温馨在江苏"管理服务品牌为目标,通过机制创新、制度创新、管理创新和科技创新,全力打造"畅行、温馨、智慧、绿色"高速公路。江苏交控完善了高速公路路网运行监测平台、指挥调度平台、公共信息服务平台和路警联合值班机制;率先实施了跨省不停车收费和长三角五省一市一体化收费,成功实现了南北网融合;创造性地提出了雨雪天气不封路的做法;进一步增强了养护科技创新,公司在2015年全国干线公路养护管理大检查中获得规范化管理第一名的好成绩。至此,江苏交控积极推进服务区商业模式创新,精准把握服务区的"定位、规划、设计、改造、模式、品牌、标准、机制"八个环节,因区制宜,稳妥推进,在满足基本需求的基础上,为社会提供个性化、品质化、多样化的更高层次服务,美化了服务全省经济社会发展的窗口形象。江苏交控还坚持推进结构调整,加快非路桥产业转型升级,围绕构建"一主两翼"产业协同发展格局的总体目标,不断推动非路桥产业结构进一步优化,企业的市场竞争力得到进一步增强。

进入"十三五",江苏交控立足于在更高层次上服务全省经济社会发展大局,形成了"一主两翼、双轮驱动、三大主业、四大战略、五大保障"的发展思路,努力实现科学发展争一流、党建工程争一流、改革创新争一流、和谐稳定争一流,把江苏交控打造成具有国际视野、国内一流的省级国有资本投资公司。一主两翼,即以高速、高铁、港航、航空等交通基础设施为主体,金融投资和"交通+"为两翼,互为支撑、协同发展。双轮驱动,即打造"资产经营+资本经营"双轮驱动发展模式。三大主业,即立足于交通基础设施、金融投资、"交通+"三大主业方向,以"资产合理配置、资源优势互补、资本有序流动"为目标，着力构建充满活力的综合大交通生态圈。四大战略，即创新驱动战略、风险防控战略、成本领先战略、品牌创建战略。五大保障，即机制保障、资金保障、人才保障、政治保障、监督保障。

2019年，江苏交控实现营业收入555亿元，实现利润165亿元。截至2019年末，江苏交控公司全口径资产规模突破5700亿元，净资产突破2400亿元，国内同业及省属企业"领头羊"地位进一步巩固。公司下辖子公司有34家，拥有员工近3万人。不忘初心，方得始终。江苏交控始终坚持"一主两翼、双轮驱动"的发展战略，砥砺奋进、攻坚突破，为企业高质量发展增添新动力，在履行社会责任的道路上，与利益相关方共建、共创、共享、共荣，努力通向产业协同、通向美好生活、通向绿色未来、通向幸福和谐。

时代布局：经营智慧的实践

进入中国特色社会主义新时代，江苏交控以"交通强省、富民强企"为新使命，围绕"建成具有国际视野、国内一流的综合大交通国有资本投资公司"这一目标，致力构建大交通、防范大风险、聚焦大主业、开展大创新、强化大党建、推动大发展，在实现自身可持续发展的同时，高度重视作为省属国有企业的责任属性，持续为社会创造价值，为建设"强富美高"新江苏贡献力量。江苏交控主动适应经济发展新常态，认真落实"巩固、增强、提升、畅通"八字方针，在高质量发展、深化供给侧结构性改革、深化市场化改革、运输服务、国有企业党的建设等方面当好先行军，不忘初心、牢记使命，为建设新时代交通强国谱写新篇章。

当前，我国正处在承前启后、继往开来，在新的历史条件下继续夺取中国特色社会主义伟大胜利的新时代，经济已由高速增长阶段转向高质量发展阶段，改革进入攻坚期和深水区，国资国企改革进入深化期。党的十九大报告中首次提出了建设"交通强国"的战略目标，江苏省委、省政府将推进重大基础设施建设作为全省"十三五"规划中的重中之重，到2020年，全省综合交通基础设施总体达到世界先进水平。在"十三五"期间，江苏交控的内外部环境出现了许多新情况、新变化、新趋势，处于加快推进现代化综合交通运输体系建设的"发展机遇期"；投资加快、融资困难、负债上升的"矛盾凸显期"；防范风险、加快转型、提质增效的"改革攻坚期"。"三期"叠加，公司肩负着"交通强省、富民强企"的新使命，总体上处于可以大有作为的重要战略机遇期，在关键的历史发展阶段，机遇与挑战并存。江苏交控要成为江苏国企高质量发展的先行军，就要对面临的挑战应对得当，将挑战转化为新的发展契机，善于把握面临的机遇，并将机遇厚植为发展优势。

围绕"一主两翼"的总体发展布局，打造"资产经营+资本经营"双轮驱动发展模式，江苏交控需要充分利用公司充足的现金流和阶段性较快增长的利润空间，抢抓资金端与投资端配置的时间差、空间差，通过"产业+资本"的模式，在整合资源的基础上创造价值、放大价值，加快培育新的利润增长点。资产经营侧重产业培育和发展，以存量资源为基础，以提升产业运营效益和服务效率为重点，以服务经济社会发展大局、增强产业竞争力为目标，推动交通基础设施运营业务转型升级。资本经营侧重资本的市场化运作，以提高国有资本配置效率、优化国有资本布局为出发点，以增量投资为重点，放大国有资本功能，提高国有资本回报。公司要充分发挥资产经营与资本经营的协同作用，以资产经营为本，以资本经营为用，推动资产经营与资本经营相互融合，以"资产合理配置、资源优势互补、资本有序流动"为目标，聚焦交通基础设施、金融投资、"交通+"三大主业，着力构建充满活力的综合大交通生态圈。

2016年以来，江苏交控先后被评为"江苏省优秀企业""江苏省文明单位""2018榜样江苏·十大暖企"；公司党委被评为"全国先进基层党组织";公司团委被评为"全国五四红旗团委"。

通过实践检验,"一主"快速发展,"两翼"不断丰满。根据当前的发展形势,结合2016～2018年共计三年的总资产、净资产、利润总额(剔除补贴)全口径指标数据分析,总资产年均增长率为23.18%,净资产年均增长率为31.21%,利润总额年均增长率为20.67%,实现"十三五"目标在即。

系统思考:经营智慧的沉淀

在主流管理学中,管理职能是构成管理原理的重要内容。20世纪后期,中外管理学界出现了以管理职能为脉络整合管理知识体系的趋势,特别是近年来,管理学教材70%以上采用了以计划、组织、领导、控制等管理职能为基本框架的理论体系。但是,在确定了组织的价值观、方向和道路之后,人们需要确定具体的目标以及实现目标的策略,而对经营之道的总结却是主流管理学理论体系的薄弱环节。

诺贝尔经济学奖获得者赫伯特·西蒙认为,管理的核心是决策,决策贯穿管理的全过程。决策要解决两个基本问题:一是我们要做什么事,什么是正确的事,如何保证我们做的事情是正确的、有效的。这是中国哲学中"道"的范畴,涉及管理的价值观和世界观的问题。二是我们如何做事,如何正确地做事,以便更好地达成目标。这是中国哲学中"术"的范畴,也就是经营管理中所要解决的流程、模式、方法与手段等问题。对这一系列关于"道"和"术"的经营总结,所沉淀的便是经营的智慧。

江苏交控作为江苏省重点交通基础设施建设项目省级投融资平台,在省委、省政府和省国资委的领导下,秉持"责任、创新、崇实、善为"的核心价值观,践行"通达美好未来"的社会责任理念,务实担当、砥砺奋进、稳步发展,成为全省现代化综合交通运输体系的中坚力量,承担着交通强国建设的四大使命。一是为国家重大战略实施当好先行军。加快推动现代化综合交通运输体系建设，加大工作力度，确保如期完成公路投资、铁路投资、港口投资等目标任务。二是着力优化交通运输市场环境。在推进简政放权、交通运输综合行政执法改革等方面加大工作力度，确保取得实质进展。三是加快推动交通运输创新引领发展。积极推进行业节能减排和污染综合防治，推广绿色出行，加快新技术攻关和推广应用，推进"互联网+"交通运输发展，加快培育交通运输新动能。四是加快推动交通运输治理体系、治理能力现代化。统筹推进行业重点领域改革不断深化，健全与高质量发展相适应的体制机制。

在这些使命的推动下，江苏交控在战略定位、资金融控、服务创新、产融结合、信息转型、人文环境、风控保障、未来蓝图八个方面进行了系统性思考，并试图将江苏交控多年来的经营智慧进行提炼，以期对行业内外的管理者有所启发。因此，本书分为以下八章内容。

第一章，战略定位。江苏交控践行董事长蔡任杰提出的"宽度一厘米"的思想，深耕主业，构建江苏综合大交通生态圈。公司聚焦交通主业，围绕江苏高速、江苏高铁、江苏港航、江苏航空四大板块布好局，全力支撑现代化综合交通运输体系建设。此外，公司始终坚持"一主两翼、双轮驱动"的发展战略，围绕交通主业延伸产业链，拓展价值链，以优化资源配置和提升企业效益为导向，有重点地推进"交通+"项目，加快培育"交通+"产业新的业务增长点，着力构建具备竞争优势的"交通+"产业体系，有效反哺交通主业。董事长蔡任杰提出的四度思维与系统思维不谋而合，体现了系统思维下的动态观和整体观。

第二章，资金融控。本章试图解答如何破解高速公路企业面临的融资困境，拓宽融资渠道，优化融资结构，不断通过融资创新解决发展过程中遇到的"钱从哪里来"的难题。

第三章，服务创新。江苏交控秉持"深度一百米"的思维指导（详见第一章）：在高速公路路面、跨江大桥、智慧养护等方面积累的经验、技术与方法已经形成了"苏式养护"模式；在营运协同管理上，江苏交控首次实现了"一路三方"的联合指挥调度机制，在全国具有示范意义；在旅途慢享方面，更是追求精益思想，实现服务区商业模式的转型。

第四章，产融结合。江苏交控人找准了未来增量的发力点，即金融投资、"交通+"，这两大方向在产业链和产融结合上与大交通主业有很强的互补性和协同性，实现了对路桥业务的有效反哺。江苏交控还做优做大宁沪高速和江苏金融租赁两大上市平台，建立了江苏交通控股集团财务有限公司和江苏商业保理（广州）有限公司，进行了产融结合的尝试。

第五章，信息转型。江苏交控始终遵循互联网思维，着力将信息技术优势转换为综合大交通生态圈的产业优势、发展优势和资源优势。2018年，令人瞩目的协同指挥调度云服务平台和"G2视频"平台成功投运，成就了智能交通建设的"苏交控模式"，成为全国高速公路信息化建设的"蓝本"和"标杆"，并被迅速复制应用到京津冀鲁沪5省市，引起交通业界的强烈反响和社会各界的高度关注。针对公众关注的高速收费便捷问题，江苏交控正计划全面上线高速公路移动支付系统，开发云上车牌识别系统（识别准确率已达99.9%），为下一代"收费云"平台建设奠定技术基础。未来，江苏交控仍将注重对新技术的深入应用，为大众带来更佳的出行体验。

第六章，人文环境。江苏交控将"职工群众高兴不高兴、满意不满意、拥护不拥护、答应不答应"作为检验党建工作成效的一条重要标准，全系统党组织的政治核心作用、党支部的战斗堡垒作用和党员的先锋模范作用得到充分发挥，为推动公司的改革发展提供了政治保障，为引领、推动、保障江苏现代化综合交通运输体系建设提供了强力支撑。

第七章，风控保障。江苏交控作为交通领域治理的重要参与者，在"一带一路"建设背景下积极参与了安全、防控、采购、财务、法务、纪律等有关规则的制定，用行动回答了"险从哪里防"的难题。2018年4月，江苏交控正式启动了全面风险管理体系建设。

第八章，未来蓝图。江苏交控在获得鲜花和掌声的同时，未来的路仍布满荆棘。然而，在四度思维的指导下，江苏交控人秉承初心与使命，以利他之情怀，持续追求卓越。

企业的经营智慧必须落地。真"道"需要进行关键的落地检验，企业发展是否符合"道"，要通过"术"来检验。"术"要载"道"，经营之道不能落实到企业实践的方方面面，就是空中楼阁，没有实际价值。若落地就要有精确到刻度的"术"，这就需要悟道，悟道是不忘初心，砥砺前行。面对企业纷繁的事情，解决问题的方式既要获得大家的认可，还要能提高大家工作的积极性，这就需要对人心精确到刻度的把握。经营管理就是一场修行，中国企业呼唤的是一种基于中国文化背景和思维方式的管理方法，一种中国化的"道与术"统一的管理思想和理论，一种影响一个产业、影响一个时代的经营智慧。

南京大学人文社科资深教授、商学院名誉院长、博士生导师

赵曙明　博士
2020年元月于长沙

CONTENTS 目 录

推荐序
序　言
前　言

第一章　一主两翼　双轮驱动
战略聚焦构建综合大交通

聚焦主业　赋能两翼　　　　　　　　　　　004
"一主两翼"初现端倪　　　　　　　　　　　　004
"一主两翼"趋于成熟　　　　　　　　　　　　006
多层面的战略组合　　　　　　　　　　　　　008

双轮并举　创新动能　　　　　　　　　　　010
资产经营释放 1+1>2 的效应　　　　　　　　011
资本经营搭建三大平台　　　　　　　　　　　013
战略塑造核心竞争力　　　　　　　　　　　　015

系统思维　四度协同　　　　　　　　　　　018
系统思维成为底层逻辑　　　　　　　　　　　019

四度思维解读　　　　　　　　　　　　　　　　023
四度思维中的智慧　　　　　　　　　　　　　　025

第二章　互联互通　共创价值
资金融控破解发展融资老难题

综合投资建设一盘棋　　　　　　　　　　　　　029
　立足自身　扎根路网建设　　　　　　　　　　030
　统筹发展　发挥多主体的投资能力　　　　　　033
　滚动发展　提质增效　　　　　　　　　　　　039

创新融资平台做市场　　　　　　　　　　　　　043
　坚持融资创新　拓宽融资渠道　　　　　　　　045
　保持财务弹性　提高应变能力　　　　　　　　049
　争取政策资金支持　实现融资分流　　　　　　050

第三章　快行慢享　品质超越
创新养护与营运服务新模式

联动融合　协同运营　　　　　　　　　　　　　059
　三方协同出实招　　　　　　　　　　　　　　060
　跨界整合显成效　　　　　　　　　　　　　　065

苏式养护　协力创新　　　　　　　　　　　　　067
　精准把脉　重塑养护理念　　　　　　　　　　068
　优化模式　提高养护效率　　　　　　　　　　071

创新技术　打造养护精品	075
数据赋能　凸显智慧养护	079

旅途慢享　商业蝶变	**083**
审时度势　智慧破局	084
创新商业模式　小空间变大舞台	086
提升管理　茉莉花香飘千里	093

第四章　产融结合　高效运作
协同布局发力未来增长新动力

组合布局　动态平衡	**100**
识金融发展之限　寻经济发展之机	100
借时代发展之势　增金融发展之力	103

产产结合　交通+生态圈	**106**
交通+ETC	106
交通+传媒	108
交通+清洁能源	110

上市运行　做强做优	**114**
混改增效　优化经营管理	115
挂牌上市　提升经济实力	118
设立平台　提高证券化水平	121

延伸链条　财务协同	**124**
立足资金　强化产业金融优势	125

立足资本　发挥资本集聚效应	127
立足业务　发展供应链金融	130

第五章　信息转型　质态提升
当"工匠精神"直面互联网思维

工匠之道　源起于心	135
找寻真谛　坚守信念	135
顶层设计　引领未来	136
工匠之势　化云为雨	140
打破常规　突破创新	141
利用协同思维　构建六朵祥云	143
平台化运作　打造智慧高速生态圈	152
工匠之术：点石为金	155
系统协同　降本增效	155
模式输出　责任担当	167

第六章　党建引领　人文荟萃
"交控牌"人才队伍这样炼成

人才领先　智力支撑	175
以产聚才　汇聚四方精英	177
以才促产　智慧助力经营	180

适时变革　应对挑战	197
"三项制度改革"让机制配套完善	197
"四种渠道转岗"让员工赋能成长	198
"五型总部创建"让发展行稳致远	201
党建引领　文化育人	202
创新党建工作　构建党建体系	203
丰富党建外延　发展企业文化	214

第七章　筑牢防线　合规经营
建设全面风控保障体系

系统设计　铸造坚如磐石的"风控金字塔"	221
企业风控的三大问题	222
精心构建的风控体系	224
拥抱合规　打造密不透风的控险体系	229
防范与化解重大战略风险	230
有效控制投资风险	233
严密防控财务风险	236
切实把住运营风险	242
兜底执掌法律风险	246
源头监控　构筑牢不可破的廉洁堤坝	251
双向融入　扎紧制度"铁篱笆"	252
纪监利剑　垒砌权力"防火墙"	256

第八章　穿越周期　做强做优
在不断变革中前行

变与不变 266
　大变局　大挑战 267
　不变的初心与使命 269
　战略聚焦不动摇 270

呼唤企业家精神 271
　内敛力与扩张力的交融 272
　创新是企业发展的灵魂 273

从价值链走向生态圈 274
　产业的多元延展 275
　互联网思维下的价值流动 276

高位引领　全球视野 277
　高站位引领发展 277
　"一带一路"开启国际化进程 279
　"小步快走"理性出海 280
　居安思危　增强风险意识 281

CHAPTER ONE
第一章

一主两翼　双轮驱动
战略聚焦构建综合大交通

"谋定而后动",战略定位是企业在"商海"中航行的指南针。江苏交控董事长蔡任杰先生提出的"四度思维",即"宽度一厘米"的战略方向,"深度一百米"的创新精神,"长度一千米"的产业布局,"高度一万米"的国际视野,为江苏交控推进"一主两翼、双轮驱动"的发展战略,提供了系统性、科学性、前瞻性的思考框架。

　　"变化是唯一不变的主题。"我们正处在一个充满不确定性的时代,改变对大多数企业来说都充满风险。然而这又是一个孕育各种可能性的时代,这就需要用企业的使命与愿景去引领每一个人不断前行。企业的使命是企业的存在理由,是企业最根本的、最有价值的、最崇高的责任和任务,是企业存在的终极意义,回答了"企业为什么存在"这一重要问题。企业的愿景是企业的蓝图,回答了"企业最终走向哪里"这一问题。企业的使命与愿景是企业战略设计的基石,也是驱动企业前进的风向标。

　　党的十九大报告中首次提出了建设"交通强国"的战略目标,为了全面贯彻党的十九大精神,江苏省委、省政府将推进重大基础设施建设作为全省"十三五"规划中的重中之重。我国的发展正处于并将长期处于重要战略机遇期,"一带一路"和长江经济带建设以及长三角一体化上升为国家战略,交通运输则处于基础设施发展、服务水平提高和转型发展的黄金时期。互联网、大数据、云计算、物联网、区块链、人工智能等新技术快速发展,将为交通运输发展赋予新的动能和新的优势,也必将为江苏交控的发展带来新机遇。一旦抓住机遇推动公司转型升级和高质量发展,完成省委、省政府赋予的各项使命,江苏交控将在更高层次上助力江苏"两聚一高",为"强富美高"新江苏做出贡献。江苏交控围绕着"交通强国、交通强省"的战略部署和省委、省政府关于构建现代综合交通运输体系的总体目标,以"服务于江苏经济社会发展大局,完成省委、省政府交办的投融资任务"为首要使命。这也是江苏交控人奋斗的初心。

当然,企业使命和愿景的实现为企业的战略奠定了基石。"谋定而后动",如果战略谋划存在问题,愿景则会像海市蜃楼般虚无缥缈。美国著名的战略学者迈克尔·波特认为:"竞争优势源于企业为顾客创造的价值,或者在提供同等效益时采取相对低的价格,或者不同寻常的效益用于补偿溢价而有余。"

随着市场竞争的加剧,企业要在整个行业面向广大的市场建立起产品的差异化或成本领先优势是不现实的;反之,专注于某个细分市场提供差异化或更低成本的产品更容易实现高于行业平均利润水平的业绩。基于以上背景,波特提出了聚焦(focus)战略。具体而言,聚焦战略包括两个维度:一是将产品的目标市场从大众市场转向细分市场;二是结合成本领先和差异化战略,形成与竞争对手或者之前产品的差异化或低成本优势。

例如,中国民营先锋企业华为公司就提出:聚焦主航道,实施针尖战略,坚持压强原则。华为公司的发展战略是集中力量于电子信息领域,将有限的资源聚焦到自己最擅长的领域,再针对该领域积聚力量、释放能量,"有所为有所不为"。正如任正非所说:"战略,战略,只有略了,才会有战略集中度,才会聚焦,才会有竞争力。"世界500强企业中的大部分都是能够集中优势和力量打造主航道的"专才"。比尔·盖茨聚焦软件行业，可口可乐把碳酸饮料做到极致，所以它们都在自己的主航道领域中成为全球企业的领导者。

本章将解读江苏交控的战略是如何塑造核心竞争力的，以及战略形成背后依赖的系统思维指导下的四度思维的智慧。

聚焦主业　赋能两翼

任何一个企业的战略定位都离不开当时所处的外部环境，且公司的战略必须与日益多元化的商业环境相匹配。江苏交控的战略定位动态演变过程也体现了企业在成长过程中离不开对内外环境的认知。在"十三五"规划中，江苏交控提出了"一主两翼"的战略定位，但如果回溯到"十二五"期间甚至更早，会发现"一主两翼"的战略并不是一蹴而就的，而是随着江苏交控的发展过程逐步演变形成的。

中国的很多企业在做大以后，都想走多元化的发展路径，然而诸多多元化失败的案例又让企业逐渐回归到主业。例如乐视，在致力于打造视频产业、内容产业和智能终端的"平台+内容+终端+应用"完整生态系统后，庞大的多元化产业链导致资金链出现了问题。因此，中国企业必须对战略选择有足够的危机感。只顾低头走路，无暇抬头看天是危险的。江苏交控需要不断审视战略聚焦的演变过程，并思考：战略聚焦对企业的价值到底何在？企业如何才能把这一价值转化为现实？

"一主两翼"初现端倪

江苏交控在"十二五"期间提出了"一体两翼"的战略定位，即以交通基础设施及关联产业为主体，以功能性地产和新能源等资源开发及金融服务为两翼，这与其在"十三五"期间提出的"一主两翼"在内涵上存在着一些区别。"一体两翼"有其存在的历史情境，是由江苏交控当时的能力以及所处的外部环境决定的。

江苏交控自2000年成立以来，经过十多年的发展，在"十二五"期间已经实现了跨越式发展，全面圆满地完成了省委、省政府确定的交通投融资和服务管理任务，这有力地支撑了综合交通大发展。但是江苏交控也面临着新的挑战，比如，路桥主业绝对比重大，营业收入与盈利贡献率分别达到70%和85%以上，是江苏交控投资能力的基础，但由于投资任务和收费政策的不确定性，保持投资能力压力较大，若完全依靠主业来支撑持续增加的、大量的投融资任务，难度会进一步加大，现有发展模式给江苏交控的长远发展带来较大制约。

江苏交控的决策层也发现，虽然路桥等基础设施主业一直是江苏交控的立身之本，但是投资任务的加大也需要企业不断地寻求新的利润来源。金融租赁和新能源等板块快速发展并逐渐崭露头角，但它们可以成长为江苏交控的新增长点吗？作为一家投融资发展平台，江苏交控的投融资能力是具有一定实力的，江苏金融租赁在"十二五"期间也得到了快速发展，为中小企业提供了个性化、差别化和高效率的服务。在新能源领域，江苏交控也具有一定的优势。结合国家和沿海地区新能源开发的产业政策以及沿海地区综合交通体系建设规划，江苏交控试图在风力发电、火力发电等新能源领域发展。

在功能性地产方面，江苏省着力推进区域、城乡和产业一体化进程。在这一过程中，江苏交控以促进产业集聚、企业集群、土地集约利用为目标，以推动基础设施、产业、城市互动发展为途径，满足特定集聚区域对地产物业的需求，打造功能性地产开发的商业模式。当时的公司决策层认为，江苏交控依托交通基础设施，具有天然的土地资源优势，可以利用服务地方经济社会发展的机会，与地方合作，从而形成功能性地产开发的优势。这里的功能性地产开发主要包括产业综合体开发以及城市商业综合体及配套住宅开发，比如工业用厂房、货物仓储等地产形式。江苏交控开始有选择地参与沪宁沿线、沿海地区港口建设以及临港产业集聚综合功能地产开发。后来，江苏交控组建功能地产开发公司，统筹负责项目的投资、规划、建设与运营，实现管理资源集约化。

"一主两翼"趋于成熟

经过"十二五"期间的探索，江苏交控进一步明确了"一主两翼"的总体发展布局，即以高速、高铁、港航、航空等交通基础设施为主体，金融投资和"交通+"为"两翼"（见图1-1），互为支撑，协同发展。

图 1-1　江苏交控"一主两翼"的总体发展布局

从总体布局可以看出，江苏交控的战略是不断聚焦主业的。功能性地产已经不再作为"一翼"的组成部分。江苏交控将"瘦身"目标纳入战略规划并列入公司对所属各单位的考核内容：在2018年底前，将计划内"僵尸企业"全部处置出清；在2020年底前，"四类企业""三类参股投资"的企业数量在2017年底的基础上减少80%以上。借此江苏交控相继完成苏铁工程、重庆海运、华宇通航、星汉投资、颐和公司等13家企业的清理整合。比如，2017年7月21日江苏交控董事会审议通过了航产集团提出的申请，即以公开挂牌方式转让其持有的康居源公司100%股权及对该公司的全部债权。连云港开源投资有限公司通过非公开协议转让方式受让航产集团持有的颐和公司全部股权以及对该公司的全部债权。从中可以看出,江苏交控逐步退出非主业领域,专注于交通主业的决心。

从"一体两翼"向"一主两翼"的战略布局变化,也体现了江苏交控人思维上的灵活性。"聚焦"与"开放"两个方面都体现在战略定位上。"聚焦"主业的内涵发生了变化,在"十二五"期间,江苏交控的主业是路桥,而在"十三五"期间甚至在未来很长的一段时间内,江苏交控的一大主业是"高速、高铁、港航、航空"等综合交通基础设施的投融资。"两翼"则体现了"开放"的思维,金融投资和"交通+"都和主业高度相关,并且和主业所依托的基础和能力有共通的地方。"交通+"的内涵可能进一步从"高速+"理念下快速发展的服务区、通行宝、"交通+传媒""交通+能源"发展成"高铁+""航空+"等综合大交通概念下的"交通+"。围绕"交通+旅游",探索"服务区+综合运输+旅游""客运+旅游"等新业务、新模式,构建集"吃住行游购娱"于一体的交通网络;围绕"交通+物流",探索与物流地产运营商的合作,盘活存量土地资源;围绕"交通+互联网",有效挖掘和应用大数据,使其产生更大的商业价值。

"两翼"与"一主"发挥着协同作用,对提升江苏交控的财务绩效做出了重要贡献。目前,非路桥业务(主要是金融企业和投资的股权)总资产占比为25%,近五年平均利润贡献为18.8亿元,占江苏交控剔除财务补贴后利润的40%。所以从这些核心数字就可以看出,"两翼"对"一主"的反哺作用是显而易见的。特别是在2007年,当时江苏交控面临着资金链断裂、无法进行直接融资的困境。由于前期持续高强度的高速公路投资,公司的财务状况开始恶化,资产负债率突破70%,路桥业务出现4.5亿元亏损,在非路桥业务3亿元利润不足以弥补的情况下,通过出售股票获取3.2亿元投资收益,这才实现公司整体盈利1.7亿元,确保了持续融资能力。"一主两翼"伴随着"两翼"的不断腾飞,已成为江苏交控战略布局下的三大主业,三大主业互为支撑、协同反哺、共同发展。

多层面的战略组合

江苏交控在"十三五"期间保持快速增长,高于行业平均增速,其战略定位起到了重要的作用。江苏交控在"十三五"期间建立了三个层面的战略组合(见图1-2)。

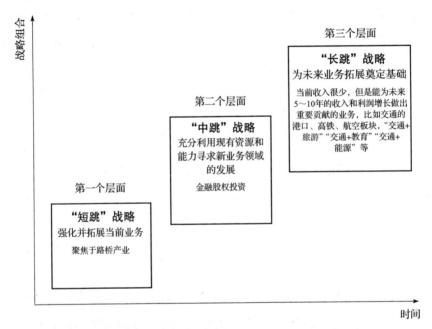

图1-2 江苏交控维持快速增长的三个层面的战略

第一个层面:"短跳"战略,即强化并拓展当前业务的战略。第一个层面的战略通常包括公司在现有的产品服务领域中增加新的服务项目,拓展进入公司以前尚未进入的新的地区等,目的是充分利用公司在目前业务领域中的一切发展潜力。江苏交控的路桥业务一直是公司的主营收入来源,是公司持续发展的重要支柱。但是随着收费政策的调整,路桥通行费收入在未来可能会面临下滑的压力。江苏交控主动适应外部形势,对路桥业务持续创新,不仅进行区域的整合,加大资源的集约使用效率,还对现有的服务区资产进行商业模式创新,取得了显著的成效。

第二个层面："中跳"战略，即充分利用现有资源和能力寻求新业务领域发展的战略。第二个层面的战略通常是指公司对机会时刻保持警觉，适时转向那些存在快速发展前景的领域，转向公司所拥有的经验、智力资本、技术技巧和能力对于实现快速市场渗透有重要价值的领域。江苏交控作为一家国有投融资平台，擅长资金的融控，金融股权投资已成为反哺主业的重要途径。金融股权投资高收益性、高增值性和高流动性的特征有助于持续优化公司的财务状况和经营状态。比如，江苏交控充分发挥江苏金融租赁上市平台的作用，成立了江苏云杉资本管理有限公司（以下简称"云杉资本"），实施了金融资产的配置。

第三个层面："长跳"战略，即为未来业务拓展奠定基础的战略。第三个层面的战略主要是指公司的资金用于长期的研发项目，投资于有发展前景的新兴产业，从而创造一个新的业务增长点。虽然江苏高铁、江苏港航、江苏航空板块的布局已经形成，但是这三个板块收入与利润方面的收益尚未凸显。从长期来看，四大产业板块（即江苏高速、江苏高铁、江苏港航、江苏航空）格局既是江苏交控承担江苏经济社会发展重要使命的体现，也是江苏交控力图在未来建立综合大交通生态圈的重要步骤。同时，江苏交控主动寻找外部机遇，加快对"交通+"产业的探索，比如"交通+能源""交通+传媒""交通+旅游""交通+教育""ETC+互联网"等业务的拓展，这些都是江苏交控的领导者在对外部机遇和挑战、内部能力和资源进行充分论证的基础上做出的战略选择。

对这三个层面的战略进行管理并不是一件容易的事情。大部分企业的做法是关注第一个层面的战略，而忽视了第二个和第三个层面的战略。麦肯锡公司对世界上处于领先地位的成长公司的调查研究表明，一个相对平衡的战略组合应该包括这三个层面。这三个层面的战略组合不仅能够保证公司在短期内取得长足发展，而且能够使公司在中长期抓住机遇，应对外部的挑战，从而实现可持续成长。江苏交控的领导者及全体江苏交控人有着共享的愿景、系统的思维、开拓的勇气以及实干的精神，能够使这三个战略层面的组合变成可能。

双轮并举　创新动能

　　双轮驱动，即打造"资产经营+资本经营"双轮驱动发展模式，是江苏交控在"十三五"期间提出的。双轮驱动战略的提出也折射出国企改革的历程。以管资本为主，加强国有资产监管是党的十八届三中全会对国资监管工作提出的明确要求，这也对新时期的国有企业改革具有重要的指导意义。从"管企业"向"管资本"的转变，既是国有企业产权制度改革的必然趋势，也是优化国有经济布局的内在要求，旨在通过职能优化和机构调整，使国资监管工作更加聚焦于管好资本布局、规范资本运作、提高资本回报和维护资本安全。按照《中共中央、国务院关于深化国有企业改革的指导意见》《国务院关于改革和完善国有资产管理体制的若干意见》，2018年《国务院关于推进国有资本投资、运营公司改革试点的实施意见》中指出："国有资本投资、运营公司均为在国家授权范围内履行国有资本出资人职责的国有独资公司，是国有资本市场化运作的专业平台。公司以资本为纽带、以产权为基础依法自主开展国有资本运作，不从事具体生产经营活动。国有资本投资、运营公司对所持股企业行使股东职责，维护股东合法权益，以出资额为限承担有限责任，按照责权对应原则切实承担优化国有资本布局、提升国有资本运营效率、实现国有资产保值增值等责任。"江苏交控也从战略层面，结合公司实际情况，将公司定位为国有资本运营公司。国有资本运营公司主要以提升国有资本运营效率、提高国有资本回报为目标，以财务性持股为主，通过股权运作、基金投资、培育孵化、价值管理、有序进退等方式，盘活国有资产存量，引导和带动社会资本共同发展，实现国有资本合理流动和保值增值。正是在国企改革和国资委要求的大背景下，双轮驱动战略应运而生。

围绕"一主两翼"的总体发展布局,打造"资产经营+资本经营"双轮驱动发展模式(见图1-3),充分利用江苏交控充足的现金流和阶段性较快增长的利润空间,抢抓资金端与投资端配置的时间差、空间差,通过"产业+资本"的模式,在整合资源的基础上创造价值、放大价值,加快培育新的利润增长点。资产经营侧重产业培育和发展,以存量资源为基础,以提升产业运营效益和服务效率为重点,以服务经济社会发展大局、增强产业竞争力为目标,推动交通基础设施运营业务转型升级。资本经营侧重资本的市场化运作,以提高国有资本配置效率、优化国有资本布局为出发点,以增量投资为重点,放大国有资本功能,提高国有资本回报。江苏交控充分发挥资产经营与资本经营的协同作用,以资产经营为本,以资本经营为用,推动资产经营与资本经营相互融合。

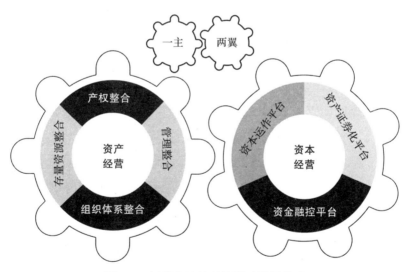

图1-3 江苏交控的双轮驱动发展模式

资产经营释放1+1>2的效应

"资产经营"主要是针对"一主两翼"中的"一主"提出的。江苏交控历来非常重视路桥等基础交通设施，这个主业是江苏交控的核心和根基。路桥单位最重要的是资产，包括收费站、服务区、加油站等，这些资产的特点是直接产生现金流，规模大，管理的内容完全一样，高度同质化，经营属性、管理方式相似，这也为资产的整合提供了可能。

江苏交控一直在路桥区域化整合方面进行积极尝试。通过对系统内路桥企业进行统筹分析，决定以宁沪高速收购江苏宁常镇溧高速公路有限公司（以下简称"宁常镇溧公司"）为突破口，优化系统内路桥资源的配置：一方面，宁沪高速通过对区域内高速公路资产的整合，可以扩大资产规模，提高运营效率，增强持续盈利能力，实现国有资产保值增值；另一方面，宁常镇溧公司净现金流于2015年由负值转为正值，账面净利润将扭亏为盈，2015年也是宁沪高速收购宁常镇溧公司的最佳时机，收购成本相对较低，未来亦存在较大增长空间，此时正是合并的窗口期，必将实现1+1>2的优解。

江苏交控正处在由做大向做强、由外延扩张向内外并重转型的重要时期，面对体量巨大的路桥资产和加码的高速公路投资任务，推进路桥企业的合并重组，既能挖掘盈利企业的投资潜力，较好解决亏损企业的融资难问题，提升路桥整体的投融资能力，还能实现管理上的整合，发挥规模和协同效应，降低管理成本，逐步实现整个路网的高效调度管理，全面提高公司的盈利水平。宁沪高速合并宁常镇溧公司是一个因时制宜、因企制宜、成功整合内部资源的案例，通过将存量股权整合进上市公司，做强做优上市公司，可以促进国有资本保值增值，提高国有资产证券化水平。江苏交控也围绕扬子江城市群发展战略，促进跨江融合和区域经济发展，先行开展跨江大桥业务板块整合、构建跨江大桥投融资平台和区域化运营管理模式的研究。

随着江苏省的高速公路网不断完善和服务品质不断提高，道路车、客流量水平持续攀升，高速沿线及服务区、收费站等附属设施上的广告受众面越来越广，媒体资源价值日益凸显。目前，除个别偏远地区外，江苏是全国唯一未进行高速公路广告资源整合的省份，分散的经营模式导致媒体资源存在价值低估、定位模糊、专业水平低、话语权弱等问题，难以与不断发展的户外广告市场趋势相适应。

对于"路沿经济"的广告资源，江苏交控为全面提高和发掘公司自身的媒体资源价值，实现经济效益增长和社会窗口形象的提升，根据"交通+"产业发展的总体要求，设立江苏交通文化传媒有限公司，采用市场化机制统一管理经营系统内的媒体资源，并逐步向系统外交通媒体资源以及"交通+文旅"、大数据等上下游产业带的经营延伸，希冀形成规模化、精准化和专业化的"交通+传媒"及相关产业发展格局。

资产经营的整合不仅是路桥相关业务的整合，也包括营运管理和人才配备的整合。江苏交控立足于营运业务整合，推广相交路段清排障、调度指挥等业务区域合作，探索、构建区域统一的资源共享、信息发布、日常监管、调度指挥、应急处置平台和管理运行新机制；注重集团化管理优势发挥，提升管理效能，在组织架构、运营模式和人才配备上加强探索研究。

资本经营搭建三大平台

"资本经营"主要是针对"一主两翼"中的"两翼"提出的。江苏交控有竞争性企业和非竞争性企业。对于非竞争性企业，管控的模式已经形成，由于区域整合的不断加快，资源集约化程度不断提高，江苏交控希望通过资产运营的方式加快国有资产保值增值。但是对于竞争性企业，由于业务所涉及的行业可能并不如传统的交通产业那么为人所熟悉，比如电厂、金融租赁等，因此，为了响应国有企业改革从管企业向管资本的转变，江苏交控对"两翼"的驱动以资本驱动为主。

按照市场化、专业化、平台化、规范化的原则，江苏交控加快打造三类资本运营支撑平台，即资本运作平台、资产证券化平台、资金融控平台。

资本运作平台主要进行增量投资，着重于产业布局。目前，江苏交控的资本运作平台主要依托云杉资本。云杉资本在成立之初的定位就是作为江苏交控的投资发展平台、股权管理平台、资本运作平台和风险控制平台，致力于整合内外资源，以增量为主，增量带存量，通过市场化、专业化、规范化、股权多元化的运作，打造成支撑江苏交控"双轮驱动"战略和实现可持续发展的核心资本经营平台。云杉资本将以资金需求量大、进入壁垒高、回报稳定、风险可控的项目参股股权投资为主，以控股经营的产业投资为辅。云杉资本充分发挥了"稳定器"和"压舱石"的作用，实现了与江苏交控经营发展的财务协同、资金协同和资本协同。

资产证券化平台主要进行资产的证券化，目前主要依托宁沪高速和江苏金融租赁。依托宁沪高速上市平台，开展并购重组，提升核心资产的证券化水平；同时，江苏交控还培育了江苏云杉清洁能源投资控股有限公司（以下简称"云杉清能"）、江苏通行宝智慧交通科技股份有限公司（以下简称"通行宝公司"）等上市后备资源，以夯实资产证券化的基础。

资金融控平台主要进行资金的筹措，目前江苏交控主要依托江苏交通控股集团财务有限公司（以下简称"江苏交控财务公司"）。以前资金分散在各个子公司，不能实现规模效应和集约效应，为了进一步整合资金，提高资金集中度，推进延伸产业链金融服务，成立财务公司作为公司的资金融控平台。

经过长期不懈的努力，江苏交控初步实现了由指令性投资为主的规模带动型向以"产业+资本"驱动为主的质量效益型发展方式的转变，加快了结构调整和转型升级，推动了国有资本有序进退、合理流动。江苏交控以双轮为驱动，以交通基础设施为主轴，利用金融投资与"交通+"持续增添助力，致力于成为具有国际视野、国内一流的综合大交通国有资本投资公司。

战略塑造核心竞争力

在静态竞争环境中,企业往往实施以产品为中心的组织战略。因为在较为稳定的环境中,顾客需求和技术都是可预测的,为了取得或者保持竞争优势,企业仅需要围绕产品进行创新和改善,抵御对手的模仿和替代行为。但随着世界竞争环境变得更为复杂和多变,动态化的竞争态势对现有的产品中心战略提出了严峻的挑战。美国学者哈默(G. Hamel)和普拉哈拉德(C.K. Prahalad)均指出,在动态化的环境中,以产品为中心的战略无法构建组织所需的竞争能力,也不能使企业在未来取得成功。真正能够驱动企业获得竞争优势的是企业的核心能力。核心能力是指组织内的集体知识和集体学习,尤其是协调不同生产技术和整合各种技术流的能力。核心能力是企业所拥有的资源、技术、知识和技能的独特组合,它是企业产品与服务的基础,也是企业能够保持竞争优势的原因。

要想构建综合大交通蓝图,江苏交控就必须从跟着感觉走转变为系统性思考,必须避免行动上的盲动主义,要基于对资源、能力和外部环境的判断进行战略决策。企业聚焦主业的战略是不动摇的,然而主业的内涵会随着企业发展过程中能力禀赋的变化、资源基础的增强以及环境的变化而动态调整。对于当前江苏交控发展的阶段来说,"一主两翼、双轮驱动"为什么是合适的战略,企业的聚焦战略和双轮驱动是否能够给企业带来价值,帮助企业建立自己的核心竞争力,这可能是江苏交控人需要思考的问题。

"一主两翼、双轮驱动"的战略让公司有机会进入多个不同市场

江苏交控拥有交通基础设施投融资的核心竞争力,"一主两翼"战略下市场的开拓性、可延展性是非常强的。交通基础设施包括江苏高速、江苏高铁、江苏港航、江苏航空,这几个板块所拥有的资源优势还可以衍生

出更多的产业，比如"交通＋旅游""交通＋能源""交通＋传媒"等。江苏交控发挥云杉清能的专业化平台优势，推动清洁能源在综合交通网内的推广应用和产业化运作，大力推进"高速公路＋光伏"，在高速公路服务区、收费站、互通枢纽区快速实施光伏发电应用，加快建成江苏省全网覆盖、形式多样、功能协调、景观优美的光伏能源高速公路网系统。江苏交控成立江苏交通文化传媒有限公司，依托综合大交通网络资源，围绕"规模化、精准化、专业化"，整合公司自身的媒体资源，按照整合资源、发掘资源、拓展资源的"三步走"战略，完成"交通＋传媒"的网络终端布局，深入挖掘和提升交通媒体资源的价值。江苏交控还加强了交通和旅游的融合发展，落实与旅游部门的战略合作，以服务区为关键节点，以高速公路网为骨架，推进服务区由传统单一的交通停驻点向地方文化展示、旅游配套服务、休闲娱乐体验和特色食住购等复合功能延伸和转型。在未来，当高铁、港航、航空几个板块逐步崛起之后，还可以进入更多的"交通＋"市场领域，这些领域可能看似与交通毫无关系，却因为有交通资源的加入而变得更加具有竞争力。

发展非常迅速的金融业，在江苏交控的战略布局中占据重要的一翼。江苏交控以丰富金融业态、强化资本运作为重点，推动金融资本与产业的深度融合，充分利用公司的资源背景优势，依托存量，做大增量，提升金融投资业务的整体质态。江苏金融租赁已于2018年成功上市，成为国内金融租赁行业的标杆企业。2015年成立的云杉资本围绕综合性基金、创投基金、成长性基金、发展资本、PRE-IPO资本、并购基金、上市后私募投资基金（PIPE）等，实施母基金全产业链布局，力图形成云杉资本母基金投资策略体系。江苏交控组建了江苏交控财务公司，坚守服务集团实体经济本源，积极发挥产业金融优势，全面加强资金融控管理，切实防范财务风险。通行宝公司则围绕"ETC＋互联网"和"ETC＋金融"，探索建立"大数据中心＋智慧出行平台＋货车金融平台"模式，在智慧出行领域进行市场开拓。

"一主两翼、双轮驱动"的战略为客户带来可感知的价值

江苏交控以服务江苏综合大交通体系的建设为目标，除了聚焦经济指标的达成，也非常关注民生指标，在高铁、港航、航空等投资规模大、收益回报慢的项目上肩负着更大的责任。未来三年，江苏交控计划完成重点交通基础设施投资1553亿元，其中高速公路项目投资923亿元；高铁项目投资530亿元；港口、机场、航空等其他基础设施项目投资100亿元。江苏交控全面支持江苏省铁路集团有限公司（以下简称"江苏省铁路集团"）的组建及后续运作，全力支持江苏省港口集团有限公司（以下简称"江苏省港口集团"）加快推进江苏省沿江沿海港口、岸线及相关资源一体化整合，实施集约化发展，并积极落实省委、省政府关于加快江苏民航改革发展的要求，支持南京禄口、苏南硕放等重点机场先行发展以及本土航空公司组建。这些交通基础设施网络的不断完善为人民的出行提供了保障。

同时，江苏交控一直在不断提升"畅行高速、温馨高速、智慧高速、绿色高速"的"苏高速"品牌内涵，强化高速公路抢通保通等重点领域应急能力建设，完善多方协作机制，创新安全保畅科技，提升养护科学化水平，确保道路优良品质，构建道路安全畅通综合保障体系；深化"温馨服务工程"，树立"用心服务，感动顾客"理念，不断优化为公众出行服务；通过"智慧高速"建设驱动思维和管理创新，全面推进"互联网＋高速公路"建设；把生态文明建设融入高速公路发展的各方面和全过程，大力推进结构性、技术性和管理性节能减排，将绿色生态理念贯彻到路桥运营、养护、管理的全过程、全领域。江苏交控在主业上的创新不断改善客户的体验。

"一主两翼、双轮驱动"的战略给企业带来独特性

核心竞争力应当是竞争对手很难模仿的能力。如果核心竞争力是各项技术与资源能力的复杂结合，其被复制的可能性就微乎其微。竞争对手可能会获取到核心竞争力中的一些要素，却难以复制其内部复杂的协同与学习的整体模式。江苏交控"一主两翼"的战略是在特定的内外部环境下的战略布局,并不是对手可以随意模仿的。

具体而言,"一主"的内涵已经突破了路桥主业,向高铁、港航、航空三大板块延伸,这对江苏交控的投资业务提出了更高的要求,投资力度和投资速度都面临着前所未有的压力,但是江苏交控人并没有退缩,而是勇担责任,以创新的精神、长期形成的投融资能力,以及传统路桥主业的现金流带动新项目的发展。"两翼"的快速发展也能够为江苏交通体系的构建提供协同作用,金融投资板块的快速发展不仅解决了"钱从哪里来"的难题,而且能够增添企业的活力;"交通+"板块虽然刚刚起步,却显示出了很强的生命力,比如服务区的商业模式转型、广告资源的整合、云杉清能的快速发展。"一主两翼"的协同作用也使江苏交控的战略布局具有很强的独特性。

系统思维　四度协同

系统理论认为,任何事物都是一个系统,是由相互联系、相互制约、相互作用的元素组成的具有一定结构和功能的整体。亚里士多德曾说:"整体大于部分之和。"系统的功能取决于它的组成部分以及这些部分之间的相互关系。随着互联网时代的到来,组织的边界变得模糊,更需要系统思维。中国传统文化中的辩证观、阴阳观也显露出系统思维的智慧。在西方社会的发展中,系统思维作为一种看待世界的方式,可以追溯到20世纪50年代早期,麻省理工学院的福瑞斯特(J. W. Forrester)教授将计算机科学和反馈控制理论应用于社会、经济等系统的研究,创立了系统动力学。系统动力学虽然起源于计算机科学领域,但是在社会科学领域具有极强的生命力,逐渐发展成一种了解和认识人类动态复杂系统的研究方法。20世纪90年代《第五项修炼:学习型组织的艺术与实践》一书的出版更将系统思维变成人们关注的焦点，也推动了系统思维在企业经营中的应用。

系统思维成为底层逻辑

正如彼得·圣吉在《第五项修炼：学习型组织的艺术与实践》一书中所言："今天的世界更趋复杂，对系统思考的需要远远超过从前。历史上人类首次有能力制造出多得让人无法吸收的资讯、密切得任何人都无法单独处理的相互依存关系，以及快得让人无法跟上的变化步调；复杂程度确实是空前的……这些问题都没有简单的局部成因。"系统思维是企业在经营过程中需要秉承的底层逻辑，江苏交控作为投融资平台，一直以来秉承着系统思维，影响着企业的心智模式，进而影响了企业的战略决策。

江苏交控的领导者一直以系统思维来思考问题，并已将其纳入公司领导团队的底层思维，引领着公司战略的演变，并进一步为公司战略目标的落地保驾护航。为何系统思维在江苏交控领导者的思维模式中如此重要？

打破组织刚性

江苏交控作为全国交通投融资改革的先行军，取得了很多成功的经验，也形成了独特的资源和能力。随着企业的发展，企业发展所依赖的能力往往会排斥其他资源从而形成组织能力刚性，也称组织刚性。历史上有很多曾经辉煌的企业因为没有突破组织刚性，最终退出历史舞台。比如，诺基亚曾是世界上最大的移动电话生产商，但是当苹果发布第一代 iPhone 时，诺基亚对苹果带来的变革没有给予及时回应，忽视了用户需求的变化，从而导致用户规模不断缩水。柯达公司也受到了核心组织刚性的约束。20 世纪 90 年代，柯达胶卷年销售额高达 190 亿美元，技术领先，然而曾经胶卷技术的绝对优势在数码技术的冲击下成为最大的掣肘，柯达公司最终错失了数码时代的机遇。系统思维能够推进组织的变革，避免企业陷入"能力陷阱"。数字经济的冲击、组织边界的跨越、交通生态圈的演化、收费政策的调整等外部环境的变化是否会对江苏交控产生新的要求？这需要管理者关注如何应对外部环境的快速变化，从而构建、整合或重构新的能力。当组织以系统的角度去思考企业面临的新问题、新挑战时，企业才可能发现很多的"破局点"。

发挥整合效应

整合资源是企业整体观的重要体现。整体观是系统思维的基本特征，存在于系统思维运动的始终，也体现了系统思维的成果。江苏交控经过了近20年的快速发展，拥有重要的资源和资产。这些资源和资产既有同一性也有异质性，比如以交通基础设施为基础的资产具有较高的同一性，而两翼，即"交通＋"和金融投资，则存在着较大的异质性。那么，如何实现同一性资产的整合？如何推动三大主业共同成长？只有以系统的眼光去看待江苏交控的资源和资产，才能更好地发挥整合的力量，进一步发挥产业协同的作用。江苏交控董事长蔡任杰的很多思想都反映了系统思维的重要性，比如在破解"钱从哪里来"的问题时，他提出了"3带4"模式，构建高速公路、金融、"交通＋"三大板块资本和产业协同来支持高铁、机场、港口、航空四大板块发展。同时还整合江苏交控的优质路桥资产，逐步实现路桥板块整体的证券化，将不同的资源类型进行整合。在同质化资源整合方面，江苏交控也响应江苏省沿海开发战略、创新路桥企业区域化管理的策略，推动路桥资产重组整合。在公司内部的营运管理上也运用了系统思维，建立了"一张网"运营，通过整合原营运安全部与江苏高速公路联网营运管理有限公司（以下简称"联网公司"）的相关职能，成立了营运安全事业部，实现了"一张图"调度，通过建立云调度指挥平台，实现一键救援、快速清障。

推动组织变革

一个系统中要素和要素之间的关联不是恒久不变的。目前经济增速放缓的压力逐步加大，投资、消费等增速放缓，给江苏交控的结构调整和转型升级带来了难度。交通运输部进一步压缩收费范围、降低收费标准、取消省界收费站，以及征地拆迁补偿政策发生变化、产业引导奖励缩减等，再加上综合交通投资量大、新建和扩建高速公路成本高企、边际效益下降，营收和利润的增长速度可能会同步放慢，将对公司的稳定收益产生重大影响。这些都对江苏交控形成了倒逼之势，带来了极大的压力和严峻的挑战。

从行业政策环境的角度来看，高速公路车辆通行费征收政策调整以及各项优惠政策的施行等引发公司收入增速进一步放缓的风险；交通运输领域事权改革使相关路桥资产剥离、江苏省铁路集团的组建以及铁路投资管理模式的变化使铁路资产重新调整、国企分类改革及功能性重组使公司相关优质资产划转等引发公司整体资产质量下降的风险；征地拆迁政策调整使项目投资成本快速增长、项目决策不可控使巨额亏损项目增加、非经营性投资项目的额外安排等引发公司投资运营效率下降的风险；国家为化解和防范金融风险打出多套"组合拳"，增强金融服务实体经济的能力，引发交通基础设施建设融资环境呈现动态变化的风险。

在动态的环境中，组织需要不断进化。在商业环境巨变的今天，系统思维也教会了江苏交控关联地、整体地、动态地看待问题。正如拉姆·查兰所言，仅仅适应变化远远不够，当今，胜利属于那些创造变革的领导者。面对复杂多变的外部环境，他们不是观望、等情况明朗再做出反应，而是一头扎进眼前的模糊性中，积极分析和思考，确定一条道路，然后果断地带领企业在这条道路上走下去。系统思维推动组织的进化。拥有系统思维的企业不仅能够及时感知到所处环境和企业内部资源、能力禀赋的变化，而且，能够及时地采取措施推动组织的变革。

构建开放的生态圈

江苏交控身处于一个开放系统的时代，形形色色的各种系统，无论是物理的、化学的，还是生物的乃至社会的，都处在开放之中。不与环境接触的、不向环境开放的系统是不存在的。原始积累时代所奉行的"丛林法则""零和博弈"的思维早已被时代抛弃。"愚者筑墙、智者搭桥。"随着组织边界的模糊、行业之间的渗透，构建开放、融合、系统发展的综合大交通生态圈是江苏交控未来的方向。

江苏交控"一主两翼"的战略定位也显示了开放共生的态度。在"交通+"的发展方向下，江苏交控和江苏高速公路联网营运管理有限公司在2016年按照7：3的比例出资组建了通行宝公司，为构建综合大交通生态圈迈出了重要的一步。江苏交控与上汽集团在移动出行、生态构建、互惠服务、数据应用、金融服务等方面领域相通、产业共融、优势互补，因而建立了战略合作关系。双方可以在ETC产品、汽车使用、物流仓储、大数据应用、金融投资、车联网研究、资本合作、海外拓展等领域展开深度的合作。2017年通行宝公司携手苏宁金融，依托场景和数据两大资源打造"ETC+互联网金融"智慧出行生态圈，试图探索线上发行、移动充值、扫码支付、联名卡发行、金融科技和供应链金融等方面的业务，为客户提供便捷、普惠的金融移动支付体验。2019年6月28日江苏交控成立了江苏交控大学，在全省交通系统率先将教育纳入"交通+"布局，促进"交通+教育"的深度融合。董事长蔡任杰最初对江苏交控大学的定位就是：江苏交控大学不仅是公司内部员工管理技术的研发基地，也要成为交通行业管理精英培养的"黄埔军校"、知识经验共通共享的平台，为交通运输事业的高质量发展提供智力支撑。

江苏交控将"一主两翼"的发展战略全部融合在综合大交通的整体布局之中，与组织的内部资源和外部环境进行积极交互，保持动态平衡，推动事业不断螺旋上升。江苏交控综合大交通的发展，基于公司的人、财、物、信息和资源的优势能力，聚焦于公司的三大主业，并时刻关注组织外经济、政策、文化、行业、技术环境的变化，适时对外部环境做出适应和反应，从而实现内部系统与外部环境的动态平衡。图1-4反映了江苏交控综合大交通的系统思维。

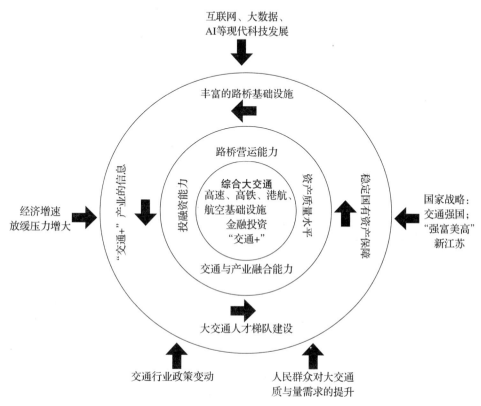

图 1-4 江苏交控综合大交通的系统思维图

四度思维解读

董事长蔡任杰提出了高度凝练的"四度思维",以期从宽度、深度、长度、高度四个维度出发,构建新的发展优势,全面提升江苏交控的综合竞争实力和可持续发展能力,推动高质量发展,使之走在全国前列。这也为组织战略实施提供了向度,切实将"一主两翼"战略落到实处。

宽度一厘米。这主要是指注重战略聚焦,聚焦交通主业,围绕江苏高速、江苏高铁、江苏港航、江苏航空四大板块布好局,全力支撑现代化综合交通运输体系建设，并着力提高交通产业部门的核心竞争力。专心致志地做好主业，既是对自我核心能力的认同、强化与提升，也是奠定组织外部形象的基石。高度专业化地聚焦交通主业是江苏交控赖以生存并可持续发展的根本点。交通主业是江苏交控的立身之本，四个板块的布局是江苏交控承担"交通强省"历史使命的展现，江苏交控力求实现经济效益和社会效益的平衡。

深度一百米。这是指弘扬"工匠精神"，围绕"集约化、专业化、证券化、信息化"做精做专做优主业。工匠精神是一种在某个领域中精益求精、不断创新的职业精神。在江苏交控内部弘扬"工匠精神"就是要求深深扎根于自身的主业，充分利用政策的优势和自身资源的优势，在综合大交通产业一展身手。战略的深挖和精耕细作，也需要培养员工的"工匠精神"，发挥每一位员工的创新潜能，营造踏实、勤恳、永不止步的工作氛围。深挖技术与服务能力，将金融投资、交通基础建设、物流运输、电力生产、工程养护等各业务板块做出品质，做成品牌。

长度一千米。这是指加强衍生性，在做大做强主业的同时，依托交通产业积极寻求发展良机，开发新产业、新业务，推动相关产业快速发展和这些产业链上的企业改革，进一步提高综合竞争力和抗风险能力。围绕交通主业延伸产业链，拓展价值链，加快发展金融投资、"交通+"两大优势业务，推动产业融合发展，着力构建充满活力的综合大交通生态圈。

高度一万米。这是指以国际视野、国内一流站位学习先进经验，发挥核心优势，探索合作进入海外市场，加快打造在全国范围内有引领力、影响力和竞争力的综合大交通国有资本投资公司。"国际视野、国内一流"必须通过高质量发展来实现。这就要求江苏交控，一是在思维上要有更宽的视野。要坚持新发展理念，用深邃的历史眼光、宽广的国际视野精准把握事物发展的本质和内在联系，在强化问题意识、时代意识、战略意识中加强宏观思考和顶层设计，用更多的智慧、更实的举措、更大的勇气来推动企业的发展。二是在工作上要有更高的标准。要聚焦企业发展的突出矛盾和问题，加快结构调整和转型升级，推动国有资本有序进退、合理流动，努力推动省级国有资本投资公司建设，不断回答时代赋予江苏交控的"交通强省、富民强企"新使命提出的新课题。三是在落实上要有更大的力度。要按照既定的路线图、时间表和任务书，拿出抓铁有痕、踏石留印的韧劲，以钉钉子的精神，高标准地推动《公司"十三五"发展规划纲要》和《公司高质量发展走在全国前列暨创建一流企业三年行动计划》的落实落地，推动公司在新时代高质量发展的进程中行稳致远。

四度思维中的智慧

四度思维体现了系统思维的精髓，也是以董事长蔡任杰为领导的决策团队在长期经营和决策中形成的智慧结晶。如果运用系统思维对四度思维进行剖析，则会发现其中蕴含着深层次的经营智慧。

四度思维中的动态观。如果说系统思维帮助江苏交控形成了"一主两翼、双轮驱动"的战略，那么四度思维则为战略的落地提供了理念上的支撑。四度思维从四个维度阐述了战略落地的方向，这种框架式的思维本身就体现了"系统"的思想。"宽度一厘米"列在了四度思维的首位，也进一步强调了"宽度一厘米"背后所体现的聚焦战略。从这个宽度中，江苏交控看到了其成立以来战略的演进历程。"深度一百米"关注的是企业的一大主业，"长度一千米"关注的是"两翼"，"高度一万米"关注的是未来的远景目标——"国际视野、国内一流"。这四个维度紧紧围绕组织的战略目标和愿景，对江苏交控的过去、现在和未来都有了全方位的呈现。

四度思维中的辩证观。辩证观在企业中无处不在，比如在企业管理中如何同时追求变革与稳定、分权和控制、个人价值和集体绩效、利润最大化和社会责任等，这些时刻困扰着江苏交控。辩证思维实际上是承认看似相反的两个方面同属于一个系统的阴阳之道。"宽度一厘米"强调的是聚焦，"长度一千米"强调的是延展，这两个维度的张弛看似矛盾，其实正是企业原则性和灵活性的二元平衡。"深度一百米"所强调的做精做专是一种内向的自我超越,而"高度一万米"强调外向的、对标找差后的自我超越,这两种超越看似方向相反,却殊途同归。

四度思维中的整体观。系统之所以称为系统,是因为各个要素之间并不是割裂的。四度思维中的各个维度是息息相关的,任何一个维度的脱离都有可能造成战略目标的不能落地。如果没有"宽度一厘米",江苏交控的投融资主渠道的作用则会因为资源配置的分散而失去合力,行动的分散也会使其他维度失去意义。如果没有"深度一百米",江苏交控就会失去用户,因为"深度一百米"强调了"工匠精神"在企业的内部运营、服务质量中的体现。德鲁克曾经说过,企业的目的是创造顾客,而不是创造利润。对用户用心也是企业创造顾客的保障。如果没有"长度一千米",江苏交控则会失去平衡。传统的交通基础设施主业在综合大交通的号召下不断扩大,如果没有"两翼"的支撑,则难以反哺主业,主业又是立身之本,一旦出现资金链问题,后果难以想象,企业的产业比例失调会造成经济效益和社会效益难以平衡,从而无法维持可持续发展。如果没有"高度一万米",没有了压力,江苏交控也就失去了动力。江苏交控的目标高远,不仅要对标国内一流的企业,还要放眼国际一流的企业。与一流企业对标能够激发江苏交控的危机意识,使其产生压力,同时在对标中认识自我,激发动力,找到更好的自我。

CHAPTER TWO
第二章

互联互通 共创价值
资金融控破解发展融资老难题

"知者善谋，不如当时。"中国人讲求"时势"，这是一种时局观，一种大视野、大视角。"是以无财作力，少有斗智，既饶争时，此其大经也。"经济发展具有周期性，企业的发展若能审时度势，顺势而为，便能够达到事半功倍的效果。江苏交控正是敏锐地发现并通晓其内在联系，在不同的阶段采用不同的发展模式，从而把握住有利于自己的"时势"，在恒久变化中不断进取。

交通基础设施建设是我国经济发展重要的基本条件，江苏交控作为重点交通基础设施建设项目省级投融资平台，其投融资模式与方向影响了自身的产业布局和核心能力。江苏是经济大省，人口密集，客货运的需求量都非常大，无论是落实"一带一路"建设、长江经济带发展等国家战略，还是推进江苏区域和城乡的协调发展，促进高质量发展，特别是改善人民群众的出行条件，都需要构建综合交通运输体系来进一步降低物流成本，营造良好的营商环境，为建设"强富美高"新江苏做出贡献。江苏交控坚持1+1>2的协同战略，围绕交通主业延伸产业链，拓展价值链，把建设现代化综合交通运输体系作为一项重大而紧迫的任务，加强系统谋划，全面推进航空、高铁、港口建设，实现从"主动脉"到"毛细血管"的全面畅通、无缝对接。江苏交控逐步构建以综合大交通为主体的产业投融资模式，实现企业内外部流程、业务和结构的优化与重组，推动行业、产业融合发展，着力打造充满活力的综合大交通生态圈，带来了范围经济和规模经济的聚变。

综合投资建设一盘棋

如果说愿景与使命引领企业前进，那么企业的资源提供给企业的就是生机。根据资源基础理论，经济组织中存在资源、能力、竞争力、核心竞争力的递进过程，持续竞争优势源于组织对资源和能力在时间和空间上的不断"整合"。企业的异质性资源始于它们对不同资源的整合，不仅是对企业内部不同资源的整合，还包括对企业外部资源的整合。因此，竞争优势的核心不是源于市场中产品的竞争，而是源于生产系统的演化，因此资源整合是经济组织竞争力的核心。

当前，我国高质量发展进入新阶段，国际国内形势复杂严峻，风险和机会并存，挑战和机遇同在。我国发展仍处于并将长期处于重要战略机遇期，"一带一路"和长江经济带建设以及长三角一体化上升为国家战略，交通运输仍处于基础设施发展、服务水平提高和转型发展的黄金时期。互联网、大数据、云计算、物联网、区块链、人工智能等新技术快速发展，将为交通运输发展赋予新的动能和新的机会。

回顾这 20 年来的发展，江苏交控作为江苏省重点交通基础设施建设项目省级投融资平台，不仅负责全省高速公路、高铁、机场、港口、码头等重点交通基础设施项目的投融资，还负责全省高速公路的运营和管理及相关竞争性企业的资产和市场经营管理。从发展规模来看，江苏高速、江苏高铁、江苏港航、江苏航空四大板块产业布局的基本形成，使江苏交控的战略地位更加凸显，支撑保障作用更强。目前，江苏交控占股江苏省铁路集团96.25%；占股江苏省港口集团29.64%；占股东部机场集团27.3%。2018年末，通过合并江苏省铁路集团财务报表，公司全口径总资产、净资产较2017年末分别增长48%和69%，净资产在省属企业中继续名列第一。

江苏交控为何能在全国省属企业中保持稳定增长？其主营业务高速公路的建设发展与高效运营功不可没。高速公路的运营管理是江苏交控的核心主业和核心竞争力之一。多年来，公司的高速公路和跨江大桥运营管理能力始终保持全国领先水平。江苏交控投融资的发展变迁，经历了以下三个阶段。

立足自身　扎根路网建设

第一阶段（2000～2010年）：高速建设是根本。

在江苏交控成立初期，全省需要快速建成高速公路骨干网，公司随之面临的是大规模的投资任务，年均投资规模超150亿元。此时，江苏交控作为投资建设平台，起到参与、引导的作用，应用其长期积累的模式经验，全力解决项目资金短缺的问题。在投资建设方面，江苏交控采取"一路一公司"的模式，省级资本出资主要由江苏交控本级承担，但是江苏交控发现，基础设施的高速发展所需要的本级资金较大，公司全力筹集项目建设资金，部分项目也探索性地引入了社会资本，共同投入江苏交通建设，如沪宁高速公路引入招商局公路网络科技控股股份有限公司投资，京沪高速公路引入江苏悦达集团有限公司投资，沪苏浙高速公路引入江苏永鼎股份有限公司投资等。

江苏省推行的是"政企分开、建管分离、各展所长"的高速公路建设管理模式，即由省交通运输厅负责路网规划，省交通工程建设局负责项目建设，江苏交控负责资金筹集以及项目建成后的运营管理。在前期工作推进上，新建项目由省交通工程建设局负责，扩建项目由江苏交控负责；在投资方式上，根据项目特点、政策支持以及地方政府的积极性，选择性采用经营性、政府收费和以市为主（如南京、苏州、常州等市）的省市共建方式，发挥了省级资本的带动和引导作用，激发了省级、市级两级投资主体的积极性和投资能力，合力推进高速公路项目投资建设。该模式的突出特点在于政府主导下的专业化分工以及市场化、集中化的管理机制，发挥了政府和企业各自的优势，成为全国大交通投融资体制改革的亮点。政府层面可以协调、平衡各方利益诉求，调动各主体的积极性，合力保障项目的投资建设；在江苏交控内部，用收益较好的项目来补充收益一般的项目，实现整体平衡、滚动发展。同时，市场化、集中化的管理机制可以更有效地提高运营管理效率，合理控制成本，提升高速公路服务品质。由此形成的江苏建设管理模式边界清晰、目标一致、各司其职，有力地保障了前期交通建设重任的完成。

实践聚焦 2-1

宁沪高速滚动式发展

宁沪高速是目前全国高速公路公司中规模最大、效益最好的一家，它组建于1992年8月，主要从事投资、建设、经营、管理江苏境内的部分收费公路，并发展公路沿线客运及其他附属服务业。目前，该公司管理着沪宁高速公路江苏段、宁沪二级公路江苏段、宁连高速公路南京段，并参股广靖锡澄高速公路有限责任公司（以下简称"广靖锡澄公司"）、江苏快鹿汽车运输股份有限公司等，总资产已达150.97亿元。宁沪高速自成立以来，为确保沪宁高速公路江苏段建设资金筹集，推动江苏省高速公路建设，通过探索创新性制度安排，实施了三次市场化融资，为实现江苏省高速公路建设从无到有的突破以及滚动发展、促进区域经济快速增长做出了重要的贡献。

第一次是设立股份有限公司，定向募集资金投资沪宁高速公路江苏段建设。

1992年沪宁高速公路开始建设时，国家正在进行宏观调控，银根紧缩，江苏省交通运输厅组织12家省内有影响的银行参贷的"银团贷款"仅有1.25亿元，工程建设面临资金严重匮乏。为了拓宽筹资渠道，由江苏省交通运输厅、江苏省交通工程集团有限公司、江苏公路桥梁建设公司及江苏省汽车运输公司作为发起人，设立了宁沪高速，负责沪宁高速公路江苏段的筹资、建设、营运管理。在建设资金严重紧缺的困难面前，领导者毫不动摇，坚定建设沪宁高速公路的信心和决心，深化改革，勇于创新，以股份制方式运作沪宁高速公路江苏段项目，探索出了在市场经济条件下多渠道筹集资金建设重大工程项目的新路子。

第二次是发行H股募集资金投资江苏省高速公路建设项目。

"八五"期间，江苏省公路建设发展迅猛，投资总量达到"七五"期间的11.6倍。如此巨大的资金投入，除交通部补助外，其余全靠省内自筹，资金短缺之巨、筹资难度之大前所未有。为了进一步发挥沪宁高速公路的资产优势和股份制公司的体制优势，为江苏省高速公路建设筹措资金，宁沪高速在发行A股尚不具备条件的情况下将目光投向了国际资本市场，并于1997年在香港成功上市并发行。宁沪高速通过募集资金收购了宁沪二级公路15年的收费经营权；投资建设了国道主干线京沪高速公路江阴长江公路大桥南北接线（广靖、锡澄高速公路），并拥有广靖锡澄公司85%的权益；建设完善了沪宁高速公路江苏段的收费、通信和监控系统。宁沪高速H股发行创下了发行价最高、发行股本比例最小、筹资额最大以及全国第一家以基建项目豁免三年盈利上市的多项纪录，使江苏省交通利用外资取得了历史性的突破，为省内高速公路建设筹集了大量资金。更为重要的是，为宁沪高速今后步入国际资本市场，在更广阔的领域、更高的层次上利用外资积累了经验。

第三次是发行A股募集资金投资江阴长江公路大桥。

在H股发行成功后，宁沪高速经过几年的运营，A股发行的时机已经成熟。为了满足公司进入国内资本市场筹资以便快速发展的迫切需要，宁沪高速于2001年成功发行A股，用于收购江苏扬子大桥股份有限公司（经营江阴长江公路大桥）17.83%的股权。境内、境外两个资本市场的成功上市，使宁沪高速有了进行资产扩张的能力，迅速实现了滚动发展，同时，源源不断的资金流入有力支持了江苏交通的大发展，为江苏交通建设资金筹集的社会化、市场化运作积累了宝贵的经验。

统筹发展　发挥多主体的投资能力

第二阶段（2011～2015年）：建设与经营并重。

在这一阶段，江苏交控虽然承担了铁路项目任务，但因总体规模不大，投资又是部省共建、以部为主，且有铁路专项资金补贴，所以投资强度不大，这为路桥企业提供了休养生息的机会。在经营方面，之前的"一路一公司"模式发展为"一公司带多个项目"运作模式。经过前期大规模、集中化的投资，早期建成运营的高速公路项目逐步产生较好盈利，并产生一批经营效益较好、投资能力较强的路桥公司，如宁沪高速、江苏扬子大桥股份有限公司（以下简称"扬子大桥公司"）。同时，江苏交控注重对路桥各项运营成本的控制，通过合理的考核机制，有效控制了路桥整体成本支出。在这一阶段，不单单依靠江苏交控本级，宁沪高速、扬子大桥公司等纷纷承担起新建高速公路项目的投资任务，形成了以江苏交控为主导，多主体负责投资项目的格局，投资能力进一步放大。

实践聚焦 2-2

扬子大桥"一公司带多个项目"

扬子大桥公司隶属于江苏交控,目前主要负责江阴长江公路大桥和锡张高速公路的经营管理。江阴长江公路大桥是国家"九五"重点基础建设项目,是当时中国第一、世界第四的跨径超千米的特大型钢箱梁悬索桥,也是北京至上海国道的跨江"咽喉"。江阴长江公路大桥通车20年以来,公司依托江阴长江公路大桥主体经营稳步扩张、多元投资,盈利能力持续提升,在较好回报社会、回馈股东的同时,先后投资参股苏通长江公路大桥、泰州大桥、江苏金融租赁等项目,涉及高速公路、金融、公交运输等多个行业共九家企业,其中包含宁沪高速、江苏金融租赁和海通证券股份有限公司(以下简称"海通证券")三家上市公司。截至2019年9月末,累计对外投资近百亿元,年投资收益贡献净利逾三成;总资产约达215亿元,累计增长585%,资产负债率有效控制在60%左右。

经过多年的发展,其中主要投资如下。

(1)对江苏金融租赁投资2.92亿元,占股9.78%。截至目前,江苏金融租赁上市资产达500亿元,为扬子大桥公司贡献利润4.25亿元。

(2)对苏通长江公路大桥投资6.44亿元,占股25%。江苏苏通大桥有限责任公司凭借长三角洲经济圈的地理位置优势和经济环境优势,通行量与通行收入持续增长,整体盈利能力较强。截至目前,江苏苏通大桥有限责任公司总资产达239.88亿元,近三年平均通行费收入达16.24亿元,累计为扬子大桥公司贡献利润10.92亿元,成为目前公司各项投资中效益及回报均较好的项目之一。

（3）对泰州大桥投资13.104亿元，占股40%。随着南北接线逐步贯通，泰州大桥流量出现明显增长，2019年日均流量4.56万辆，通行费收入增长27%，预计2020年将扭亏为盈。

（4）对锡张高速公路投资45亿元，占股100%。2020年沪通大桥全线通车后将南北贯通锡张高速公路，预计通行流量有近2倍的增长，将彻底扭转锡张高速公路的经营态势，预计为扬子大桥公司年贡献近2亿元利润，届时公司所直辖资产"一桥一路"的业绩将齐头并进。

（5）对沪通大桥公路桥部分及南北连接线项目投资30.42亿元，占股63.45%。预计2020年包括主桥部分全线贯通，公司对沪通大桥未来的通行效益及其与锡张高速公路的联动影响保持乐观估计。

（6）对海通证券初始投资7865.13万元，占股0.3565%。截至目前，海通证券市值约为5.78亿元，账面盈利达5亿元。

经过多年发展，江苏交控共拥有17家路桥单位，路网密度得到了强势发展，已解决了"量"的供应，接下来的任务是解决存量项目的优化，提升路网资源整合的能力。江苏交控遵循统筹化、长效化、平衡性原则，充分发挥企业投融资潜能，结合对系统内各投资主体经营、负债、投融资能力的分析及对未来项目收益回报的测算，提出从前期以项目增量投资为主，逐渐转变为增量投资和存量整合并举。江苏交控主导了一系列路桥资产合并重组。例如，江苏沿江高速公路有限公司（以下简称"沿江公司"）合并江苏沪苏浙高速公路有限公司（以下简称"沪苏浙公司"）。由沿江公司合并沪苏浙公司，有利于沪苏浙公司可持续发展，降低沪苏浙公司的财务风险。此外，一方面该项举措发挥了管理协同效应，减少了管理成本，提高了企业运营效率。江苏交控的高速公路运营管理高度同质化，沪苏浙公司的管辖里程仅有50公里，通过合并整合，可形成规模效应，有助于合理配置管理资源和生产资源，减少管理成本，提升管理运营效率。另一方面该项举措发挥了财务协同效应，实现了合理避税，提升了企业融资能力，降低了财务风险。通过有效的资源整合，沪苏浙公司的资产质量和经营性现金流显著增强，有利于增强公司的融资能力，减少融资成本，降低财务风险，同时可以抵减相应的企业所得税，产生税盾效应，减少现金流支出，为公司的可持续发展奠定了坚实的基础。再如，广靖锡澄公司吸收合并江苏锡宜高速公路有限公司（以下简称"锡宜公司"）。锡宜公司自营业以来持续亏损，随着从2015年起按新的交通流量预测计提道路折旧，亏损额将继续增加，且未来期间大额亏损状况难以改变，面临可持续发展的重要挑战。广靖锡澄公司与锡宜公司的资产重组采用吸收合并的方式进行，合并重组后，锡宜公司的资产负债并入广靖锡澄公司的优质资产中，由广靖锡澄公司统一经营、统筹还债，有利于锡宜公司可持续发展，此举也提升了总体运营效率。

实践聚焦 2-3

扬子大桥公司、广靖锡澄公司、沪通大桥公司管理整合

江苏交控遵循统筹化、长效化、平衡性原则，充分发挥企业的投融资潜能，结合对系统内各投资主体经营、负债、投融资能力的分析及对未来项目收益回报的测算，提出存量路桥资产的优化整合。扬子大桥公司成立于1992年12月，目前主要负责江阴长江公路大桥和锡张高速公路的经营管理，现金流优势明显。这次整合实现了从"一路一公司"到"1+N"模式（"1"代表新设一个公司，"N"代表下设管理处的数量），以扬子大桥

公司为主体的内部优质资源带动式发展。

广靖锡澄公司成立于1997年9月，目前主要负责广靖锡澄高速公路、锡宜高速公路、环太湖高速公路、苏锡高速公路、常宜高速公路（在建）、宜长高速公路（在建）的经营管理。江苏沪通大桥有限责任公司（简称"沪通大桥公司"）成立于2015年11月，主要负责沪苏通长江公铁大桥公路桥部分和南北接线项目的经营管理，管辖主线总里程为42.572公里，其中桥梁部分为11.072公里，南北接线为31.5公里。南北接线于2019年底建成，跨江大桥在2020年建成。

路桥资源整合分两步推进：第一步完成路桥经营管理职能的整合，实现经营管理的一体化；第二步将相关路桥公司的产权（资本或股份）进行整合，发挥资产规模优势，打造优质投融资平台。

江苏交控致力于推进路桥存量资源整合，有效控制法人数量和管理层级，实施路桥区域化经营，强化人、财、物、技术、信息资源集约化管理的基本理念，突出地理连接路桥、路路的一体管理，加强区域性路网调度，提高与地方政府的协调效率，破除管理公司与既有路桥的人为设障，划定更为合理的路桥管理区间，通过业务整合、流程和资源配置优化，发挥集团的优势，实现规模效应，提升路桥综合运营效能。

在这一阶段，江苏交控依托省级平台多年积累的投融资能力和优势，推动了多项全省重点交通项目的投资建设。江苏交控先后完成对原江苏省交通产业集团、江苏省高速公路经营管理中心（以下简称"高管中心"）、镇扬汽渡、通沙汽渡、江苏省铁路公司、航产集团的合并重组，通过不良资产清理、债务剥离，实现优质资产和资本注入、人员转岗，在解决遗留问题的同时，通过一系列的资产重组和资本运作，为该类企业的改革和发展奠定了基础。

江苏交控投资模式的阶段性升级，还得益于各级政府及部门的大力支持。省委、省政府出台了一系列相关政策，有效放大了公司的投融资功能。不断优化完善高速公路资本金政策，逐步提高地方资本金比例（在苏南、苏中、苏北三个区域，地方资本金比例从最初的30%、20%、0提高到当前的50%、40%、30%），充分发挥省级资本的杠杆和带动作用；逐步提高项目资本金比例（从不低于25%逐步提高至不低于40%），有效减轻了运营期亏损对报表的冲击，上述两项资本金政策调整释放省级投资能力超70亿元。此外，省委、省政府推动征地拆迁地方包干、耕地指标价格按固定价格列入概算等政策落地，减少省级资金投入约71亿元。同时，为有效应对强度持续加大的铁路投资建设任务，省财政逐步加大铁路专项补贴资金力度，并计入收益性补贴，增加了公司报表利润，提高了资信等级，提升了投融资能力，确保了铁路等重点投资项目的顺利推进。江苏交控与省有关部门建立起良好的协调会办机制，合力构建了投融资工作有序运作的新生态，在规划完善、年度任务安排、项目建设优先顺序、新增互通确认等方面，坚持从实际出发，兼顾各方合理诉求，灵活掌握具体项目的建设时机和合作模式，既调动了各方积极性，又合理抑制了个别地方投资冲动，较好地处理了投融任务和投资能力之间的矛盾。

实践聚焦 2-4

盐射高速"以市为主"模式探索

交通基础建设行业发展的外部环境和条件越来越苛刻，但任务越来越重，考核越来越细,规则越来越严格。在造价攀升、边际效益下降、收费政策调整等因素的综合影响下,新建高速公路项目的收益将持续下滑,对公司财务利润影响较大,江苏交控将持续面临投融资任务快速增长和投融资能力严重不足的矛盾。一方面是各地政府对自身区域范围内规划项目提前实施的强烈诉求,另一方面是省政府安排的快节奏、大体量投资任务,公司将面临前所未有的困难和挑战,需要未雨绸缪,超前部署,提出化解矛盾和风险的有效措施。

盐城至射阳高速公路(以下简称"盐射高速")全线采用双向四车道高速公路标准建设,明确了以市为主项目的资本金比例按项目总投资的40%计列,省级资本金比例原则上不高于30%,剩余资本金和资本金以外部分资金由地方政府负责筹措的基本出资方案。区别于惯常的"省市共建,以省为主"模式,本项目采用"以市为主"模式投资建设,开创了江苏省高速公路建设投融资模式的新途径,既降低了公司的筹融资压力,为公司节约投资近15亿元,又更快更好地服务地方经济社会发展,同时也将项目规划建成投入使用的时间提前了10年,更早更好地服务地方经济产业发展。

盐射高速的顺利开工并不是结束,而只是刚刚开始。新的投资模式如何更好地运用在后续项目之中?徐州绕城高速、台睢高速、南通绕城高速等具备以市为主条件的项目涉及投资约491亿元,如都能最终按以市为主投资建设,将为江苏交控节约投资约373亿元!

滚动发展　提质增效

第三阶段(2016年至今):高质量发展新谋划。

交通强则城市强,交通兴则城市兴。江苏交控的高质量发展,不单单是企业战略实现和勇担使命的需要,也是增强江苏经济发展后劲和活力的迫切需要，对于江苏高质量发展具有非常重要的意义。江苏交控始终着眼于高质量发展走在前列的目标定位，瞄准重大战略需求和社会主要矛盾变化，把构建现代综合交通运输体系作为全省全局性重点工作和"最迫切"的任务加以推进，在国家规划大框架下，按照"整合资源、优化布局"的思路，以及对江苏交控发挥投资建设主渠道的功能定位，"一盘棋"谋划、"一张图"作战、"一股劲"以我为主、系统谋划，逐步由以高速公路项目投资为主，转变为对高速公路、高铁、机场、港口、航空等综合大交通的全面资本布局。

当前，新一轮基础设施建设正在以前所未有的力度推进，省委、省政府明确提出"到2020年，全省综合交通基础设施总体上达到世界先进水平"的发展目标，这对江苏交控的投融资工作提出了新的更高的要求。近三年是江苏交控成立以来经营状况最好的阶段，连续实现利润超百亿元，在全国省级交通投融资平台中列首位。江苏交控处于一个较好的机遇期，一是前期积累了较好的利润和现金流，具备较强的投资能力。高速公路整体板块效益提升，以此来支撑控股承担机场、港口等集团其他交通基础设施的建设。二是经过多年的经验积累和分析论证，江苏交控找准了未来增量的发力点，即金融投资、"交通+"，可实现对路桥业务的有效反哺。

江苏交控依托高速公路较好的现金流和多年来积累的投融资能力，积极推进高铁、机场、港口、码头、航空等其他专业化交通基础设施的投资建设，响应省委、省政府的决策部署，增资组建了江苏省铁路集团；参与组建了江苏省港口集团，投资南京禄口国际机场、苏南硕放国际机场和中国东方航空江苏有限公司，并参与增资组建了东部机场集团，构建了大交通协调发展的主业格局，发挥了整体优势，实现了以丰补歉，以好带差，做到了长期的平衡。但客观分析，因多种不利因素的叠加效应，江苏交控现有较好的财务状况和经营质态也面临着挑战，融资能力与承担的投资任务不匹配。面对项目建设急、持续盈利难、财务风险大、解困任务重的外部形势，在总结提炼过去运作经验的基础上，江苏交控创新性地提出"四个一点"的发展思路，即争取政府支持一点、社会资本进入一点、投资规模和节奏控制一点、江苏交控自身再努力一点，集全力、聚合力推动江苏省构建综合现代交通运输体系。

首先，用好政策，争取政府支持一点。积极争取国家层面建设资金优惠政策，部分高速公路项目采取政府收费还债模式投资建设。在铁路项目投资建设大提速阶段，争取到铁路专项补贴资金，对于进一步提升江苏交控的财务报表状况和筹集铁路项目建设资金发挥了重要的支撑作用。积极争取政府政策上的支持，按照"适度超前"的原则优化投资节奏和建设进度，并适当为公司注入优质资源。积极争取国有资本收益返还等政策性支持资金落实到位，力争后续铁路建设专项补助发挥最大效用。

其次，调动资源，社会资本进入一点。坚持市场化运作机制，在投资建设、资金筹集和运营管理各个领域，合理设置交易结构，发挥公司资本的带动作用，积极引入社会资本特别是中长期资金进入高速公路建设领域。为支持江苏交控参与组建各专业化交通集团，省财政将其现金出资拨付至江苏交控，再由江苏交控直接出资，省国资委将持有的部分南京禄口国际机场股权注入江苏交控，现金和优质资产的注入，进一步提升了公司的报表状况和投融资能力。

最后，提前介入，投资规模和节奏控制一点。对于新建和改扩建高速公路项目，深度参与项目初步设计阶段路线方案、主体结构、设施布局、投资估算、财务评价等方面的研究，在项目前期阶段进一步加强投资规模的把控力度。在投资上，创新投资模式，缓解公司的资金压力。完善高速公路以市为主建设的模式，以盐射高速为试点，并将该模式在徐州、南通等市的项目中推广运用。全面梳理测算系统内路桥企业的投资能力，统筹协调具备潜力的企业共同出资投资新建路桥项目。主动对接省级国企混改基金等各类基金，选择具备条件的项目，引导其投入江苏综合交通建设和发展。

实践聚焦 2-5

高速公路前期工作协调机制的建立与运作

江苏省三轮高速公路网规划出台后，高速公路新建里程将增加1680公里，扩建将增加1120公里，在当前及未来较长时间内，江苏交控每年的高速公路项目投资将超过200亿元。为合理控制高速公路项目投资规模，有效降低建设资金筹措压力，江苏交控主动作为，积极协调省发改委、省交通运输厅、省交通工程建设局、沿线地方政府等省市各级单位部门，共同建立了稳定、高效的沟通协调机制：与以往公司仅参与项目的投资方案研究不同，通过形成固定管理沟通机制，让公司的职能部门深入参与项目攻克、初步设计等前期工作关键环节，从项目投融资及运营角度，提出投融资模式选择及项目成本、建设节奏合理控制的意见。在此机制下，相关建设方在项目主要控制性指标如线路走向、技术标准、互通设置及沿线设施上充分征求江苏交控的意见，有效降低了工程建设成本，提高了江苏交控在项目实施阶段的话语权，增强了与地方政府的协调能力。仅盐城至洛阳高速公路宿城至泗洪段一个项目就可为公司节约投资约14亿元。在该机制的不断作用下，江苏交控在高速项目投资模式、投资方案、技术方案等方面都能够对项目建设规模实现有效控制，通过建设节奏方面的考虑和协调，预计每年可为公司增加投资能力近10亿元。

下一阶段，江苏交控投资发展部将进一步结合现阶段投资环境，完善企业内部在前期工作上的体制机制建设，强化自身管理，充分利用目前刚形成的高速公路项目前期咨询专家库机制，提升公司在项目前期研究中的参与程度，深入项目设计、建设过程中的各环节，强化投资方在项目研究、实施过程中的话语权，突出一个"省"字。在确保项目功能的前提下，有效控制项目投资规模。同时，积极探索解决"钱从哪里来"的重大难题，遵循统筹化、长效化、平衡性原则，充分发挥企业投融资潜能，结合对系统内各投资主体经营、负债、投融资能力的分析及对未来项目收益回报的测算，提出存量路桥资产的优化整合方案以及新增投资项目的分解落实方案。

交通基础设施建设的核心问题是建设资金的来源。当前，新一轮基础设施建设正在以前所未有的力度推进。我国目前的融资渠道主要有：国家财政资金、银行信贷资金、非银行金融机构资金、企业资金、境外资金等。在目前国家的投融资体制和财政管理体制下，加快研究交通基础设施建设投融资问题，促进地区经济科学和谐发展，具有重要意义。江苏省委、省政府明确提出"到2020年，全省综合交通基础设施总体上达到世界先进水平"的发展目标，这对江苏交控的投融资工作提出了新的更高的要求。这要求江苏交控充分发挥江苏省交通投融资的体制优势和国有资本投资运营公司的资本优势，集全力、聚合力推动公司的高质量发展以及江苏"交通强省"的建设。同时，继续发挥省级资本的杠杆作用，进一步提高财政资金的效率和效能，保持公司财务稳定，实现良性和滚动发展。

创新融资平台做市场

中国的高速公路起步于1988年，从1995年开始迈入大规模建设时期。由于高速公路项目预期现金流稳定、抗风险能力强，因此对商业银行具有很强的吸引力，银行贷款成为高速公路债务融资的主要方式。然而，这种过度依赖于银行贷款的单一融资结构，使高速公路企业的融资成本居高不下，且融资能力严重受制于宏观金融形势和银行信贷政策，难以持续发展。对于破解高速公路企业面临的融资困境、拓宽融资渠道、优化融资结构，江苏交控通过多年的探索和实践，走出了一条具有自己特色的融资之路。

江苏交控是全国交通类集团中第二家成立集团财务公司的企业。自2017年起，公司开展国际评级首评及跟踪评级，目前公司的国内、国际评级均处于行业一流水平，系统内拥有AAA评级的企业达到六家，融资成本始终维持行业先进水平。公司借助中国债务资本市场的快速发展，按照"保供给、防风险、降成本、创效益"的资金管理总体思路，坚持市场化运作，致力发挥好全省交通投融资主渠道的作用。江苏交控还积极布局银行间、交易所两大市场融资渠道并进行拓展，加大直接融资力度，构建稳健债务结构，提高资金使用效率，努力把融资能力发挥到最大，把融资成本压到最低，把财务风险控制到最小，为企业发展提供可靠的资金支持。

高速公路的资产特征决定了其资本结构应当稳健，杠杆不宜太大。江苏交控系统内部对于高速公路项目的资本金比例，一直维持在35%～40%的水平，个别项目达到了50%。同时，债务的期限结构要求与资产的收益特征相吻合、相匹配。一方面，公司在项目贷款的期限安排上是趋长的，最长能达到20年（含宽限期），在直接融资品种的期限结构上也做了针对性的控制。根据资本市场实际情况灵活调整融资策略，长期债务稳定维持在60%以上。公司构筑稳健资本结构和负债结构，防范债务风险，坚持发行中期票据、定向工具、企业债、公司债等中长期债券，期限为3～10年不等，不仅丰富了公司的融资品种，而且使公司的长短期债务比例和债务期限结构更趋合理。江苏交控2012～2017年付息债务期限分布情况如图2-1所示。

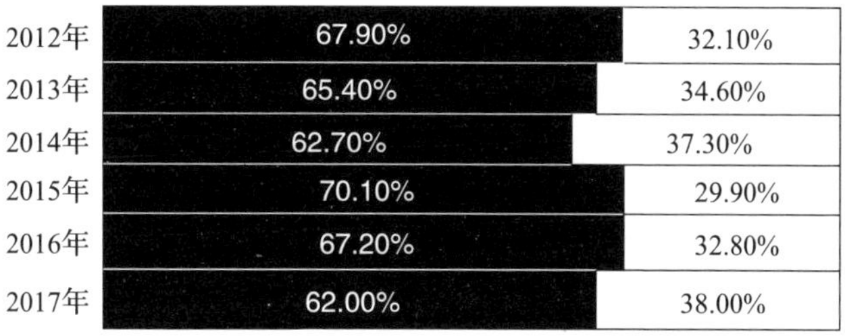

年份	长期债务比例	短期债务比例
2012年	67.90%	32.10%
2013年	65.40%	34.60%
2014年	62.70%	37.30%
2015年	70.10%	29.90%
2016年	67.20%	32.80%
2017年	62.00%	38.00%

图 2-1　江苏交控 2012～2017 年付息债务期限分布

注：黑色为长期债务比例，白色为短期债务比例。

另一方面，江苏交控注重提高项目偿债能力和债务期限的匹配程度。对于新建项目，根据市场利率水平、项目融资要求，科学安排债务期限，做好到期债务与现金流的合理匹配。对于存量债务，根据不同项目的盈利水平和偿债能力，通过整合、替换、缩短或延长期限等，进一步优化债务结构，防范债务风险。

坚持融资创新　拓宽融资渠道

江苏交控坚持融资创新，打通各类融资渠道，不排斥任何金融合作，多渠道、多方式筹集资金，切实保障资金需求。

一是资本金融资方面，取得国家开发银行特有的软贷款、专项金融债等低成本资金，稳步采用引进战略投资、并购融资、永续债、优先股、市场化债转股等权益资金筹集方式。

二是债务融资方面，直接和间接融资手段并举，灵活调整融资方式，降低资金成本。例如，H5 海上风电项目利用"PSL 专项资金+绿色中票"进行组合融资。2019 年，子公司云杉清能 H5 海上风电项目总投资 55.66 亿元，其中需要融资 41.75 亿元。公司敏锐意识到海上风电项目是国家力推的清洁能源项目，国家开发银行对此类项目有 PSL 的专项政策资金支持。经过积极申请和扎实申报，公司通过了国家开发银行对该项目的评审，最终确定借款利率为全程下浮 11.32%，这个利率创造了江苏交控银行项目融资的新低。与此同时，借江苏省对绿色项目推行绿色债券补贴的政策，公司及时将融资策略调整为"PSL专项资金+绿色中票"的组合，其中绿色中票为5亿～10亿元，预计票面利率不超过4%，发行完毕后可申请财政30%贴息，补贴期限为2年。最终该项目综合融资成本控制在了4%以下，预计节约财务成本约2.70亿元，可提高项目净资产收益率约3个百分点。

三是扩大直接融资规模，提高直接融资比重。通过中长期债券调结构、短期债券降成本、超短期融资券做衔接的总体安排，加大直接融资操作力度，全面降低资本成本。2008年到目前，全系统直接融资余额比重从11%稳步提升至46%。直接融资规模不断扩大，直接融资比重不断提高，融资工具更加丰富，在保障公司投融资建设任务的同时，努力降低公司的融资成本，塑造了"苏交控"良好的企业品牌形象，公司的综合融资成本一直处于行业最低水平，直接融资累计为公司节约财务费用约50亿元。江苏交控2010～2017年直接融资变动情况如图2-2所示。

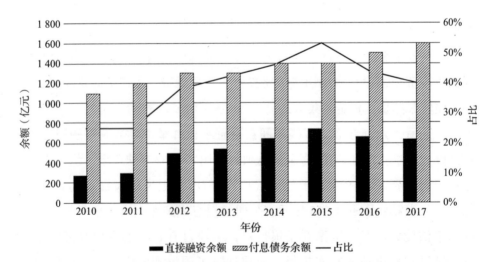

图2-2 江苏交控2010～2017年直接融资变动情况

在资本市场上，江苏交控运用DFI储架发行制度、企业债、公司债，逐步打通以储架发行通道为主，以定向工具、资产证券化、含权产品（如可转债、可交债）和创新工具融资（如绿色债、扶贫债）为辅的资本市场融资通道，为公司后续发展提供强劲资金保障。在银行合作方式上，江苏交控用流动资金借款、同业借款做衔接，中长期项目借款为建设提供资金支持，委托贷款、境外借款、保理、专项金融债、邮储专项借款等为辅助，多品种、全方位开展合作。江苏交控已经成功打通了交易所市场融资渠道，并取得不错效果。但相对于银行间市场债券的数量和规模，交易所市场融资规模占比较小，后续有很大的操作空间。继2018年成功向国家发改委申请200亿元优质主体企业债额度之后，江苏交控向上海证券交易所申报注册300亿元储架公司债券，获批后公司将完全打通以储架发行为主的融资渠道。由于江苏交控的银行间市场公募债券操作空间越来越小，在打通交易所市场融资渠道后，交易所市场公募债券融资额度与银行间市场可分开计算。按目前净资产40%计算，可为公司预留出超1000亿元的公募债券融资空间，为后续发展提供强劲融资保障。双市场融资渠道可以互相促进、互为补充，进一步提升公司的融资能力和市场形象。

在与其他金融机构合作上，江苏交控使用保险债权计划、融资租赁、售后回租、信托借款以及其他各种融资渠道筹集资金，为企业发展提供可靠的资金支持。目前，江苏交控一直坚持直接融资和间接融资并重的原则，不断通过融资创新解决发展过程中遇到的资金难题。江苏交控的主要融资方式如表2-1所示。

表2-1 江苏交控储备的融资方式

融资类别	融资方式	资金来源
资本金融资	注册资本	股东投资资金
	公开发行股票	交易所市场投资者
	经营积累	通行费收入、投资收益等

（续）

融资类别	融资方式	资金来源
资本金融资	车辆购置税专项补助	中央财政
	中央财政预算内资金	中央财政
	省财政专项补助	省财政专项资金、收益返还等
	地方资本金	地市投资平台公司
	软贷款	国家开发银行
	技术援助贷款	国家开发银行
	并购贷款	商业银行
	专项金融债	国家开发银行
	产业基金	商业银行、金融机构
	永续债（可续期债）	商业银行、券商、保险机构
	市场化债转股	资产投资公司、保险机构
债务融资	直接融资	
	短期融资券	银行间市场投资者
	超短期融资券	银行间市场投资者
	中期票据	银行间市场投资者
	定向工具	银行间市场投资者
	资产支持票据	银行间市场投资者
	公司债	交易所债券市场投资者
	企业债	交易所债券市场投资者
	资产证券化	交易所债券市场投资者
	金融债	银行间市场投资者
	邮储专项融资	中国邮政储蓄银行
	保险债权计划	保险资产管理公司
	间接融资	
	中长期固定资产贷款	商业银行
	流动资金贷款	商业银行、财务公司
	委托贷款	系统内企业
	信托借款	信托公司
	委托债权投资	商业银行
	融资租赁	租赁公司
	国债转贷	省财政转贷

实践聚焦 2-6

DFI 储架发行制度

从 2016 年起，江苏交控在银行间市场注册发行 DFI 债务融资工具，2017 年江苏交控向国家发改委申请注册了 200 亿元储架企业债券。通过储架发行模式，可以打包多个债券品种，债券额度汇总一次申报注册，后期分期发行，这在很大程度上提高了债券发行效率，为公司各类债券品种创造了极佳的发行环境。

2018 年 7 月，上海证券交易所推出融资优化监管模式，江苏交控积极筹备向上海证券交易所申请 300 亿元储架公司债券。完成申报后，江苏交控将完全打通银行间和交易所两大市场、三种储架发行通道，加之在公开市场上顶尖的 AAA 评级和良好的"苏交通"品牌形象，将形成两大市场互相促进、互为补充的格局，为公司后续发展提供强劲融资保障。

保持财务弹性　提高应变能力

在资本端，江苏交控积极引入战略投资、法人投资，如江苏金融租赁、江苏交通文化传媒有限公司引入国内、国际一流战略投资者，建立起战略投资预备队。多元投资主体一方面能够增强公司外部资金保障能力，另一方面能够促进公司财务结构升级，此外还能够保持各金融机构的高授信水平，目前江苏交控获得各银行总授信 3128 亿元，未使用额度 2091 亿元，提高了公司的剩余负债能力，应对可能发生的或无法预见的紧急情况的能力，提升了公司筹资对内外环境的反应能力、适应程度及调整的余地。

在资产端，基础设施行业存在着长期资产比例较高、资产流动性较差的问题。江苏交控积极布局流动资产配置，保持合理的资产流动性，增强财务弹性，如子公司宁沪高速于1997年和2001年分别在香港和上海两地上市；子公司江苏金融租赁于2018年在上海证券交易所上市，融资渠道较为通畅。另外，江苏交控还持有一部分变现能力较强的金融资产，如江苏银行、华泰证券、春兰股份、海通证券等上市公司股权。这类股权资产具有很强的变现能力，有助于增强企业的实际偿债能力，提高企业在极端情况下的应变能力。

争取政策资金支持　实现融资分流

江苏交控承担了江苏省大量的公路、铁路基础设施建设任务，基于基础设施建设投资规模大、投资回收慢的特点，成立后的前几年公司一直处于亏损状态，在公司承担铁路建设期间，自2008年开始每年获得省财政厅铁路专项资金补助10亿元，自2011年起补助资金增至每年20亿元，2014年补助资金增至25亿元，自2015年起补助资金增至30亿元。截至2019年，江苏交控已累计获得240亿元补助资金，尤其是2014～2018年省财政对公司的150亿元补助计入利润表，对提高公司的盈利水平，维持高信用等级和低成本融资起到了非常重要的作用。此外，江苏交控还争取到国有资本收益返还、车购税补贴及收费公路专项债券等政策性资金，缓解了公司的出资压力。例如，高管中心的政府收费高速专项债权项目，切实实现了融资分流。高管中心属于公益二类事业单位，由江苏交控统一管理，负责江苏省政府收费还贷高速公路的投资运营。自2017年财政部规范政府收费公路的融资模式后，新建高速公路的项目融资全部使用地方政府发行的收费公路专项债券，不需要自主筹资。高管中心每年的经营现金净流入近30亿元，通过进一步挖掘高管中心的投资能力，按现有项目40%资本金比例来看，每年可以撬动项目投资近75亿元，可有效分流公司部分的投资压力，缓解高强度、快节奏投资带来的资金保障难题。2019年6月，中共中央办公厅、国务院办公厅印发《关于做好地方政府专项债券发行及项目配套融资工作的通知》，允许将专项债券作为符合条件的重大项目资本金。江苏交控积极向省财政厅和省发改委申请，极力争取省财政公路专项债券资金补充重大项目的资本金，以缓解公司的重大项目资本金出资压力。

实践聚焦 2-7

资本金融资破解之路：并购贷款增资模式

"以我为主"补短板

在江苏"交通强省"的战略规划中，省委、省政府提出铁路建设是未来全省交通基础设施建设的重中之重，铁路建设的发展思路调整为"以我为主，自主规划"，积极探索高铁自主规划建设运营模式。2018年5月，原江苏铁路投资发展有限公司通过增资方式改建成立江苏省铁路集团。按照省委、省政府的组建方案，注册资本在原江苏铁路投资发展有限公司70亿元的基础上逐步增资到1200亿元，江苏交控需要在未来3年内以现金方式增资注入江苏省铁路集团530亿元，其中省财政出资250亿元，公司配套现金出资280亿元。江苏省铁路集团将作为以省为主铁路项目的投融资、建设、运营管理、沿线综合开发主体和国家干线铁路项目的省方出资主体,将在极大程度上补江苏铁路的短板。

破解之路

在深入推进供给侧结构性改革、金融"去杠杆"的大背景下,监管部门对金融业务进行整顿和规范,合规资本金融资手段逐步减少。传统合规资本金融资方式主要有永续债、优先股、债转股等,可在一定程度上降低公司的资产负债率,有效解决一定规模的资本金资金问题,但具有操作复杂、融资规模有限、融资成本高等缺点,面对大规模的资本金需求,显得较为乏力。

为破解资本金融资难、融资贵的难题,切实解决江苏省铁路集团增资资金来源问题,江苏交控的财务管理部经过多方式比选,在目前公司整体资产负债率不高、风险相对可控的前提下,提出通过并购贷款方式解决项目60%的出资资金,剩余部分安排公司自有资金解决。并购贷款是商业银行为助力企业并购行为提供的资金支持,资金规模最高可达并购交易价款的60%,期限最长可以达到7年,资金成本可税前列支,具有价格优势,是唯一合规用于资本金的债务资金。按对江苏省铁路集团增资资金280亿元计算,可获得168亿元的资金,在保障资金来源的同时,融资成本具有优势,具有可操作性。

确立通过并购贷款方式解决江苏省铁路集团增资资金问题的思路后,江苏交控积极和各金融机构沟通,考虑到国家开发银行的强劲资金实力、对基础设施的支持力度以及良好合作关系,邀请国家开发银行对江苏省铁路集团增资项目的可行性开展具体评估。

增资江苏省铁路集团也是为了落地江苏交控的综合大交通战略,增强公司的可持续发展能力,是公司基于市场化权衡决策的结果,并购行为在战略上、财务上均具有可行性。为突出此次增资的商业可行性,江苏交控的财务管理部与国家开发银行江苏省分行齐赴北京,向国家开发银行总行评审管理局系统阐述增资江苏省铁路集团对江苏交控的重大意义。

一是有利于维持江苏交控对江苏省铁路集团的控股地位，落地江苏交控"综合大交通"战略。按公司"一主两翼"的产业发展布局，公司将以大交通产业为主业，优化资本布局，整合省内公路、高铁、港口、航空等交通资源。高铁，既是江苏省综合交通运输体系的短板，也是一片蓝海，具有广阔的发展空间，是公司投资的重点领域。此次对江苏省铁路集团的增资，有利于维持并加强公司对江苏省铁路集团的控股地位，落地公司"综合大交通"战略。

二是有利于培育新业态，保障江苏交控可持续发展。收费高速公路是江苏交控目前最主要的现金流及利润来源，但高速公路业务进一步发展的空间有限。一方面，江苏省内高速公路网已基本成形，且近年来建造成本飙升，新建或改扩建高速公路的边际效益逐步下滑；另一方面，高速公路的收费年限一般不超过25年，到期后能否按现有标准收费存在不确定性，公司需要培育新的业务及利润增长点，以增强可持续发展能力。铁路项目具有成网运输的特点，运输收益相对稳定，周边多种经营收益增长潜力较大，且不存在收费期限的限制，能够对公司未来的可持续发展起到很好的促进作用。

三是有利于提升江苏交控的资产规模，改善财务结构。江苏省铁路集团挂牌成立后，苏北铁路有限公司、新长铁路有限责任公司等原由上海铁路局管理的公司将逐步整合，纳入江苏省铁路集团进行管理，此次增资将维持江苏交控对江苏省铁路集团的控股地位，直接使江苏交控的合并总资产增加约1200亿元，资产负债率下降至60%以下，可优化公司的资本结构、提升公司的资产规模，进一步提升公司形象，在财务上具有协同效应。

经过前后两个月集中攻关，反复沟通论证，创新运用逆向思维，统筹谋划，全面系统推进，江苏交控同金融机构齐心合力，最终成功获得国家开发银行金额168亿元、期限7年的贷款承诺，有效解决了对江苏省铁路集团增资项目60%的资金来源问题，剩余40%增资资金拟安排自有资金解决。

并购贷款增资模式一方面成功破解了重大项目资本金融资难、融资贵的难题，有效保障了江苏交控"综合大交通"战略的落地，对拓宽公司资本金融资渠道，丰富资本金融资手段起到重要支撑作用。另一方面，该融资模式在理论层面和实践层面均实现了重大突破，为国内同类大型资产并购和重组项目融资提供了借鉴和范本，具有重要的现实意义。在经济效益方面，此次贷款承诺的168亿元借款的利率远低于普通合规资本金融资成本，可随时按需求提款。按传统合规资本金融资成本5.4%测算，在考虑了并购贷款利息的节税效应后，全贷款周期累计可节约财务费用达27亿元。

破解公司"钱从哪里来"的难题始终是财务管理部的工作重点，其中破解资本金融资难题更是重中之重，并购贷款增资模式给出了一个有效的解决途径，在高铁、公路等基础设施领域有广泛的运用空间，在其余领域亦有很强的推广价值。在本融资方案成功获批后，多家金融机构、省级投融资平台公司前来调研学习，江苏交控的市场形象进一步得到提升。

目前，江苏省铁路集团增资并购贷款方案已落地并逐步提款，江苏交控圆满解决了此次增资的资金问题。毋庸置疑，并购贷款具有大规模、低成本、可节税等优势，但作为债务性资金，大量使用则难以避免推高公司整体的资产负债率，需要结合其他权益资金进行平衡，从而稳定公司的资本结构。如何构建稳定高效、统筹兼顾的资本金融资体系，是今后江苏交控的财务管理部亟须解决的问题，在公司投融资规模不断加码的背景下，任重而道远。

改革开放四十多年来，江苏交控人创造了举世瞩目的发展速度，这其中，投融资体制机制的不断发展，无疑发挥了至关重要的作用。交通基础设施投融资的持续改革，不但满足了快速增长、规模庞大的交通建设资金需求，更保证了交通基础设施持续、蓬勃发展，开创了交通投融资的"中国模式"。

随着国家"加快建立现代财政制度，建立权责清晰、财力协调、区域均衡的中央和地方财政关系，建立全面规范透明、标准科学、约束有力的预算制度，全面实施绩效管理"等财税改革工作的深入推进，交通运输投融资工作要保障行业发展需求，支撑好交通运输高质量发展，必须结合行业发展实际，进一步深化交通运输投融资体制机制改革，加快构建"政府主导、分级负责、多元筹资、规范高效"的交通运输投融资体制。

CHAPTER THREE
第三章

快行慢享　品质超越
创新养护与营运服务新模式

"发展才是硬道理。"江苏交控围绕中央供给侧结构性改革的要求和重点，始终坚持突出路桥板块主体地位，不断完善高速公路网络布局和资产整体运营水平，着力提升路桥养护水平，大力推进服务区转型升级和"双提升"。江苏交控集公司全体员工智慧，成功走出了一条凸显江苏特色和江苏交控特点的"苏高速·茉莉花"品牌发展之路。

在"一带一路"形成和发展的宏大实践中，江苏奋力开启高质量发展、建设交通强省的新征程。路桥的营运与养护作为现代综合交通运输体系建设的重要内容显得尤为迫切而重要，江苏交控面对新的发展形势，不断用自己的智慧将挑战转变为发展机遇。

江苏交控把打造高速公路优质服务品牌作为增强企业竞争力和软实力的战略之举。为最大限度地满足社会公众日益增长的快速、高端、个性化、舒适化的出行需求，江苏交控自上而下紧紧围绕公司战略发展规划纲要，以品质为基石，以创新为内核，以平台为载体，在高速公路运营中全面推行路网调度智能化、安全应急快速化和信息发布实时化，创造了苏式运营效率。面对路网密度高并随之带来的一系列突出问题，以及保畅通、保安全的任务日益繁重等突出问题，江苏交控在高速公路路面、跨江大桥、智慧养护等方面进行理念、技术与方法的大胆探索创新，着力打造江苏高速公路养护品牌，基本实现"分工明晰、科学规范、专业一流、优质高效、安全畅通"五大发展目标，初步形成"苏式养护"模式。在人民群众出行消费需求升级的新形势下，江苏交控积极落实供给侧结构性改革部署，坚持社会效益优先、兼顾经济效益原则，加快高速公路服务区向交通、生态、旅游、消费等复合功能型服务区转型升级，构建更加成熟的交通领域消费细分市场，激发大众的消费潜力，不断满足人民群众日益增长的美好生活需要，走出了一条具有江苏特色的高速公路服务区转型发展之路。

江苏交控在公路整体营运、路桥养护和服务区运营上不断创造性地开展工作，其众多智慧实践带动了全系统窗口单位和服务行业的作风改进，更好地满足了社会公众多样化、品质化、美好化的出行需求，"快行慢享"作为一种新的出行方式正在赢得社会的广泛赞誉。

联动融合　协同运营

随着高速公路的迅速发展和通车里程的不断增加，我国高速公路的发展已经从投资建设期逐渐进入了营运管理和建设并重的时期，如何提高高速公路的使用效率和服务质量是今后一段时间内我国高速公路营运管理急需解决的问题。在江苏交通大发展的时代背景下，江苏交控全面认识和把握高速公路发展的新情况和新特点，构建了符合全省高速公路营运管理实际需要的体制机制。江苏交控首创了"路网成员单位之间的协商机制、一路三方的协调机制、高速公路跨省合作机制"，协同运营管理水平不断提高。

三方协同出实招

高速公路交通事故的复杂性和高度不确定性，给事故预防和事故处理带来极大的阻碍。高速公路经营管理单位、高速交警和交通执法部门是高速公路法定的主体管理力量。强化三方协调配合，实现三方协同治理，是依法规范、合理高效处置交通事故的关键。以2018年为例，中秋节、国庆节期间全省境内高速公路共发生轻微交通事故3867起，江苏交巡警现场处置每起事故平均仅用时6分钟，最大限度地降低了轻微交通事故对路网交通的影响。这一成绩的取得不是偶然，主要得益于管理理念的突破、警务机制的创新、信息化手段的应用。

"123"支撑体系

多年来，高速公路身后一直站着"三大管家"——交巡警、交通路政和道路经营管理单位。由于三方在管理对象、管理职责、管理资源、管理利益等方面的不同，因此不可避免地存在不同程度的各自为政等问题。为确保高速公路安全通畅，早在2008年江苏便率先在全国建立了高速公路调度指挥中心。江苏交控和江苏省公安厅共同成立了国内首家"路、警联合"对全省高速公路进行指挥调度的专门机构——江苏省高速公路指挥调度联合值班室。2010年，江苏省交通运输厅也派员入驻联合值班室，实现了真正意义上的"一路三方"联合指挥调度机制。江苏交控在此基础上联手气象、媒体等部门，不断深化多方协同联动机制，强化跨省路网协作机制，逐渐打破多部门、跨区域协同作战中显现的管理壁垒。"一路三方、协同运营"模式得到国家有关部门的高度认可，有关经验在全国范围内得到推广。

高速公路与一个地区或者国家的现代化水平息息相关，而高速公路的信息化建设则是实现高速公路现代化管理的重要途径。目前高速公路的信息化管理是国民经济建设不断向其他领域渗透、发展的基础。只有深入分析了高速公路信息化管理的意义，同时立足于现阶段的信息化管理存在的问题，才能深入探索高速公路信息化管理的实施方案及保证方案顺利实施的保障措施。为全面加强高速公路信息化管理，江苏交控打造了以"一个中心（云计算数据中心）、两大平台（指挥调度平台、公众服务平台）、三大支撑系统（信息采集系统、决策支持系统、运行维护系统）"为主体架构的全省高速公路信息化管理体系，实现了高速公路指挥调度业务的统一管理和公众出行全过程信息服务的全覆盖，路网运营的智能化管理水平显著提高。

实践聚焦 3-1

江苏交控智能化交通管理再升级

2016年底，江苏交控重新设立了信息中心，整体把控、通盘考虑信息化发展总体架构和建设节奏，按照创新理念、创新路径，采用创新技术、创新模式，建设"协同指挥调度云服务平台"并在江苏高速公路网应用。这是全国第一个立足于"云、管、端"架构、基于"互联网＋"理念的调度云平台，采用了先进的云计算、大数据和人工智能等技术，是一个"云上的、统一的、敏捷的、协同的"平台。不仅在研发建设中充分使用了云上的 IaaS、PaaS、SaaS 服务，其平台软件自身同时也成为云上的 SaaS 服务重要的运作依据对象。该平台以出行者为中心，依托先进的云上技术与服务，围绕高速公路突发事件处置，配置"监控联网、多媒体信息查询、音视频通信"等基本功能的监控及应急指挥系统，更加强调学习互联网思维，设置了事件处置、智能侦测、协同联动、统计分析四大系统，以及视频监控、情报板、语音、里程桩、综合路况、气象、单兵、视频对讲八大功能模块的系统框架，承担协同指挥调度、监控管理、信息共享、统计分析、实时通信等多重职能，实现了跨区域、跨层级、跨业界的业务融合，适用于出行者、管理者、调度人员、救援人员以及公安、路政等不同管理部门的数据共享和协调处置，有效提升了交通运输管理的数字化、网络化、智能化水平。

"四合一"工作机制

为确保道路畅通，各方牢固树立一盘棋的大局意识，立足于百姓出行，强化联勤联动，江苏省交通"一路三方"全面落实四项工作机制，最大限度地实现信息互通、数据共享、资源共用、安全共治、和谐共建的新局面，形成了零距离对接、优势互补、密切配合的工作格局，确保江苏高速公路安全高效运行。

具体来说，一是信息资源共享机制。定期或不定期召开联席会议，分析联勤联动工作中存在的问题，查找原因，共同寻求解决的途径和办法，明确分工，不断完善协作机制。通过多种途径及时发现高速公路的异常情况，统一指挥调度公安交巡警、交通路政、各道路经营管理单位等多部门的管理力量。

二是巡逻执勤联动机制。"一路三方"深化联动机制，把安全放在首位，突出底线思维，突出重点人群、重点车辆、重点路段，强化路面动态监管和涉路执法配合机制，发挥各部门职能优势，齐抓共管，开展联合执勤、疏堵救援、排查路况等工作，切实提高勤务覆盖率、路面管控率和路巡效率，加大调控和分流力度，共同维护辖区高速公路的道路交通安全，最大限度地保障高速公路安全畅通。

三是交通事故快处快撤机制。"一路三方"不断完善对道路交通事故快处快赔快撤的工作机制，交警、路政、应急、养护各部门切实落实第一时间通报信息，共同开展交通事故现场快处快撤工作，真正实现了第一时间发现事故、第一时间到达现场、第一时间勘查现场、第一时间撤除现场、第一时间案结事了，确保不发生因管理原因导致的长时间、大范围交通拥堵，不发生重特大交通事故和安全责任事故，不发生因执法不规范等引发的重大负面舆情。

四是联动应急处置机制。"一路三方"建立应急联动处置机制，建立调度指挥中心，切实提高统一指挥、部门联动、快速高效处置突发事件的能力，提升路网的预警监测、协同配合、联动处置和应急保障能力。

实践聚焦 3-2

如何解决高速公路网拥堵问题：苏通长江公路大桥在行动

2019年大年初六，高速公路网交通态势地图和道路监控视频中，一条条红色拥堵曲线逐渐延伸，路网车流量不知会增长到什么程度，找到道路拥堵的原因迫在眉睫。在苏通长江公路大桥路段，"用时半小时行驶的路程仅为3公里"的频发情况，让江苏苏通大桥有限责任公司不禁思考高速公路到底要采取什么措施才能让老百姓快点过桥回家。根据苏通长江公路大桥的视频图像，按照拥堵线路查找拥堵节点，发现造成苏通长江公路大桥拥堵缓行的原因是北广场多股车流交织汇集，争道抢行，使行驶速度受到了很大的影响；再深入调查，最终发现原来是发生了车辆碰擦事故。此时即使立即指挥值班人员联系苏通长江公路大桥调度中心，迅速安排救援车辆前往处置，到场后先让车辆靠边，恢复主线畅通，待事故处置完毕，地图上的红色拥堵曲线还是又多了几百米。面对当前的高速公路路网交通拥堵问题，江苏苏通大桥有限责任公司召开春节保畅工作总结会议，提出认真总结春运大流量期间路网运行的新问题、新特点，节后与公安交警、交通执法部门协调配合，"一路三方"共同开展"消堵消患工程"，确保道路拥堵得到缓解。

针对此通行现状，"一路三方"通过分析比对历史数据，研究决定首先在重大节假日期间实施黄牌货车限时错峰出行政策，为流量高峰时段桥面的通行顺畅提供了制度保障。其次，大桥主线广场喇叭口"瓶颈"现象长期存在，免费放行期间收费站道口全部开放，多股车流同时在喇叭口聚集交汇，车辆争道抢行、变道加塞等现象屡屡出现，追尾碰擦等轻微事故频发。针对此情况，"一路三方"开创性地在主线广场采取"3+2"模式的交通渠化措施，并根据节假日期间的实际通行成效，进一步修改渠化方式为"3+1"模式，保证主线三股车道直通直行，边道留有一股超宽道供少量绿优货车通行。此举既钝化了交通节点的通行矛盾，又避免了因车辆交织而导致的事故，有效地提升了车流整体的行进速度及通行效率；同时，采取启用应急车道辅助通行的方式，在上桥爬坡至主桥面车速较慢的桥面区间，将原有三股车道扩展为四股车道供车辆通行，从而实现桥区通行速度和通行能力双提升。除此之外，所有人员熟悉应急内容，明确车辆保障、标志标牌的摆放、人员职责分工等方面的规范要求。按照接警、出警、现场情况报告、疏导交通、标志标牌的摆放、现场勘查、上报管制信息、事故现场处置完毕撤除分流标志、撤离模拟事故现场、上报管制情况解除信息、分析总结演练情况等步骤进行演练。通过演练或其他方式，交巡警、路政、高速公路公司养排等相关单位配合得更加密切，对事故处置流程更加熟练，进一步增强了"一路三方"在特殊情况下的应急协作处置能力，提高了高速公路突发事件处置水平，实现了快速反应、积极疏导、处理得当，最大限度地保护人民群众的生命安全并减少财产损失。

跨界整合显成效

"三个精细化"推进南北网融合

为全面落实国家的各项收费政策，确保高速公路畅通运行，江苏省组织构建了一整套系统的联网收费管理规则和办法。早在2003年，江苏省便在全国率先研究和实施了高速公路计重收费。2007～2009年，江苏交控打造了先进的全省高速公路"通行费结算审核、综合信息服务、路网指挥调度"三大系统平台和高速公路通信传输骨干网。2012年，江苏交控率先启动并全面推进新一轮高水平的高速公路信息化建设，开创性实现了南北网收费系统融合，彻底解决了苏南、苏北两个网络相对分割的问题，车辆通行效率明显提高。

近年来，江苏交控以收费管理标准化体系建设为推手，逐步搭建了全省联网收费管理标准化框架体系，构建收费管理"事前、事中、事后"全过程标准化管理和风险控制的现代化模式。在事前把控上，配合全国"营改增"工作不断提升计费表的科学性，开展精细化里程实测，构建标准化计费表，研究适用于全省的多路径拆分技术和实施方案，为下阶段实施精确路径拆分奠定坚实基础。在事中管理上，建立了内容涵盖收费、服务、调度及系统管理四大类共19项核心数据指标的路网营运管理指标体系，有效推动了路网营运精细化管理。在事后监管上，开展模型化联网稽查体系建设，完善、优化稽查平台功能，加强数据挖掘形成更有效的稽查策略，规范稽查操作流程，制定追缴办法形成追缴机制，有效提升了基础管理精细化水平。

在此基础上，江苏交控围绕五个方面，不断融入技术手段，创新发展研究，实现联网收费高精度结算。一是进一步加快推动收费管理制度标准化体系建设，细化管理要求，努力实现收费管理综合化、系统化、精细化操作；二是搭建江苏联网高速公路收费数据分析平台，提升路网收费数据分析研究水平；三是完成路网里程标准计费表编制，并根据多路径研究成果实施通行费精确拆分；四是搭建以稽查管理系统为载体、数据应用平台为支撑的联网收费数据稽查中心；五是不断拓宽ETC车型应用，全面推广货车ETC，实现路网全覆盖。在联网收费机制运行的十余年间，全路网通行费收入持续高速增长，有力保障了江苏交控的投融资能力，为完成全省重大交通基础设施投资任务做出了重要贡献。

"一张网"加快业务板块融通

近年来，江苏交控创建并不断完善联网营运管理和企业内部管理两套制度体系，逐步完善公司内部的组织架构，优化内设机构为五个部门及两个中心。

为加快业务板块融合，积极应对营运管理新挑战，2019年江苏交控整合原营运安全部与联网公司的相关职能，成立营运安全事业部。通过机构整合，江苏交控实现了全省"一张网运营、一张网管理"，体制机制效能优势明显。

围绕主要工作，江苏交控提出"三个三"工作措施：一是打赢三场攻坚战，即打赢"长三角"省界主线撤站攻坚战、"营改增"推进攻坚战、恶劣天气保畅攻坚战，持续助推全省高速公路营运管理走在全国前列；二是做优三项精品工程，即营运品牌建设工程、消堵消患工程、"三精"服务区建设工程，不断提高服务公众出行的质量和水平；三是构建三个一流机制，即一流经营监管机制、一流稽查管理机制、一流联动协同机制，持续增强管理路网、服务路网、保障路网的支撑力。

"三个同步"撤除省界收费站

随着我国汽车保有量的持续增大,省界收费站对人们的出行造成了较大的不便。尤其是在节假日期间,省界收费站更是成为一个个"肠梗阻",极大降低了高速公路的通行效率,收费站两边变成巨型停车场的事例屡见不鲜。

为了响应国家号召,减少拥堵,便利群众,2018年江苏省作为国内首批试点省份,率先取消了5座苏鲁跨界收费站以及5座大桥的跨界收费站。江苏交控按照"远近结合、统筹谋划、科学设计、有序推进、安全稳定、提效降费"的原则,"三个同步"有序推进撤除高速公路省界收费站这项重大民生工程:一是总体方案制订和具体细节谋划同步,全面启动江苏省总体实施方案的制订和技术方案的设计;二是部、省、市多方协调同步,加强与交通运输部等相关部门的沟通协调,主动对接相邻省市,确保步调一致;三是政策研究和探索应用同步,探索省界撤站对路网运营管理产生的影响,开展新形势下收费稽查、调度指挥、信息服务等课题研究,为全国"一张网"一体化运营奠定基础。

自2018年以来,江苏交控以牵牢"牛鼻子"、压实"责任链"的精神,明确职责分工,细化目标任务,明晰总体建设目标和技术路线,为按时高效、保质保量完成撤站任务打下了坚实基础。据统计,"一增三减"(增加省界站点出口流量、减少货车平均单车通过时间、减少路网整体拥堵里程、减少汽车尾气排放量)的成果不断放大,人民群众的获得感、幸福感、安全感不断提升。

苏式养护　协力创新

立足于江苏经济社会发展大局,勇担交通强省使命重任,我们悉心将

> 每一处资源都裂变为效益,将每一步发展都催生成风景。
>
> ——江苏交控董事长蔡任杰

江苏交控精准把握新形势,转变养护思维方式、发展方式和管控方式,以江苏高速公路养护品牌铸建为中心,坚持体制机制改革和技术工艺创新,依托"智慧养护体系、养护标准化体系、综合评估体系"三大体系建设和"绿色养护、安全养护、工区标准化"三大示范工程建设,落实完成"运行机制改革、管理体系完善、专业队伍提升、技术升级创新"四方面重点工作,逐步树立起江苏高速公路养护"理念新、技术精、质量高、队伍强"的品牌形象,最终实现了江苏交控新时期高速公路养护"分工明晰、科学规范、专业一流、优质高效、安全畅通"五大发展目标。

经过自上而下共同努力,"苏式养护"水平走在全国前列,品牌影响力持续攀升。自"十五国检"开始,在三次全国干线公路养护管理检查中,江苏交控管辖的高速公路路况水平始终保持在全国前列;随着江苏交控持续加大养护投入,2018年高速公路平均技术状况指数(MQI)始终保持在96以上,道路技术状况全部处于优等水平;同年,交通运输部对江苏交控重点桥梁和路面技术状况的监测结果持续保持全国领先。江苏交控所属基层单位先后涌现出省级文明单位7家、国家级文明单位2家,省级工人先锋号16个、国家级工人先锋号5个,省级青年文明号102个、国家级青年文明号5个。"苏式养护"缘何一骑绝尘?我们可以从江苏交控养护人的智慧思考和创新实践中一窥端倪。

精准把脉 重塑养护理念

截至2018年底,江苏累计建成高速公路4695公里,其中由江苏交控负责管养的里程达到4084公里，占比为87%。江苏交控管养的所有高速公路中，通车10年及以上的里程为3063公里，占比为75%；通车15年及以上的里程为1444公里，占比为35%（见图3-1）。

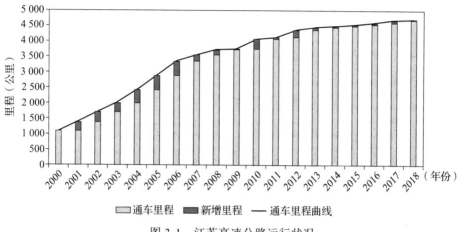

图3-1 江苏高速公路运行状况

江苏交控所辖高速公路交通流量大，其中，截至2018年8月，沪宁高速公路东段最大断面日交通量超过20万辆，京沪高速公路累计当量轴载次数超过5000多万次，达到极重等级，远超设计轴载（见图3-2）。

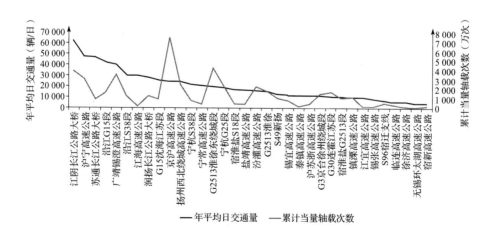

图3-2 江苏高速公路各路段流量对比

从桥梁服役状况来看，截至2018年底，江苏交控所辖桥梁已达6024座。其中，特大桥132座（含5座跨江大桥），大桥1659座，中小桥4228座。通过对所有桥梁的技术评定，一类桥梁约占62.21%，二类桥梁约占37.76%。

基于上述情况，江苏交控的高层及相关部门从路面和桥梁两个方面对江苏高速公路的养护特征做出整体研判。从路面养护来看，主要有路龄长、软基多、流量大和重载多四大特征。从桥梁养护来看，桥梁数量多、桥梁类型多和跨江大桥多是其重要特征。针对临近和超过路桥设计使用年限的路段，如何开展科学养护、路桥结构寿命到底如何已经成为江苏交控迫切需要解决的问题。江苏交控高层凭借超常的智慧和胆量果断做出决策，坚持以高质量发展为目标，以创新为抓手，将科学、精准和创新三种理念协同贯彻于路面养护、桥梁养护和智慧养护三个方面的全过程（见图3-3）。

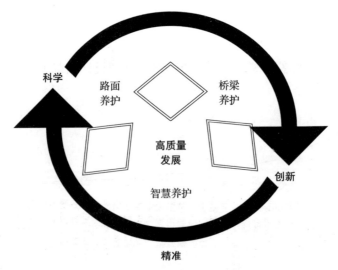

图3-3　江苏交控路桥养护理念模型

从经营理念来看，第一，围绕"科学"理念，坚持科学发展，旨在建立科学认识，形成科学方法。科学认识体现在，通过科学实践，总结规律，认识本质；科学方法体现在，建立解决问题的科学思路、程序、规则、技巧和模式。第二，坚持精准化养护的理念，实现"精准决策、精确设计、精细实施"，切实提升高速公路的养护效果及养护效率。第三，坚持创新助力全面质量管理，包括知识创新、技术创新、管理创新。强调创新成果的工程转化，坚持研究—应用—评估—反馈—优化的科研质量周期。

从经营实践来看，第一，对于路面养护，其理念是"基层耐久、中层稳定、面层舒适"。具体目标是安全、舒适、耐久，并且以"保基层、稳中层、修面层"为基本原则，其含义为保持基层耐久，中层尽量稳定，只对表面层进行维修，且形成了功能性预防和结构性预防相结合的养护模式。第二，对于桥梁养护，其理念是"构件可靠、部件耐久、结构安全"。具体目标是安全、耐久，并且以基于预防性养护理念的桥梁可靠性维护为基本原则，且形成了"分类决策、分级处置、总体可控"的养护模式。第三，对于智慧养护，其理念是"数据精确、决策精准、实施精细"。具体目标是施工标准化和决策系统化，形成"标准化施工、智能化监控、系统化管理"的养护模式。

优化模式　提高养护效率

企业管理创新是指企业形成创造性思想并将其转换为有用的产品、服务或作业方法的过程，最重要的是在组织高管层面有完善的计划与实施步骤以及对可能出现的障碍与阻力有清醒认识。在管理创新方面，江苏交控的领导者充分了解国内外先进的管养理念和技术，坚持以"养护工作及时高效与国检争优创先"为目标，不断创新工作思路、途径和方法，持续提升养护管理水平，逐步实现由粗放式管理向精细化管理、经验性决策向精准化决策转变。

打造高效管养体系。江苏交控高层结合工作实际，统筹考虑管理力量、技术力量、设备设施及基础建设等因素，构建科学、规范、高效的管养体系。一方面，路桥养护部门全面贯彻《公路技术状况评定标准》等规范，执行二级管理体系，使日常养护从应对走向预防，实现了道路养护专业化、规范化和常态化。一是完成了《高速公路养护标准管理规定》《沥青路面铺筑施工作业规程》《排水路面施工作业规程》《沥青路面热再生施工作业规程》《江苏高速公路声屏障养护标准》五项标准的编制工作；二是下发《江苏交通控股系统高速公路养护科技成果推广应用管理办法》，完成了《养护质量管理体系》《养护质量监督检查和考核管理办法》《沥青路面养护工程施工质量考核标准》《桥梁定期检查和桥梁维修加固施工质量考核标准》四项管理制度的制定。另一方面，向内寻求力量，不断进化自我，以标准升级倒逼服务升级。在全体员工中植入标准化"基因"，让标准成为习惯，让习惯符合标准；进而导入卓越绩效模式，持续评价、改进工作，塑卓越人才，强卓越管理，建卓越企业，为将来参与团体标准、行业标准乃至国家标准的制定积累资本，拓展标准主导力，抢占竞争话语权。

开创集中养护模式。随着经济社会的日益发展，江苏交控的车流量快速增长，沪宁高速公路、江阴长江公路大桥、广靖锡澄高速公路的日均流量已超过或接近10万辆，道路通行状况饱和，在极大流量和路龄老化的双重重压之下，高速路面指标出现了不同程度的退化，亟须进行养护以恢复路面良好的使用性能。大流量高速公路养护，若采用传统的"半幅半封闭，同时借用对向第一车道进行通行"的交通组织方式，则作业空间受限制，施工可操作性差，工期漫长，每天将发生长时间的拥堵，高速公路服务水平大幅下降，对社会影响大，施工质量难以保障且存在众多安全隐患，高速公路通行压力与养护之间的矛盾愈发突出。

本着坚持"以路为本""以人为本""以车为本"的宗旨，为缩短施工周期，在保证施工质量及安全的同时，降低养护施工对公众出行的影响，江苏交控积极探索新的施工组织方式。江苏交控工程养护技术公司于2018年与日本阪神高速公路合作共同组建"大流量高速公路集中养护可行性研究"专项课题组，大胆提出将交通管制、养护工程汇集起来，在一定时间内进行集中性封闭式维修施工。广靖锡澄高速公路大修养护工程与江阴长江公路大桥桥面专项养护维修工程结合，首先对上述设想进行实践。实践证明，这种养护管理模式不仅可以减轻道路使用者和沿途民众的负担，也能提高工程质量、经济效益和交通的安全性。该项工程开创了国内大流量高速公路集中养护之先河。高效的组织筹备、先进的施工工艺、超短的施工工期，充分体现了江苏交控的速度，展示了江苏交控人的智慧，是江苏交控高速公路养护模式创新和养护管理提档升级的充分体现。江苏交控董事长蔡任杰将这种模式形象地描述为"三抓三保一实现"（见图3-4）。

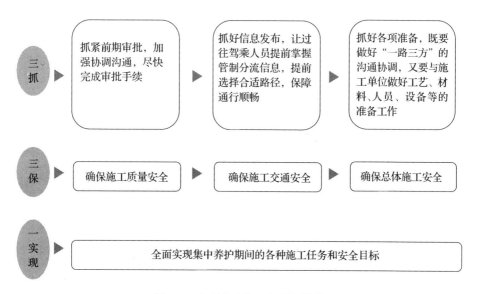

图3-4 "三抓三保一实现"模式

实践聚焦 3-3

开中国高速公路"集中养护"先河

2019年5月10日凌晨3时,伴随着5台铣刨机隆隆的轰鸣声,广靖锡澄高速公路和江阴长江公路大桥集中养护工程正式启动。此次养护工程集沥青路面、桥梁、交安设施、路基等养护工程于一体,总投资约1.5亿元,工期拟由原131个有效工作日压缩至16个有效工作日,相比传统养护可减少2.65亿元左右的工程施工拥堵损失额。在江苏交控工程技术部的牵头组织下,广靖锡澄公司、扬子大桥公司和江苏现代路桥有限责任公司(以下简称"现代路桥公司")3家单位联合成立项目部,克服交叉作业多、设备投入多、参建人员多,交通压力大、协调难度大、社会影响大的"三多三大"难点问题,守住质量、安全和廉洁"三大底线",各参建单位同频共振、前方后方同舟共济、干部职工同轴共转,发扬"5+2""白加黑"的拼搏精神,放弃节假日,连续奋战。为确保项目施工快速、有序推进,推行"党建进工地",高扬"党员先锋队""青年突击队"的旗帜,充分体现了江苏交控人特别能吃苦、特别能担当、特别能奉献的精神风貌。

本次集中养护广泛采用"四新"技术,全面推进精准施工,严格实施闭环管理,从工艺、工效和工序3大环节寻求突破和创新。按照机械化、信息化、专业化、集约化养护的要求,组织了约1400人的专业队伍,分成6个项目分部,分片施工,包干作业。主动对接7个交警大队、6个交通综合执法大队,以及江阴、靖江两地的交通主管部门,组织召开了20次交通组织保障专题会议,细化分流方案和应急预案。通过技术创新、通力协作、多方联动来破解协作分工、资本配置和交通组织这三大难题,担当作为中展现了江苏交控人的大智慧。

创新养护协调机制。针对改扩建工程工期长、战线长、影响面广、征地拆迁与河道占用等协调难度大及道路分流、管控、封闭直接影响人们出行等众多难题,路桥养护部门结合江苏省交通工程建设局及地方建设管理模式,建立了项目工程指挥机构,通过"委托代建"及"省市共建、以市为主"两种模式,整合多方资源,化解社会矛盾,落实便利出行措施,实现了投资省、工期短、质量优的建设目标,并形成了运营中高速公路改扩建工程的成套管理技术体系。南京机场高速公路、宁宣路扩建项目采用了"委托代建"模式,宁通高速公路江广段扩建采用了"省市共建、以市为主"模式,几条路均是边运营边施工,真正做到了改扩建不分流、不限行、不封路,方便了过往客户,提高了社会效应和经济效益。

创新技术　打造养护精品

高速公路具有非竞争性特征,是非排他性不充分的准公共产品,其创新维护过程本质上就是将实验室阶段的科技成果转化为现实中的实体,并在使用过程中实现其价值的过程。要满足社会需求,不断提升保障能力,就要不断发展保畅技术和手段。在路桥养护过程中,江苏交控充分应用熊彼特的创新理论,大力弘扬创新精神、劳模精神和工匠精神,推动思想再解放、发展高质量,在工艺、材料、绿色科技和科研合作四个方面取得了新突破。

以"新工艺"谋划大前景,提升技术水平。桥梁养护处成功实现体外预应力张拉加固技术的首次应用。在连霍高速公路塔双分离式立交桥应急维修加固工程中,经多方专家研究讨论,最终确定了以新增立柱、增加腹板截面、体外预应力张拉加固、箱式内外粘贴钢板并形成对拉、新增桥面补强层为主体的全方位桥梁加固方案。同时，积极与东南大学刘其伟教授合作，引进了国家发明专利"自平衡反压式桥梁单支座更换"技术，通过顶升装置将拟更换的新支座反压至梁底，控制调整支座压缩量以自动平衡支点处梁体恒载，最终完成单支座更换施工。该技术的成功应用，不仅实现了新支座的恒载预压，也保证了该支座处的梁体不会出现强迫位移，从而避免出现横桥向梁体间的附加内力，降低了支座更换施工对桥梁结构运营安全的风险，提升了江苏交控在桥梁加固专项工程领域的技术水平。

以"新材料"推动大发展，强化产业支撑。 桥梁养护处在宁杭高速公路常州段104国道桥首次采用安全耐久、抗冲击、低噪声、外形美观、行车舒适度高的新型环保"S形"抗冲击减噪伸缩缝进行桥梁伸缩缝更换施工，并邀请江苏领跑梦毛勒智造科技集团有限公司专家到现场进行技术指导，历时5天时间，完成了应急抢修任务。此次新型材料的成功应用指明了未来伸缩量不大于160毫米伸缩装置的发展趋势，也为桥梁养护处对新材料的推广积累了丰富的经验。宁沪高速马群大院、宁杭南京主线站等的外墙出新房建项目，积极引进"真石漆"对外墙进行涂装，质量优异，使外部形象得到有力提升，得到了相关领导的高度关注和良好评价。

"绿色科技"打造大品牌，彰显企业特色。 江苏交控不断加强再生技术、温拌技术及其他绿色养护技术的应用研究，建立了节能减排评估方法及评估体系，确保高速公路路面废旧材料循环利用，保持回收率在100%，循环利用率超过96%。具体包括：一，应用低碳沥青路面技术，保持路面平整度指数，降低车辆行驶过程中的燃油消耗；二，应用车辆超限超载不停车预检管理和车速感知等信息化系统，实时采集车速、车型、轴载之间的模型数据，并将此数据信息用LED显示屏在沿线进行滚动播出，提示用户采用最低油耗速度行驶，以达到最佳的节能效果；三，应用风光互补、光伏发电、地源热泵等交安、房建节能技术，加强系统设施设备技术性维护管理，保持系统运行状态完好，降低能源消耗，减少污染物和二氧化碳排放；四，构建科学合理的养护决策，充分利用现有的低碳节能技术来实现养护技术方案的低碳水平，同时通过合理的材料、设备、工艺等达到整个养护工序的低碳效益。

以"强合作"构建大格局，实现互利共赢。桥梁养护处积极对标先进企业，学习新技术、探索新思路、凝聚新优势，多次深入江苏平山交通设施有限公司、上海先为土木工程有限公司开展战略合作洽谈，主要围绕伸缩缝、钢盆支座、雨夜标线三种新材料的联合研发生产、应用与注册，以及桥梁养护其他方面的新材料、新技术的研发与推广等主题进行了深入讨论，并针对学习和引进特大结构桥梁加固的复杂技术进行了深入分析，双方约定在"四新"技术的应用及成果转化与推广、养护技术研究开发等方面建立紧密合作关系，实现双方企业的持续发展和技术的持续进步。坚持共享发展，以问题为导向，着力解决面临的热点难点问题，以共建共享为原则，着眼于构建科研成果转化推广工作机制，加快科研成果转化推广应用，充分发挥优秀科研成果所带来的巨大效益。

互利合作为高质量发展开拓新空间。积极扩大开放、深化合作，打造互联互通、互利共赢的开放合作体系，努力为全系统提供智慧和方案。江苏交控联合众多省内外科研院校、知名企业组建了"江苏高速公路养护技术创新联盟"。联盟秉承"开放共享，合作共赢"的宗旨，为全系统搭建了一个资源共享、协同创新的合作平台，助推养护技术水平不断提升。为加强华东地区高速公路养护工作的交流合作、养护成果的开放共享，实现华东地区高速公路养护高质量、协调发展，江苏交控联合上海城建城市运营（集团）有限公司、安徽省交通控股集团有限公司、山东高速集团有限公司、齐鲁交通发展集团有限公司、浙江省交通投资集团有限公司、江西省高速公路投资集团有限责任公司、福建省高速公路集团有限公司共同组建了华东区高速公路养护发展联盟。江苏交控还构筑了"江苏高速公路养护技术论坛"，这是江苏省规模最大、水平最高、影响最广的省级高速公路养护技术交流平台，培育了"智园养护讲堂"养护技术分享品牌，创建了系统内第一份养护技术专门刊物——《养护技术通讯》，获得系统内外高度欢迎，其中很多文章被国家级行业杂志转载，有效推动了业界的交流互动。

实践聚焦 3-4

砥砺奋进　技术引领

2016年12月30日，江苏高速公路工程养护技术有限公司（中心）正式成立。作为江苏交控践行改革发展、推进养护体制创新的探索性成果，公司自成立以来，紧紧围绕江苏交控党委的战略布局和工作部署，积极实施"三大工程"，着力发挥党建引领作用，提升内部管理水平，大力推进"养护科研开发、养护技术支撑、养护决策支持、养护人才培养"四大平台的建设，在加快建设国际视野、国内一流技术公司的奋斗征程中牢记使命，砥砺奋进。

公司通过挖掘技术要素潜力不断提升路桥养护水平和效率，打造了一系列特色鲜明的精品工程，在路面和桥梁养护方面形成企业核心竞争力。

在路面养护方面，主要形成三大系列关键技术：一是在国内首次提出结构性预防养护理念，形成与各结构层功能相匹配的保存技术——基层性能保存技术、沥青面层稳定性控制技术、路表功能性保存技术；二是在国内首次提出路面结构健康状态评估理念及快速化检测方法——基于高动态探地雷达的结构完整性快速评估方法、基于连续激光弯沉的结构强度快速评估方法、基于路表几何形态特征的沥青面层稳定性快速评估技术；三是在国内首次构建了路面多维、多因素养护决策——基于FWD多点弯沉差的结构整体及分层强度评估方法、基于权重优化的沥青路面破损状况评价指标PDCI、基于路面温度场和荷载响应的沥青面层高温变形评价方法、采用人工智能算法建立路面多目标、多因素养护决策优化模型。

在桥梁养护方面，主要形成四大系列的突破技术：一是在国内首次实现BIM技术在跨江大桥运营期的运用——全面数据存储、多维数据分析、支撑养护决策；二是首次完成大跨径悬索桥的全桥结构状态检测与评估——检测内容全覆盖、全面掌握大桥运营结构状态，并形成新的养护模式进行推广；三是钢桥面铺装技术国际领先——经历铺装结构类型三次变革，尝试七种铺装结构形式，延长钢桥面铺装使用寿命至八年以上；四是钢桥疲劳损伤检测、评估和维护技术取得重大突破，成果填补国内多项技术空白。

数据赋能　凸显智慧养护

江苏交控下辖的高速公路路网密度位居全国省市前列，保畅通、保安全的任务日益繁重，工作要求越来越高，传统的管理方法和手段已不能满足形势和任务发展的需要。为适应新形势下高速公路养护管理工作的要求，江苏交控的领导者借助互联网思维，在精细化管理的基础上突出科技信息化应用，将"科技引领、数据驱动"作为指导思想，以"道路一张网、展示一张图、数据一中心、运行一平台、业务多系统"为总体目标，最大限度地把科学技术和信息资源转化为实战"装备"，着全力打造苏式"智慧养护"。

智能决策　精准养护

智慧养护的关键是路面养护智能决策。江苏交控的领导者针对江苏路网的养护特点、养护目标，探索建立以养护决策为核心，以性能分析和评价为基础，基于广域网络和GIS的高速公路网级路面养护智能决策支持系统。江苏交控围绕养护决策流程的五个主要环节，通过信息化手段，制作相应的软件，形成公路养护智能决策与实施系统（见图3-5和图3-6）。

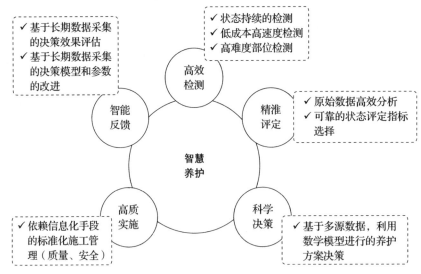

图3-5　公路养护智能决策与实施系统

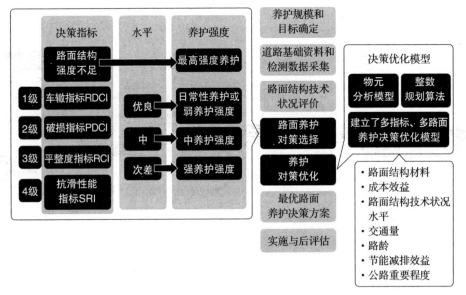

图3-6　公路养护智能决策流程

通过这样的养护决策流程，可以实现基于资金和技术状况指标的养护决策，并设定指标的优先秩序。在形成决策后，路面各方面性能如何发展也可精确预测。目前，该养护决策已在江苏省年度养护计划编制中得到应用。

公路养护智能决策与实施系统有力地推动了江苏高速公路养护管理和技术的提升与发展，为路桥养护发展提供了数据支撑和决策参考。首先，根据公路养护的相关法规、准则等具体要求，以及具体道路的实际情况，因地、因时制宜地确定监测、检测与决策的相关办法，选配器材、设备、物质等，如选配检测路面所需的标高清摄像机、信息存储器、处理器及相关速检车辆等。其次，通过包括巡检在内的信息采集等手段，获得路面养护的第一手资料。由于多源及异构数据的存在，需要做必要的数据结构转化等方面的处理，与此同时，还需要做基于有效性、可靠性等方面的预处理，然后形成统一形式的数据进行存储和传输。再次，借助信息处理技术，尤其是图像处理技术对采集到的图片等做聚类和分类处理，实现病害识别，识别的性能指标可用精度和速度来衡量，速度反映了相应功能模块的处理能力，而精度则反映了处理结果的准确性。又次，根据识别结果，进行养护决策。根据路面养护信息做出科学的、最优化的决策，涉及内容较多，是整个系统的核心，也最能反映系统的实用性和先进性。最后，根据养护决策，进行养护实施。根据病害修复的目标，实施最佳、最合理的养护工程方案，获得最佳的养护效果。此外，通过进一步分析养护数据库，在形成典型案例的同时，实现系统的迭代优化，进一步提升整个系统的性能。

对桥梁的健康状况进行体检是养护智能决策的一个伟大实践。江苏是桥梁大省，跨江大桥跨径大、流量大、结构形式多样，结构安全要求高，养护难度大。"我们曾在国内首次利用 BIM 技术数据互通互联的特点，全面存储桥梁的静态数据、检测数据、维修数据等诸多养护运营管理信息，通过不同层次、不同角度的数据分析，为桥梁管养决策提供强有力的数据支撑。"江苏交控长大桥总工程师吉林说，"通过不断探索和总结，江苏交控初步建立了基于全寿命理念的大跨径索承桥梁的养护管理体系，建立了我国首个区域桥梁群健康监测数据中心——'江苏省长大桥梁健康监测数据中心'，对大跨径桥梁的健康监测数据实行专业化的集中、统一管理，成功经验已应用于全国70余座大桥。"

智慧扩容　平台发力

"智慧扩容"是江苏交控智慧养护的另一个亮点，也是江苏交控人对中国高速公路养护重要的智慧性共享。"智慧扩容"是指在不大面积拓宽道路的前提下，利用多源智能感知技术、交通信息快速响应技术、智能交通仿真技术等综合管控技术，辅以经济、管理、宣教、行政执法等手段，着力改善行车秩序，降低交通事故发生率，使车辆以较适宜的速度通行，保障整体道路通行效率。

作为江苏首条高速公路，沪宁高速公路承担着连接苏南片区的重要通道功能。其中，无锡段是现阶段全线拥堵问题比较严重的路段，2016年断面日均流量已经达14万辆次，特别是硕放至东桥枢纽为主要瓶颈路段，其高峰日均流量可达20万辆次，是江苏高速公路网日均断面流量最大的路段，大流量拥堵情况趋于常态化。在持续大流量的冲击下，宁沪高速以"畅通示范路"项目建设为依托，积极开展"超大流量路段通行保障关键技术研究与工程示范"课题研究，力求通过综合智能管控手段，在"智慧扩容"方面取得突破，在不扩建车道的情况下提高约20%的通行效率。

首先，充分利用养护智能决策与实施系统，在此基础上开发了路桥智慧养护平台（见图3-7）。一方面，养护决策系统确保了科学化，通过以数据主导决策，确保养护投入精准；另一方面，智慧养护平台实现了系统内部协同化，在恶劣天气和突发事件应急处置及大流量高速公路集中养护中，养护施工和交通组织高效协同。

其次，通过数据精细化管理实现精准引导和精准管控。通过精细化的交通流运行状态感知，及时捕获交通流中存在的不稳定因素，并通过人工智能等技术手段进行模式识别和风险评价，一旦发现高风险行驶行为，立即启动控制程序，通过布设于车道上方的可变情报板和车路协同体系，发布相关动态控制指令，指导和规范行车秩序。精细化车道管控改变了以往主要依靠道路上设置的静态标志、标线进行行驶控制的方式，将动态且自动生成的控制指令细化到每一条车道、每一个路段，实现对每个车道中的驾驶员的精准引导和精准管控。

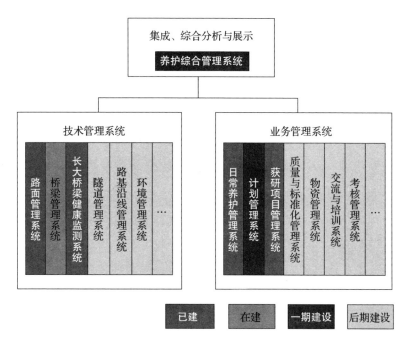

"1+1+3+n架构"：1个数据中心、1个平台、3大系统、n个功能平台

图 3-7　江苏交控路桥智慧养护平台

旅途慢享　商业蝶变

以国际视野、国内一流为工作定位，打造一批在世界有知名度、在全

国有地位、在江苏有影响的服务区,更好地满足社会公众多样化、品质化、美好化的出行需求。

——江苏交控董事长蔡任杰

古有驿站,今有服务区。这是一个让来来往往的车与人补给与歇脚的地方,如何让它踏上新时代发展的节拍?带着这个问题,当你驱车走在沪宁高速公路上,进入梦幻般的服务区时,你会不由得为江苏交控人的智慧思考和实践而折服!答案就在眼前。

江苏交控紧扣"交通强国"战略部署,围绕人民群众出行消费需求升级的新形势,重点在"慢""停""享"上做文章,走出了一条具有江苏特色的高速公路服务区转型发展之路。江苏交控自2015年底开始实施服务区服务质量和经营效益"双提升"工作,到2018年底,江苏高速公路服务区的经营收入水平平均增长77.62%,单区增长75.6%。全省90对服务区都在求新求变,部分服务区无论是社会效益还是经济效益都在成倍增长,从2015年亏损2.59亿元,到2018年上半年实现盈利5100万元,预计到"十三五"末,服务区的经济效益可接近4亿元。同时有效解决了社会就业人口1.3万人,真正体现了"小窗口大民生、小空间大舞台、小岗位大作为、小实体大效益"的经营智慧,为全国高速公路服务区的发展提供了有益借鉴。

审时度势　智慧破局

江苏服务区的前世今生

江苏高速公路服务区的发展大致经历了初创、高速发展和转型升级三个阶段。江苏高速公路服务区创建源于1996年沪宁高速公路的建成运营。正值当年盛夏之际,阳澄湖、梅村、芳茂山、窦庄、仙人山和黄栗墅六对服务区相继开业，拉开了江苏高速公路服务区运营管理的序幕。

"九五"至"十五"期间，江苏交控服务区建设迎来了高速发展期，其间伴随着江苏高速公路建设的两次高潮。随着京沪高速公路淮江段、宁连高速公路淮连段、连霍高速公路连徐段相继建成通车，江苏第一轮高速公路建设高潮落幕，六洞、龙奔、六塘、蒋庵、宣堡、正谊等一批服务区相继投入运营。1998年第二次高速公路建设高潮开启。随着宁宿徐、宁靖盐、汾灌等高速公路的开建，与之配套的沭阳、骆马湖、明祖陵和赣马等众多服务区正式投入使用。江苏服务区建设逐步发展并形成了自身的特色，不仅实现了基本服务保障功能，还融入了地方特色因素，形成了江苏高速服务区的初步格局风格特色。

自2000年成立以来，江苏交控对高速公路服务区的经营管理一直秉持"积极进取、稳健经营、务实创新、持续发展"的经营方针和"环境整洁、食品卫生、价格公道、服务热情、保障安全"的服务方针。尽管江苏交控最大限度地发挥了服务区的社会服务功能，从而极大地保障和促进了江苏地方经济的发展，但服务区长期以来一直处于严重亏损状态，成为影响江苏交控快速、高质发展的重要短板。如何让服务区从传统的功能保障型向现代服务型转变，智慧的江苏交控人一直在思考……

直击沉疴"双提升"引领方向

随着社会经济发展，大众出行方式发生了重大变化。江苏高速公路一年的客运量超过14.5亿人次，作为配套设施的服务区，转型升级势在必行。为了顺应人民群众对美好生活的向往和交通运输部关于提升服务区服务质量的要求，2015年，江苏交控董事长蔡任杰带领领导班子对服务区进行了广泛而深入的调研，并敏锐察觉到，服务区经营管理存在"三大痛点"，突出表现为服务设施老，整体形象旧；服务品质低，群众体验差；盈利能力差，经营效益亏。江苏交控高层反复研讨后一致认为，服务区面临的资金缺乏、人才缺乏、品牌缺乏"三大难题"是导致"三大痛点"的根源所在。

面对"三大难题"和"三大痛点",江苏交控高层顺应新时代的要求,果敢担当,为服务区提档升级明确方向。江苏交控董事长蔡任杰指出,服务区不仅仅是高速公路的辅助设施,还应成为"城市的延伸、旅途的驿站、文明的窗口、温馨的家园",因此,对于服务区的运营应当坚持社会效益和经济效益"双提升",在推进商业模式创新和服务供给侧改革中与时俱进,才能不断满足人们对美好生活的新期待。江苏交控高层果断提出"三大转变"和"三大举措",并辅之以制度保障。

首先,消除"三大痛点",提出"三大转变"。具体而言,转变一,推进服务区发展由服务保障为主向社会效益、经济效益兼顾的"双提升"转变;转变二,由自主单一经营为主向市场化、多元化经营转变;转变三,由简单粗放服务向精细化、品牌化服务转变。

其次,克服"三大难题",催生"三大举措"。举措一,采取"借船出海,借帆远航"的资本运作战略。引进社会资本,创新资金运作模式,对服务区进行整体升级改造。举措二,采取"理念创新,模式变革"的商业转型战略。引进专业管理团队,有效化解了人才缺乏难题,创新商业发展模式。举措三,采取"品牌引领,品质服务"的便民、为民战略。

最后,在制度设计上,出台《关于进一步提升高速公路服务区服务质量和经营效益的实施意见》《江苏交通控股系统服务区发展2016～2018三年行动计划》《关于推进服务区高质量发展三年行动计划（2018～2020）》等制度文件,明确高速公路服务区提升工作的总体要求、任务目标、工作重点以及实施步骤。

创新商业模式　小空间变大舞台

江苏交控着力于效率型商业模式创新,在产融结合上下功夫,发挥内部协同效应,提高资源配置效率,实现更高质量的发展。针对不同服务区各自的特点，集团总部充分授权，各服务区勇于探索和实践，推动服务区的商业模式由 1.0 向 2.0 转型升级，同时围绕"服务区+"稳步向商业 3.0 跃迁，极大地激发了服务区运营活力和潜力。

打造商业 2.0　服务区多彩呈现

江苏交控对服务区商业模式进行再设计、再创造、再提升，成功打造了"品牌集成运营""自营＋合作＋品牌加盟""外包＋监管"等商业模式，逐步呈现百花齐放的精彩局面。

品牌集成运营模式。这种模式以正谊服务区最具代表性（见图 3-8），该模式将服务区餐饮、便利店等项目的经营权整体打包，公开招租，引进品牌集成商，由品牌集成商负责引进各业态品牌运营商进区经营，让专业的公司做专业的事情，同时要求所有进区经营品牌必须经过高管中心审定。在运营考核上首创品牌运营商退出机制。对违反国家法律、受到相关行政部门处罚、发生较大社会负面影响事件、在高管中心和集团公司检查中被通报批评、服务质量差被投诉经查证属实以及其他经高管中心认定不适合在服务区继续经营的品牌运营商，服务区有权启动退出机制，责令品牌集成商无条件清退运营商，从机制上保证服务区选择运营商的主动权。

图 3-8　正谊服务区

"自营+合作+品牌加盟"模式。这种模式以仪征服务区最具代表性，有两个显著特色。第一，引进商业空间设计理念，主动对标顾客广泛认可的城市商业综合体服务模式，对原有经营场所进行重新设计、布局，融合现代和古典的设计元素，打破原有的商业布局，立足于"经营品牌化、商业多样化"的原则，拓展业态空间，完善人性化细节，重新塑造服务区经营的新格局。第二，以自主经营为主体，走融合发展之路。在品牌选择方面，坚持从顾客需求出发，选择品牌响、品质佳、口碑好、经受得住市场检验的品牌入驻服务区。同时结合自身经营实际和地方特色，孵化形成一批顾客乐于接受的自主品牌。在商超方面，与麦德龙深度合作推出"合麦隆"便利店，引入麦德龙的便利店管理制度、形象宣传和配送体系，快速复制麦德龙国际一流专业商超管理模式，打造专业的高速公路便利店品牌。同时引进化妆品店、服装店，开设毛绒玩具店，避免同质化竞争，满足顾客旅游休闲的消费需求。

"外包+监管"模式。这种模式以梅村服务区最具代表性。宁沪高速率先对梅村服务区按照城市商业体shopping mall模式转型，通过引入社会资本进行商业化改造。宁沪高速与嘉兴市凯通投资有限公司（以下简称"凯通公司"）积极融合，坚持现场管理和制度管理相结合，承担起"外包+监管"中的"监管"职责，做好对外包方的经营行为监管与合同履约管理，加强现场的巡查抽查，做好动态监控，建立应急预案，确保服务区的优质服务、稳健运行。在此种模式下，新梅村服务区经营项目多元化、品牌化、国际化，有国内外32家品牌入驻。2018年春运期间创下了日接待客流逾26.7万人、单日营收超百万元的新纪录。

实践聚焦 3-5

"网红打卡地":阳澄湖服务区

当你驱车在沪宁高速公路上,在京沪高速公路(G2)和沪蓉高速公路(G42)的重合段,你或许会与一座诗画般的建筑不期而遇,它就是江南园林主题服务区——阳澄湖服务区。

2019年5月19日,经改造升级,集山情与水韵于一身、融建筑与音乐于一体的江南园林主题服务区——阳澄湖服务区正式开业。阳澄湖服务区位于沪宁高速公路,全国首创在服务区内建造苏式园林,在行途驿站搭建非遗展示馆。

重装开业的阳澄湖服务区,综合楼总建筑面积3.9万平方米,园林面积1万平方米,是目前全国体量最大的服务区。服务区以"一街三园"为操作路径,完美呈现了"梦里水乡、诗画江南"的改造主题。繁华的枕水古街、精致的苏式园林、婉约的非遗展馆、先进的科技元素等无不展示出山情与水韵并存的吴中风雅、大气与细腻兼顾的建筑匠心。

阳澄湖服务区借鉴留园、拙政园、狮子林的特色内涵,建有涵碧、荷风、木樨、修竹四座迷你园林,尽显苏州园林韵味;修建宽8米、长140米的景观河道穿服务区主楼而过,江南百年古桥立于河上,并在屋顶布置国内体量最大、高度最高的人工天幕,绘制江南水乡特色;3000平方米科技馆以机器人为主题,具备科普、互动娱乐、产品发布等综合功能,服务区又变成了科普教育基地;3000平方米非遗展示馆与苏州市文化广电新闻出版局合作,打造包含苏绣、宋锦、扇面、木雕、核雕、根雕等多种非物质文化遗产的综合性展示体验。

穿行在这亭台水榭之间，一路踏过苏州观前街的热闹、平江路的清雅，依稀能看见苏州城迷蒙的水巷，似乎能听到寒山寺悠远的钟鸣……穿过服务区主楼，荷风、木樨、修竹三处园林，曲径通幽。三者都是依照园林典籍记载，融汇苏州三大名园的精华，手工打造而成。

在阳澄湖服务区，现代科技智慧的元素也随处可见。从国内首家高速公路服务区5G体验中心，到二楼的海鲜机器人餐厅，更有新落成的现代科技展示馆，依托苏州、上海两地的科教资源优势，在提升公众科学素质的同时，打造科技产业展示推广的舞台，为过往旅客带来一场魅力无限的科技之旅。

阳澄湖服务区通过大型水景、粉墙黛瓦、圆形拱门等元素还原"诗画江南"意境，让旅客的舒适度和体验感得到大幅提升，成为远近闻名的"网红打卡地"，标志着江苏高速公路服务区走到了一个新的高度。

拓展"服务区+"促进融合式发展

为顺应人民群众对美好生活的向往，切实落实"交通强省"战略，需要不断更新、升级服务，为此，江苏交控领导者提出"打造一批在世界有知名度、在全国有地位、在江苏有影响的服务区，更好地满足社会公众多样化、品质化、美好化的出行需求"的新时期发展新定位。

江苏交控领导者打破传统思维，在实现公司自身飞跃的同时，积极引领公路出行消费升级潮流，向服务区空白处发力，立足供给侧改革，以"服务区+"为抓手，着力打造有个性、有文化、有特色的商业3.0版服务区，大力推动融合式发展。服务区是高速公路对外形象的展示窗口，也是地方特产和美食的展示窗口，更是地方旅游文化的展示窗口。"服务区+旅游""服务区+休闲""服务区+文化"等，重点围绕区域和主题两个方面，让服务区在深度融合、广度联姻中不断展现出新魅力。

第一是突出地域化特征，展现地方亮点。更加突出服务区的地域化特征，让旅客留下美好记忆，主要体现在三个方面。一是在文化上突出地域化。比如郭村服务区，位处苏中腹地，断面流量不到2万辆，通过带方案、带资金改造，并植入革命老区和历史文化名城特色，打造"红思·路"服务区特色文化，不仅让更多顾客愿意停留休憩，而且经济效益也得到了翻番。以前自营时日均营收仅有2万元左右，在植入文化元素并丰富业态后，日均营收达到了8万余元。二是在舌尖上突出地域化。在餐饮特色打造上，阳澄湖服务区的阳澄湖大闸蟹每年都会吸引大量上海顾客慕名前往品尝，成为在全国都知名的服务区餐饮品牌；盱眙服务区依托龙虾特色小镇区域位置，打造"盱眙十三香小龙虾"；溱湖服务区的"溱湖八鲜"等特色菜肴更是远近闻名，使游客不出高速公路就能领略当地特有的餐饮文化。三是在特色上突出地域化。阳澄湖服务区地处江南水乡——苏州，于是按照"梦里水乡、诗画江南"主题，打造"一街三园"（观前街、留园、拙政园、狮子林）的苏州园林特色服务区。

第二是突出主题化特征，让人留有记忆。以"一区一特色、一区一文化"为目标，打造多方资源共享、信息互通、共赢发展，集交通中转、休闲度假、景区引流为一体的特色高速旅游服务区，努力创建"交通+旅游"示范标杆，真正使服务区的服务不仅有深度和广度，更有温度和亮度，为建设"强富美高"新江苏做出新的贡献。芳茂山服务区地处常州，有世界知名的常州恐龙园，因此芳茂山被定位为世界首个恐龙文化主题服务区，以打响恐龙特色、地方品牌。大丰服务区地处江苏盐城湿地珍禽国家级自然保护区，有著名的丹顶鹤等国家一级保护动物14种，借此将丹顶鹤主题引入服务区，讲好"丹顶鹤的故事"，给出行群众留下了深刻的印象。江苏交控还与省旅游局签订了战略合作协议，选取了东庐山、茅山等典型服务区，打造"服务区+微旅游"，开发房车营地主题服务区、自驾目的地服务区等；并在五峰山服务区打造世界首个双首层特色服务区，做到完全人流融合、客货分离。

实践聚焦 3-6

魅力沿海　情"麋"丰城

大丰服务区隶属于江苏沿海高速公路管理有限公司，始建于 2001 年 6 月，2005 年 11 月开始运营，占地面积 110 亩[一]，建筑面积 7253 平方米。

近年来，大丰服务区全面推行经营模式转型，盘活存量资源，餐饮、超市、小吃、加油站及汽修为租赁经营，面馆、粽子为合作经营，保安、保洁由社会专业化物业承包。在转型过程中，以承租方资金为主，对服务区实施全面改造，扩建了自助餐厅、公共卫生间和广场，新增了母婴室、沐浴房等功能室，优化了商业区门面设计，并引进"五芳斋"粽子、"面掌柜"面馆、"驿客"餐厅、"一路一口"小吃、"凯通"超市、"绝味"鸭脖、"汤姆约克"咖啡、"小淮娘"鸭血粉丝、"艺海堂"工艺店等知名品牌，实现了服务区功能形象和经营品质的显著提升。

服务区积极探索"服务区+"经营理念。推行"服务区+旅游"，设立了"旅游服务窗口""地理标志产品馆"，创新"自助购服务"，建立了旅游房车营地；打造"服务区+环保"，新建污水管道直接接入地方污水管网，

[一] 1 亩 ≈ 666.67 平方米

利用建筑物屋顶资源建成351千瓦光伏电站，设置了卫生间自然采光、通风井，构建了绿色环保的服务体系；推进"服务区+智能信息"，通过互联网多媒体，及时发布服务区周边天气、实时路况、地图、美食、旅游、文化等信息，为出行提供全方位的信息服务。大丰服务区秉承"打造用户满意的示范服务区"经营理念，致力于打造集旅游、环保、智能于一体的温馨"幸福驿站"。

创新"服务区+"的发展新模式和系统优化供给，使江苏交控在取得社会效益与经济效益双丰收的同时，也凸显出其推动供给侧结构性改革的国企责任与担当。

提升管理　茉莉花香飘千里

江苏交控始终保持着行业领先水平，赢得了广泛社会赞誉，"苏高速"整体形象正不断释放出品牌引领效应。顺应新形势、新要求，为了乘势提优服务、提升管理，推进高质量发展，江苏交控适时提出打造"苏高速·茉莉花"的品牌战略。为进一步发挥品牌的集聚效应，服务区把品牌建设作为展示江苏高速公路窗口良好形象的载体、提升营运管理水平和服务公众水平的重要抓手、确保高速公路整体营运管理高质量发展的重要保障。切实提升"苏高速·茉莉花"品牌的社会影响力和关注度，充分展现了江苏高速公路的战略定位，实现了江苏高速公路服务区品牌提升和品质提优，让茉莉花香飘千里。

精益求精服务于民，助力服务区形象提升。追求完美永无止境，持之以恒就会日臻完美。服务区作为对外服务窗口，代表着公司和行业形象，江苏交控从小事做起，坚持精益求精，不断超越自我，通过改革创新、理念更新、管理出新提高服务品质，从而形成服务品牌，让服务"小窗口"映出高速"大形象"。其中最为突出的就是全面推进"厕所革命"。江苏交控高层经过多轮研讨一致认为，目前客运场所都存在客流量大、客源结构复杂的情况，维持公共厕所的清洁以及解决普遍的公厕异味问题，是提升服务区对外形象的关键所在。"数""质"俱佳的厕所既彰显社会文明程度，又体现社会发展深度。江苏交控先后投入约 2 亿元推进"厕所革命"，重点对一些运行年限长、面积偏小的服务区厕所进行提档改造。同时在梅村、黄栗墅、仙人山、堰桥、苏通大桥、仪征、新沂、六洞、盱眙、大丰等服务区建设了一大批旅游星级厕所，厕所改造提升率超过 80%，还新建第三卫生间 78 个，母婴室 94 个。全省服务区厕所全部达到 2A 级以上标准，梅村等部分服务区厕所达到了 4A 级标准。

依托阵地深挖潜能，彰显服务区大有可为。首先，在服务区转型升级过程中全面落实"分级定位、一区一策"的理念。科学分析服务区的断面流量、区位条件和车型构成，按照"一区一策"原则将系统内服务区按五类确定转型升级策略。各路桥单位在充分进行市场调研的基础上，依据分级定位要求，合理选择自营、品牌＋平台、租赁＋监管、平台拓展等模式。原则上日均断面流量 8 万辆以上的服务区拟定位为一类核心服务区；日均断面流量 5 万～8 万辆的服务区拟定位为二类重点服务区；日均断面流量 2 万～5 万辆的服务区拟定位为三类创效服务区；日均断面流量 1 万～2 万辆的服务区拟定位为四类基础服务区；日均断面流量 1 万辆以下的服务区拟定位为五类保障服务区（见表 3-1）。其次，推进服务流程再造，细化落实服务区服务质量评定标准和各项要求，建立内部考核和外部第三方评价机制，实行长效管理。依托 96777 客服系统，建立投诉服务平台，将有责投诉目标数量纳入高速公路运营公司主要负责人的绩效考核。同时，建立"外包＋监管"诚信评价体系，全面开展合作商评估体系建设，建立有关经营单位的"诚信档案"和"黑名单"，建立经营退出、禁入机制，重点加强对外包单位的日常监管。

表 3-1 服务区分级管理示意表

级别	流量区间	转型模式和方向	转型或投入方式	业态数量、建议设立规模	近期创建的服务区	远期培育的服务区
核心服务区（一类）	8 万辆（含 8 万辆）以上	以商业地产开发为主，建成商业集聚型、效益优先型的综合商业体。打造集购物、综合服务、休闲旅游、广告推广、文化创意于一体的多功能、复合型的商业地产综合体	品牌+平台，模块化招租等	业态不少于 18 个；建设规模原则上不少于 16 000 平方米	阳澄湖、梅村、芳茂山等	高邮、苏通大桥、五峰山、窦庄、沙溪、广陵、新桥、正谊、堰桥、太湖等
重点服务区（二类）	5 万~8 万辆（含 5 万辆，下同）	中小型商业综合体开发、业态多样化，做到经营品牌化、能够满足出行群众更高品质的需求；兼顾地方特色体现和"服务区+"，体现营运管理的特色化、品牌化、标准化	品牌+平台，平台拓展（品牌集成），模块化招租等	建设规模原则上不少于 12 000 平方米	苏通大桥、宜堡等	毕庄、仪征、浦南、洪泽湖、范水、六洞、江宁、芙蓉、天目湖、六合、盱眙、东庐山等
创效服务区（三类）	2 万~5 万辆	体现服务区经营的效益化、特色化，突出商品品牌特色，顾客使用的便捷化和日常管理的标准化	以品牌+品牌、平台+平台+自营、平台拓展（品牌集成）、外包+监管的商业模式为主			
基础服务区（四类）	1 万~2 万辆	满足基本服务功能和一定商业功能，体现服务区的大众化、便捷化、标准化	以外包+监管商业模式为主	业态不少于 8 个		
保障服务区（五类）	1 万辆以下	满足基本服务功能和简单商业功能，体现服务区的大众化、功能化、实用化	以外包+监管商业模式为主	业态不少于 5 个		

CHAPTER FOUR
第四章

产融结合　高效运作
协同布局发力未来增长新动力

达尔文在《物种起源》一书中写道："不是那些最庞大的物种能够存活，也不是最聪明的，而是那些最能适应变化的。"企业也一样，江苏交控正处在由做大向做强、由外延扩张向内外并重转型的重要时期，公司紧抓目前难得的机遇期，从战略平衡和全局统筹的高度，布局金融投资业务和"交通+"的发展，与此同时，也进一步提升公司整体的投融资能力，全面提高江苏交控的盈利水平。

范蠡在《三略》之一的《市略》中提到了"务完物，审贵贱，无息币"。《市略》本就是讲资本金营运策略的，而"无息币"的概念则是强调货物、资金都要不停地循环和运转，资金是商业活动的重要保障。他认为，"则币欲其行如流水"，币即钱，钱即泉，川流不息，乃至大汇，其意也是要让货物和资金像流水那样不停地流通周转。也就是说，只有货物不停地流通，资金才能不停地周转，资金周转越快，商业利润就可以越快实现。

对现代企业来讲，金融投资和资本运作是诸多国有企业发展中的重要一环。随着金融发展和改革不断深化，更广阔、更有效的多层次资本市场体系的初步建立，国有企业发展将迈入新阶段。在此动态变化的环境下，江苏交控敏锐地察觉到变化万千的商机，持续地建立、调适和重组其内外部的各项资源，通过合理的金融布局，不断提升公司的投融资能力，以增强竞争优势，促进其可持续发展。

江苏交控的演变过程证明了其发展方向始终是与时俱进的，尤其是金融布局的调整与改进。从发展历程来看，江苏交控最初并未选择金融投资业务，而是一直致力于交通基础设施的建设，但随着路网的不断完善，再加上高速公路作为基础设施项目具有建设周期长、投资回报期长的特点，江苏交控需要一个与其对等的产业来配合，该产业需要有一定的规模、风险可控，且有一定保证的盈利，综合考量，金融业是符合条件的不二之选。从战略发展来看，江苏交控将持续面临高强度的投资任务，资金缺口较大，投资成本日益上升。江苏交控的高速公路项目的边际效益持续下降，且公司未来投资的高速公路、高铁等项目几乎全部为亏损项目，机场、码头等项目的投资回报也遥遥无期，在这种情形下，如果江苏交控不能匹配一定规模有较好收益回报的金融投资项目，后续将很快面临财务报表亏损的压力。特别是收费政策调整存在不确定性及费率降低将直接导致公司主要现金流来源的路桥主业受到严重影响，当期利润大幅减少，进一步加大财务报表亏损的压力。因此，于江苏交控而言，不仅仅要做金融，更要做好金融，这也就意味着，在体量上，金融投资也要做好匹配，不能仅依靠新增负债融资解决，而要通过投资收益以及退出或收回部分已投资项目，实现滚动投资发展，真正发挥金融投资的作用。

从对金融布局的重视程度来看，江苏交控在资产管理、资本运作方面积累了丰富的经验，同时也拥有强大的专业人才团队，从而为公司发展"交通+"奠定了良好的基础。江苏交控作为省级综合交通基础设施投融资主体，在聚焦高速公路主业投资的基础上，同时对高铁、港口、航空等综合大交通领域进行了投资，已逐步形成了拥有庞大的资产规模、遍布全省的产业资源和良好的地方政府关系等优势。对江苏交控而言，要将多年来累积的资源、资金与资信优势进一步融合、放大，深挖存量及增量资源价值，创造出更多的盈利增长点，当务之急是解决好如何开发利用的问题。事实证明，江苏交控人的选择是正确的，他们不断对"交通+"产业布局进行探索，先后成功组建了云杉清能、通行宝公司、交通传媒公司等一批专业化运营的平台公司，这些公司的建立也是江苏交控人整合系统存量资源以及利用存量闲置资源的尝试，他们的尝试在短短几年内取得了令人称赞的成绩，衍生出很多与主业相关的产业链，贡献了新的利润增长点。

组合布局　动态平衡

从"十二五"规划到"十三五"规划，不难看出，在全面深化改革的新时期，江苏交控依据国家政策的变化，综合考虑自身发展的需求，破解了事关全局和长远发展的重大矛盾与问题。江苏交控系统谋划，为公司今后3～5年的发展提供了一份发展蓝图或行动指南。为何每次江苏交控都如此重视发展规划的制定？对江苏交控而言，能否抓住机遇推动公司转型升级和高质量发展，能否完成省委、省政府赋予的各项使命，意味着能否在更高层次上助力江苏"两聚一高"，为"强富美高"新江苏做出自己的一份贡献。

识金融发展之限　寻经济发展之机

金融投资环境对投融资企业的影响是巨大的。于江苏交控而言，了解发展的大环境必不可少。从金融投资环境来看，主要有两大趋势。一是监管愈发从紧。金融业正在进入"大监管"的新时代，中央通过顶层设计将不同金融业态纳入统一监管框架，对金融机构的股东实行穿透式监管政策。在从严背景下，金融机构股东的准入门槛进一步提高，股东资格愈发凸显出稀缺性价值。二是资金愈发从紧。资金面持续从紧，直接融资市场利率高居不下。虽然银行长期贷款的基准利率基本维持不变，但一般需要以基准利率上浮15%～30%的价格才能取得贷款，这也会在一定程度上增加企业的财务成本。良好的政策环境是企业高质量发展的基础，在紧张的环境下，对自己有清晰的认知，做出准确的定位以及合理的布局，对江苏交控来说难度有多大？意味着什么？江苏交控人不禁思考：如何做到这几点？善于思考的江苏交控人审时度势，正确分析自己所处的环境和目前的经营状况，通过投资和发展金融，以经济效益最大化为目标，为公司多年的快速发展、顺利完成投融资任务提供了重要支撑。在多年来的发展中，金融业务整体的经营效益稳步提升，使公司持续保持较好的投融资能力。

在江苏交控刚成立的时候，公司面临快速建成高速公路骨干网的投资任务，却很难在短期内获得较好的利润，在这种情形下，江苏交控人发现，单纯依靠路桥业务是无法支撑公司的投融资能力的。于是他们集思广益，利用较低的成本，投资和发展了优质的非路桥项目与金融股权，由此提升了公司整体的财务状况。2004年公司就已完成对江苏金融租赁、天生港发电厂等企业的投资布局。即便当时这些企业正处于发展初期或困难时期，甚至发展势头并不理想，江苏交控还是选择在恰当的时机介入。同时，在金融企业估值较低、未实现上市前，江苏交控提前投资了一些企业或单位的金融股权，如华泰证券、浦发银行、华夏银行、光大银行等，特别是在2008年前后，这些优质企业和金融股权的投资成本小，但对提升公司的财务报表做出了重大贡献。当时，大规模路桥项目投入积累的财务成本不断攀升，而大多数路桥项目尚未进入盈利期，导致路桥企业业务板块整体处于亏损的状态。前期积累的非路桥项目和金融股权在此时发挥了巨大的作用，实现了对路桥业务的有效反哺。如在资金链断裂、无法进行直接融资的 2007 年，当年持续高强度的高速公路投资使公司的资产负债率突破 70%，不畏艰难的江苏交控人在非路桥业务的利润无法弥补路桥业务亏损的前提下，通过出售股票的方式才保住了公司持续的融资能力。

在 2009~2015 年，江苏交控处于快速成长阶段，与前一阶段相比，该阶段整体的投资规模变小了，投资任务也有所减少，虽然此时增加了铁路投资的任务，但争取到了一定的铁路专项补贴资金，相比较而言，投资强度不大。同时公司培育和发展了一批盈利项目，外加控制路桥的运营成本。总体而言，该时期路桥板块整体的利润水平在稳步提升。但好景不长，路桥收费政策的调整、节假日免费放行以及各项优惠政策的实施，对路桥整体的效益和公司的投融资能力产生了巨大的影响。在这种紧迫的情势下，江苏交控人不得不再次思考，如何通过非路桥业务来反哺主业。他们基于对收费政策调整趋势以及路桥通行费收入增速放缓的判断，利用阶段性积累的利润和现金流，加快在非路桥项目的投资布局，主要是金融资产，成立了云杉资本和云杉清能两大平台，围绕金融投资和清洁能源两大发展方向培养、发展后劲。在不到三年的时间里，云杉资本实现了对南京银行、大地保险、华菁证券等的战略投资，同时，通过母基金策略，投资了蚂蚁金服、顺丰快递、药明康德、链家地产等一大批市场标杆项目，实现了大幅估值溢价。

在近几年，即 2016 年之后，得益于江苏交控领导者的经营智慧，同时也得益于前期项目投资的积累，公司取得了可喜的成绩，利润不断攀高，在全国省级交通投融资平台中名列前茅。但与此同时，新一轮的基础设施项目的建设正以前所未有的力度推进，而且从项目的收益来看，这些项目几乎全部为亏损项目。随着路网的逐步完善和刚性成本的大幅提升，路桥业务整体的边际收益持续下滑，由此利润空间不断被挤压，对公司财务报表的贡献和支撑投融资的能力会弱化。在陷入如此艰难的境地时，江苏交控人不畏挑战，对金融布局的调整不断进行摸索，试图利用现有较好的基础，培养出具有发展前景、拥有较大规模、业绩回报稳定的金融投资业务来实现反哺和支撑。

借时代发展之势　增金融发展之力

如此顺应企业动态发展的金融布局，让江苏交控提高了有效的投融资能力，支撑企业获得可持续发展。但江苏交控人仍在不断的前进中摸索，试图加速提升金融投资业务的反哺能力，不断增强公司持续发展的后劲。通过前期的积累与沉淀，江苏交控人找准了未来发展的方向，通过金融投资和"交通+"这两大方向，在产业链和产融结合上与大交通主业进行互补和协同，实现对路桥业务的有效反哺；同时，在未来几年的缓冲期阶段，利用前期较好的利润和现金流，可加快培育盈利贡献点，待困难时期发挥重要的反哺和支撑作用，依靠江苏交控人的主动作为，发挥他们的主观能动性，为省财政减轻财政补贴的压力。

机遇+挑战，让江苏交控人不得不一直绷紧神经，不断对公司如何持续保持投融资能力进行探讨。坚持不懈的努力和勇于探索的精神，铸就了一代又一代的江苏交控人。他们学习前辈的投融资经验，响应国家改革的号召，摸索出了在"十三五"期间进行金融布局的方式：一是"以好补差"，用金融股权投资的较高收益反哺新增高速公路和铁路项目的亏损；二是"以快带慢"，用当期即可并表产生较高收益的金融资产，解决高速公路和铁路投资短期无收益、回报期长的问题；三是"以小博大"，利用资本放大效应，用较少的投资实现较多的资本增值和收益，支持整个公司的盈利水平和投融资能力。值得一提的是，云杉资本的成立，正是反映了江苏交控整体从政府投融资平台向国有资本投资运营公司转型。

总之，与高速公路和铁路项目不同，金融股权投资有它独特的优势，高收益性、高增值性和高流动性有助于持续优化公司的财务状况和经营质态，同时，可以有效化解公司面临的金融和投融资风险。也就是说，在发展的关键机遇期，江苏交控利用和发展金融股权投资业务，不仅可以更好地担当起省委、省政府赋予的投融资重任，同时，也能为自身的可持续发展添砖加瓦。

实践聚焦 4-1

借力资本运作，力争经济效益

对江苏交控来说，发展高水平的竞争性业务，有助于其更好更快地完成省委、省政府交办的交通基础设施投融资任务。江苏交控在以往的项目运作中，积累了丰富的经验、内部存量资源和衍生资源，这些都为江苏交控进一步发展高水平的竞争性业务奠定了基础。由此，江苏交控人决定设立资本经营的平台公司。这个决定不仅是主动适应新一轮国企改革、抢抓改革机遇的战略需要，也成为江苏交控整体从政府投融资平台向国有资本投资运营公司转型的一个有效的切入口和重要载体。也就是说，江苏交控的可持续发展需要构建以路桥企业与非路桥企业协同发展的、全局角度出发的资本运作平台和有力抓手。与此同时，在宏观经济转型的大背景下，新兴产业投资具有良好的环境和前景。多层次资本市场的形成也为市场化运作提供了制度环境。

云杉资本自成立之初便定位为公司的投资发展平台、股权管理平台、资本运作平台和风险控制平台，致力于整合内外部资源，以增量为主，增量带存量，重点投资于新能源、新媒体、新金融、新物流四大产业，通过市场化、专业化、规范化、股权多元化的运作，成为支撑江苏交控"双轮驱动"战略和实现可持续发展的核心资本经营平台。该公司主要以资金需求量大、进入壁垒高、回报稳定、风险可控的项目参股股权投资为主，以江苏交控经营的产业投资为辅。

云杉资本一直以稳健经营、价值导向的基本经营方针为指导，在对外投资中坚持"进退有序、滚动投资"的原则，始终遵循和践行"确定性、分散化、跟进型"的基本投资策略。确定性策略是指公司在投资活动中，力争在确保项目投资收益的前提下将投资风险降到最低，必须坚持以成熟公认的投资准则和估值方法为基准实施投资，杜绝一切形式的投机行为；分散化策略是指公司采取分散配置投资项目、限制单项目投资比例等方法，规避集中投资的风险；跟进型策略是指加强与一线知名机构的合作，借鉴其成功经验和领先做法，借力其优质资源实施投资，力争取得超越市场平均水平的投资业绩。

基于上述三大基本策略，公司在实际投资执行过程中，贯彻落实"大类金融资产配置＋基金配置"的具体投资执行策略，有条不紊地进行广方向、宽领域、多层次的金融投资，并且在短时间内取得了良好的投资成效与可观的投资回报。短短几年，在大类金融资产配置策略的指导下，公司配置了南京证券、中信建投证券的股权，同时，也实现了对大地保险的战略投资，这些优质金融资产的配置已经产生了较好的实际或账面投资回报，公司通过对金融资产的战略性配置，已初步实现与江苏交控在财务、资金层面的协同，一定程度上开始在提高江苏交控的资产收益和改善财务报表方面发挥显著作用。在基金配置策略的指导下，公司参与了国内多只优质母基金或私募股权基金的投资，合作的基金管理人包括中信、华泰、中金、国开等国内一线券商和投资机构的基金管理团队，投资了一批市场上公认的优质项目，且总体获得了可观的实际或账面投资回报，如基金穿透投资的项目中新美大、同程艺龙已在港股上市，顺丰速运、金域医学、越博动力、药明康德、迈瑞医疗已成功在A股上市，这些企业的上市，也给公司带来了较好的投资收益。

产产结合　交通+生态圈

新知识、新技术等新的生产要素源源不断地涌现出来，产业和贸易形态也日益丰富多元，产业融合成为了现代产业发展的一个重要特征。产业融合将以信息技术为基础，推动传统产业与信息产业相融合，实现信息技术革命成果的产业化，是一种新的产业创新方式，是相互渗透、相互交叉，最终融合为一体，逐步形成新产业的动态发展过程，而这一过程将会极大地拓宽产业的发展空间。从企业资源基础观角度看，企业是资源和能力的结合体，企业所拥有或控制的资源影响企业的竞争优势和收益水平，而企业成长战略的实质就是在运用现有的资源与培育新的资源之间寻求平衡。企业内部可以把不完全流动、难以模仿和难以替代的能产生经济租金的资源形成战略联盟，放大企业效益。江苏交控依托现有优势，充分挖掘和开发存量及衍生资源，以提高资源利用效率和效益为导向，加快培育新的业务增长点，实现与交通主业的融合发展。在系统内部全方面开展"交通+"产业融合发展、高速公路的全产业链拓展，将"交通+"作为公司三大主业、"一主两翼"发展布局的重要内容，即依托现有优势，充分挖掘和开发存量及衍生资源，以提高资源利用效率和效益为导向，加快培育新的业务增长点，实现与交通主业的融合发展。

交通+ETC

近年来，随着互联网金融的迅速崛起和发展，第三方支付业务作为一种新型的支付方式（如支付宝、微信支付等），以一种扑面而来的气势，迅速占领和影响着大众的日常生活，从其突飞猛进的发展速度可见未来市场发展潜力巨大。而与江苏交控相关的是，交通运输部积极谋划和推动ETC由预付费模式向后付费模式过渡的工作部署，目的是建立多元化的用户发展模式。通过ETC联网收费，最终实现无站自由流收费。同时，也进一步拓展ETC卡的功能，如在高速公路服务区、城市停车管理、拥堵收费等场所和领域的消费应用等，满足人民群众便捷出行的美好需求。

目前，高速公路全国联网已顺利完成，对江苏交控来说，如何赢得先机，树立品牌，快速占领通行费结算市场，是江苏交控人面临的紧迫而现实的问题。如果能在发展的机遇期，利用通行卡的独特资源优势，围绕交通行业，发展和延伸相关产业链，服务公众出行和消费，既有利于提升江苏交控的形象和品牌影响力，又对其获得较好的利润有所帮助，何尝不是一个好的选择？江苏交控人审时度势，总结归纳自己在拓展第三方支付业务方面具有哪些优劣势，取长补短。他们发现，独特的行业优势、庞大的客户消费群体、良好的商业信用基础以及较为丰富的苏通卡运营管理经验，是发展第三方支付业务的重要条件。基于此，江苏交控人以联网公司苏通卡部以及部分网点为班底，成立独立的第三方支付公司，从原有的服务型、功能型部门，转化为采取灵活运营机制的专业化单位，有利于苏通卡业务的专业化和市场化管理，这不仅是行业发展的要求，更是发展智慧交通、扩大市场占有率、提升公司公众服务品牌效应的客观需要。

实践聚焦 4-2

乘风破浪：ETC发展的转型之路

通行宝公司是江苏交控金融板块的重要成员，是江苏省唯一负责高速公路ETC业务运营管理、营销推广、技术开发、产品开发和客户服务的专业化单位。公司以高速公路为载体，利用大数据挖掘和互联网技术，致力于车辆高速公路通行、加油、消费、商贸物流、普惠金融等垂直领域的综合服务，着力打造全产业链商业模式。自成立之初，通行宝公司积极实施"实业＋资本""产业＋金融"两大发展战略，以"交通＋"为中心，创新商业模式，拓展市场业态，深挖用户需求，创新产品功能，增设应用场景，打造"ETC+"产业链，实现苏通卡全支付功能，将公司从ETC服务商打造成为集技术研发与输出、产品开发与生产、运营管理与服务、平台建设与运营的智慧交通服务商。

　　通行宝公司实行市场化的管理和运营机制。采取与市场接轨的人员聘用和薪酬机制。公司组建后，立即开展系统软件的整合与开发。在系统整合的基础上，第一步对现有苏通卡运营管理方式、机制和管理制度进行调整和完善，先期推动苏通卡在高速公路网内服务区、加油站等场所的消费应用；第二步适时启动第三方支付牌照的收购工作，尽快取得支付牌照；第三步拓展江苏交控外部签约商户的消费应用，使苏通卡不仅具有高速公路通行费支付结算功能，而且覆盖加油、购物、餐饮、娱乐、旅游、停车、车辆美容、维修、金融、保险等多个领域的消费结算功能，成为一卡在手、处处畅通的"通行宝"。

交通＋传媒

　　中国户外广告经过三十多年的发展，已经形成了一批网络型户外媒体，逐渐走向专业化、规模化。从客户角度而言，他们更倾向于使用网络化、规模化的媒体，希望通过一家广告公司可以获得多个地区、多种类别、多种形式的媒体资源实施组合宣传，以节约人工、时间成本。随着当前互联网、大数据等新技术的迅速发展，高速广告中高炮、灯箱等传统媒介价值逐步提升，服务区Mall、DM直投、视频终端等新媒介也呈现出巨大潜在价值，但现行分散的经营格局已严重制约江苏交控高速广告的整体发展。因此，对江苏交控来说，如何实现媒体的价值提升和资源的充分发掘，显得至关重要。

江苏交控在多年的实践中发现，对那些大品牌客户而言，他们更青睐规划程度高的户外媒体，这种统一经营的方式将会产生"1+1>2"的效果，一方面，可以提升规模化、集中化的连续传播效应，呈现很强的视觉冲击力；另一方面，利用路段流量大的优势资源来带动流量较小的劣势资源，实现广告资源价值的整体提升。因此，江苏交控为了满足优质客户的需求，需要充分研究分析路网运营大数据，通过统一经营、统一规划、统一设计，打造适应不同客户需求的媒介产品，实现精准营销。但目前江苏交控广告经营是以路段为主体的分散经营模式，整体存在价值低估、定位模糊、专业水平低、话语权弱等问题，与日益提升的路桥运营效率和服务水平不相适应。随着新技术、新模式、新业态的涌现，资源价值的提升逐步显现，特别是在服务区，部分升级改造并引入社会方参与经营，车辆入区率、停留率和消费率大幅增长，媒体受众面迅速增高，户外广告具有极大的价值提升空间。因此，亟须把握当前有利时机和发展机遇，通过体制机制改革进行资源整合，设立新的平台公司统一经营管理江苏交控交通媒体资源，全面发掘和提升江苏交控高速广告资源价值，推动省内高速广告产业发展，实现经济效益增长和窗口形象的提升。

基于此，江苏交控致力于成立一家传媒公司，通过统一经营开发系统内广告资源，充分发挥和挖掘江苏交控高速公路及相关资源优势，整合经营各类广告、高速公路通道资源，拓展公司外部以新媒体为主的广告经营资源开发。同时，利用江苏交控品牌和资源优势，拓展文化传媒领域新的增长点，打造规模化、集约化、高端、高效的产业集群，并通过资本市场实现乘数效应，使之成为江苏交控"交通+"一翼的重要组成部分和支撑力量。

实践聚焦 4-3

数字化转型助推交通传媒高质量发展

江苏交控文化传媒有限公司作为江苏交控广告经营开发唯一的经营责任主体,将其打造成"交通+"产业拓展的重要推进平台以及江苏交控资源资产证券化的实施平台,充分利用江苏交控、新华报业两大集团品牌和资源优势,拓展文化传媒领域新的增长点,打造规模化、集约化、高端、高效的产业集群,并通过资本市场实现乘数效应,使之成为江苏交控"交通+"一翼的重要组成部分和支撑力量。为实现集约化发展、提高广告传媒资源利用效率和以效益为导向,重点实施"三个拓展"。一是业务拓展,专注于系统内广告资源的整合及开发,在提升现有广告载体价值的基础上,重点拓展高速公路服务区、收费站广场大棚等区域的广告开发业务。二是资源拓展,在整合开发路网广告资源形成平台化、规模化、专业化运作优势的基础上,通过与细分领域龙头企业的多形式、多层次合作,积极切入高铁、机场、城市公共交通、景区、会展等广告资源领域,探索进入互联网、场景广告等新媒体方式,进一步完善广告传媒资源的布局。三是模式拓展,实现由分散经营模式向统一经营模式转变,由对接广告代理商租赁模式逐步向对接广告客户营销模式转变,由单一资产经营模式向"资产经营+资本经营"相结合的模式转变。

交通+清洁能源

能源是现代社会发展和经济增长方式转变的核心驱动力。生态文明建设被摆在了更加突出的位置，发展清洁能源是替代传统化石能源的根本途径。受巴黎气候变化大会等诸多因素影响，近年来，我国能源结构变革的步伐明显加速，全国各地的能源产业布局都进入了一个深刻变革时代。江苏省作为电力消纳大省，正在实施以电为中心的能源开发利用方式转型，大力推进能源消费、能源供给、能源技术和能源体制改革，建立安全、清洁、高效、可持续的现代能源体系，以完成清洁能源替代和自给的使命。十余年来，江苏交控依靠大规模的交通基础设施投资实现了快速发展。在高速公路路网基本建成后，基础设施投资模式面临着新的挑战。为规避高速公路可能受到国家政策调整的冲击，从保证企业可持续发展的需要出发，必须进入能够和基础设施投资规模匹配、产生大量现金流和较高投资回报，同时又适合江苏交控企业特性和资源能力优势的产业领域。光伏发电具有产业前景广阔、适合大规模投资、收入收益持续稳定、运营管理标准化程度高、风险可控等一系列优点，是江苏交控实现"一主两翼"产业布局的合理选择。

江苏交控管理的全省高速公路里程约4229公里，高速公路沿线有大量建筑物、设施及闲置空间资源，如高速公路服务区、收费站、互通、枢纽、路基边坡等，资源综合利用潜力大，适于建设分布式光伏电站。同时，随着新建公路里程逐步投入运营，此类附属设施和闲置空间还将有较大幅度增加。"交通+清洁能源"作为江苏交控"十三五"战略重要组成部分，能够为江苏交控可持续发展提供重要的支撑，但是清洁能源板块如何更好地融入主业？如何与其他板块形成战略协同？如何最大化利用现有资源，创造更好的效益？是一道道亟待破解的难题。基于此，江苏交控在做好充分准备后，选择在持续健康发展的市场环境下进入光伏发电产业，对产业的经验和教训可借鉴、可辨识，对机会和风险可把控、可规避，同时又能充分发挥行业紧缺的资本优势，打造或收购优质资产，实现资本化、证券化运作。也正是在国家政策导向、技术进步、市场环境向好等多重因素的影响下，江苏交控迎来了打造清洁能源板块的战略机遇期，着力打造清洁能源，致力于和基础设施投资、金融类投资一道，全面完成江苏交控功能性和竞争性业务相辅相成、产业投资和资本经营协同发展的"双轮驱动"的战略性业务布局。

实践聚焦 4-4

向阳生长　交通+光伏创新应用之路

江苏交控高速公路辖段内互通 314 处、枢纽 62 处，互通区总面积约为 4.88 万亩、枢纽区总面积约为 1.68 万亩。高速公路互通及枢纽区域基本处于闲置状态，部分区域内有大面积取土坑水面，既不美观，也是资源的闲置浪费。如何把闲置资源利用起来，"云杉清能人"做了以下尝试。

高速公路互通区建设光伏电站是省内甚至全国都没有先例的创新项目。根据地方管理部门立项要求，光伏电站项目需要"一项目一公司一备案"，这给网络化分散布局的交通光伏项目各项前期工作带来众多的协调困难。此外，对口的政府部门和电力等行业管理部门多，各地对项目的手续要求不一致，也给项目推进带来了很大的难度。对于高速公路管理公司而言，他们也有疑虑："互通区位于高速公路旁，在下车过程中会不会受到组件炫光的影响，从而造成交通事故呢？如何考虑光伏电站和高速公路的安全距离呢？互通区本来就有一些植被，怎么考虑光伏电站和互通景观的完美融合？"确实，如何因地制宜合理利用互通区建设分布式光伏电站，既保持互通、枢纽区域内原有地形地貌，又确保高速公路运营安全；既能实现景观绿化协调融合，又可以确保就近电力接入。这些问题如何统筹兼顾，项目设计难度不言而喻。

为应对光伏电站项目"一项目一公司一备案"的地方立项要求，云杉清能人以沿海高速6对服务区项目备案为切入点，积极与省市发改部门沟通协调，创造性地突破了原要求在6个县（市）发改部门分别备案的要求，实现了以云杉清能为实施主体，在设区市发改委统一立项备案的目标，实现了"云杉清能模式"的创新突破。该模式的突破和复制，加快了全路网光伏能源利用的实施进度，减少了公司管理层级，有效降低了管理成本及税务支出。

为有序推动云杉清能模式发挥作用，公司结合服务改造升级，有序推进服务区屋顶、停车棚光伏电站建设，采用自发自用、余电上网模式，可使服务区现有用电量的70%来源于清洁能源。同时，大力推进高速互通和枢纽区域光伏。结合高速公路建设规划和光伏能源相关规划，以交通安全及景观和谐为前提，首期选择沿海高速南沈灶等4个互通区光伏项目为创新示范工程，同步筹备实施同线路其余12个互通区光伏发电应用，迅速探索、完善绿化景观与光伏电站协调融合模式，推动互通光伏示范化、模块化、规模化。在此基础上积累经验、复制延伸，串点成线、连线成网，形成"高速公路网＋光伏应用"的规模体量和示范形象。此外，超前谋划，提前试点布局，将清洁能源与高速、高铁、港航相融合，做出交通绿色发展的亮点与特色，最终实现交通基础设施资源综合利用与节能减排、功能完善与景观协调优美、经济效益与社会效益相统一，打造成全国"交通＋能源"示范标杆。

云杉清能从2017年下半年启动江苏交通光伏应用规划研究至今，交通光伏创新融合场景不断丰富、数量不断增多，在应用模式和规模体量上居于全国省级交通光伏应用前列，对挖掘交通基础设施资源潜力、推动分布式清洁能源发展起到了良好的引领作用、示范效果。在综合考虑场地原有地形地貌、高速公路营运安全、场区景观提升的情况下，以沈海高速公路（G15）盐城及南通4个互通区为试点，创新开拓了国内首批功能协调、景观优美的高速公路互通区园林式光伏应用生态模式，使互通区变荒为景，以创新的形式实现了高速公路"五清三化"综合治理，探明了交通光伏规模化推广的现实途径。同时深入论证储备了53兆瓦当时具备实施条件的高速互通、枢纽、边坡光伏应用项目。

"交通+"，是顺势而为，是强强联合，更是企业资源的裂变与新生，从资源变资产，到资产变资本，江苏交控人正用自己的智慧，以高速公路网为骨架，依托路网运营及数据资源，持续挖掘存量资源，创新商业模式，探索产业融合发展的有效路径。"交通+旅游""交通+物流"都在层层展开，围绕与信息通信、大数据的融合，有效挖掘和应用数据资源，提升基础设施运营管理效率和服务品质的同时，利用远期数据深化应用，使其产生更大的商业价值；整合路网存量管道和光纤资源，探索实施公司化、市场化运维，整合成整体可用的信息化基础设施资源，为构建更具活力的综合大交通生态圈而努力。

上市运行　做强做优

"一花独放不是春，百花齐放春满园。"国有企业与民营企业都是我国经济的中坚力量，双方如何在发展中实现优势互补、互促共赢是时下大家颇为关注的话题。当前我国经济发展进入新时代，它们二者之间也不再是完全独立的关系，而是形成了良性竞争、合作共赢的格局。作为国有企业的江苏交控，如何诠释这种全新的竞争与合作的关系，如何在混合所有制改革的推动下,实现资本层面的深度融合,推动企业的高质量发展,是其正在面临的突出问题。

2013年11月,党的十八届三中全会通过的《中共中央关于全面深化改革若干重大问题的决定》提出:国有资本、集体资本、非公有资本等交叉持股、相互融合的混合所有制经济,是中国基本经济制度的重要实现形式。党的十九大报告进一步明确指出要"深化国有企业改革,发展混合所有制经济"。其实,不仅仅是因为响应党和国家的号召,从江苏交控自身的发展情况来看,领导层也对公司的整体经营情况进行了分析,一致决定借着国企混合所有制改革政策的东风,开始进行混合所有制改革的探索。

混改增效 优化经营管理

从为什么要进行混合所有制改革,到如何进行改革,这个过程中的迷茫、纠结与担忧,只有经历过的江苏交控人才会了然于心。对他们而言,首先面临的选择是是否需要进行混合所有制改革。就混合所有制改革本身来说,其目的就是通过引入不同所有者,形成"鲶鱼效应",从而激励企业提高效率,提升经营效益。就企业本身来说,如果该企业有较好的发展势头,通过混合所有制改革,有效发挥各类所有制的"比较优势",可以形成强强联合的局面;相反,如果该企业正面临发展困境,通过在资本市场中增减进出等操作,可以有效盘活国有资本,实现资本的合理流动和优化配置,形成一种互补机制。为此,江苏交控的经营层意识到混合所有制改革是一个契机,一个可以改善企业财务状况和资产负债结构的契机,一个提高国企资产流动性并让企业获得长期经营发展竞争力的契机,因而,他们迈出了关键的一步,实施并深化混合所有制改革。

目前,国企混合所有制改革是要在现有混合所有制经济基础上,进一步提升国企资本化比率,让国企依托资本市场发展混合所有制经济,成为完全的上市公司、公众公司,没有障碍地与其他所有制深入融合。改革的目的是让国企"做大做强做优",通过改革,提升国企的竞争力。为深化国有企业混合所有制改革,江苏交控做了一系列的努力,积极采用股改上市、增量改革、产权转让等多种方式,稳步推进改革,取得了积极成果。如江苏高速公路信息工程有限公司(以下简称"信息公司")在按照江苏交控的决策和有关部门的指导下,自2016年下半年以来,率先规范稳妥地实施并完成了混合所有制改革试点任务。三年来,公司经营质量和效益显著提高,国有资本的配置效率大大提升,投资回报能力稳健增长,影响力、带动力明显增强,其成功经验也为江苏交控所属竞争性企业下一步推行混合所有制改革的路径探索提供了参考。

实践聚焦 4-5

勇当时代表率 敢为改革先驱
——信息公司混合所有制改革

信息公司成立于2002年,是一家专业从事高速公路领域机电系统集成与运维、智能交通软件研发、大数据分析运营的企业。2016年下半年,信息公司作为江苏交控国有企业混合所有制改革试点单位,在江苏交控党委的统一部署和信息公司新一届领导班子的带领下,平稳、规范、有序地开展改革工作。截至2018年底,信息公司全面完成改革任务，改革成效显著，公司规模跨上新台阶，企业焕发新活力，发展迈出新步伐。

为什么要进行混合所有制改革？一方面，这是企业自身发展需要。公司经营业务发展缓慢，员工收入水平低，企业整体精神面貌不佳，缺乏干事创业的活力和氛围，不进行大刀阔斧的改革工作，很难走出困境。另一方面，也是因为外部环境倒逼。由于在发展过程中失去很多机会，企业市场竞争力弱，如果再不进行混合所有制改革，将会丧失竞争力，被市场淘汰。在这样的内忧外患下，江苏交控党委和信息公司领导班子以破釜沉舟的决心和勇气推进混合所有制改革，通过提高国有资本配置和运行效率，实现各种所有制资本取长补短、相互促进、共同发展，加快技术升级和内部挖掘，破解了企业面临的问题，增强企业活力、竞争力和抗风险能力。

信息公司混合所有制改革工作推进，紧紧围绕"有利于国有资本保值增值，有利于提高国有经济竞争力，有利于放大国有资本功能"来开展，从体制、机制、管理等各个方面深化改革，建立健全了符合现代企业的治理体系，极大调动了员工的积极性，激活了企业发展的内生动力，实现了国有资本和市场经济的有机结合、融合发展。

短短三年的时间，信息公司的混合所有制改革已被证明取得了阶段性成功，公司上下发生了翻天覆地的变化，公司年平均营业收入比改革前翻了一番，且连续三年超额完成江苏交控、公司董事会下达的经营指标，一年一个台阶，实现了跨越式发展，在良性循环的运转中不断创造利润，2018年资本投资回报率超过15%。此外，员工收入也增加不少，从数据来看，员工人均年工资收入比改革前三年增长60%，年均增长20%，公司各岗位薪酬已经达到市场化水平。当然，变化不仅仅是这些，因为混合所有制改革，公司变得更有活力，员工更有信心，发展更有冲劲。

对国有企业来说，不发展是最大的风险，也是最大的国有资产流失。

下一步，信息公司将继续在国企改革的道路上不断探索、不断向前，适应高质量发展阶段的新要求，走出一条具有江苏交控特色的国有企业混合所有制改革道路，向着一流现代科技交通企业的目标奋勇拼搏！

挂牌上市　　提升经济实力

2018年8月，国务院国资委内部下发了《国企改革"双百行动"工作方案》，选取了百家中央企业和百家地方国有企业作为试点，要求入选企业上报综合改革方案，为国资委从"管资产"向"管资本"积累试点经验。党的十八大后，中国国有企业改革的一个核心思路，就是政府对国有企业的监管从"管人、管事、管资产"为主向"管资本"为主转变，再次从改革国有企业的所有权与经营权关系入手，力图增加国企经营的活力和效率。当前，江苏交控正值改建国有资本投资运营公司的关键时期。为了实现国有资本从"管经营"到"管资本"的形态转换，促进"资金、资产、资本"的循环流转，江苏交控做了一系列的尝试，即在混合所有制改革的大环境下，积极推动优势企业上市，提高系统资产证券化的水平，如所属江苏金融租赁在相继引入南京银行、国际金融公司（IFC）、中信产业基金以及法巴租赁等战略投资者实施股份制改造后，2018年3月成为首家在主板市场公开上市的金融租赁公司。从江苏金融租赁的案例可以看出，其成功的探索给江苏交控围绕"管资本"搭建分类授权管控模式提供了良好的借鉴，即重点从"组织架构、完善治理、履行职权、财务监管、收益管理、考核机制"六个方面进行管控，并结合实际争取包括主业确定、投资决策等审批权限，实现以资本为纽带的投资与被投资关系，协调和引导所持股企业的发展，激发企业自主经营的活力，从而实现整体战略目标。

实践聚焦 4-6

十年长征：江苏金融租赁的上市之路

江苏金融租赁前身为江苏省租赁有限公司，是一家典型的全民所有制企业，受早年经济、政策环境的影响，公司股权结构单一。2002年，江苏金融租赁资产规模很小，既没有明确的业务模式，也没有清晰的发展方向。公司提出"做优主业、做精专业"的业务发展思路，立足于公司禀赋条件，因时因势而变，坚持走差异化、专业化发展道路。而后，江苏交控取得控制权，与其一致行动人合计持股比例达99.68%。增资扩股及重组改制的完成不仅充实了公司资本金，也帮助公司在市场上树立了良好、稳健的国企形象，有利于实现公司"三年打基础、三年上台阶"的发展目标。

2003～2005年，鉴于公司处于业务起步阶段，既没有市场渠道，又缺乏专业人才，因此，制定了"三年打基础"的发展战略，着力打造市场基础、人才基础和管理基础，同时，确定了医疗、印刷两大重点拓展行业，与通用电气公司、飞利浦、昌昇等厂商、经销商合作，为二甲以下医院、妇幼保健院、乡镇卫生院、中小微印刷包装企业购置设备提供资金支持。公司通过医疗设备、印刷设备租赁，初步培养了较成熟的业务模式和人才队伍。

2006～2008年，公司的发展战略又发生转变，顺势而为的江苏金融租赁人制定了"三年提升"发展战略，总的目标是提升市场形象。在巩固、扩大医疗、印刷业务的基础上，开辟教育设备租赁新市场，定位于服务大专、高职、中小学等客户群体，满足其新校区建设、实训器材购置需求。

与此同时，在 2008 年，借助国企混改政策的东风，公司开始进行混合所有制改革探索。董事会及经营层清晰地认识到，混合所有制不是简单的为混合而混合，而是有效发挥各类所有制的"比较优势"。

在综合考虑战略协同、资源互补、平台影响力等因素的基础上，2009～2014 年公司先后通过增资扩股的方式引入了包括南京银行、IFC、中信产业基金以及法巴租赁 4 家国内外知名战略投资者。原第一大股东江苏交控及其一致行动人持股比例由原来近 100% 降至 50% 以下。而此时，也是公司"快速增长"战略时期。在巩固前一阶段成果的同时，立足于长三角民营经济圈，抓住制造业快速发展的机遇期，以"成熟的模式批发做、成熟的区域集中做"为思路，为电子加工、机械加工、纺织、食品加工以及船舶运输行业的大批中小企业提供融资租赁服务。

2012 年以后，面对"三期叠加"、实体经济信用风险较高的经济形势，公司的业务投放适度向有政府资源支持、周期性弱的医疗、教育、公用事业等行业转移，尤其是以公交、供水、能源、新农村等为代表的公共事业类项目增速较快，为公司资产规模安全、较快增长提供了支撑。

2014 年末，时值后金融危机时期，经济总体增长乏力，复苏进程停滞不前，在经济增速放缓和竞争加剧的双重重压下，公司要谋发展，当务之急便是以 IPO 为突破口，扩大资本规模，提升服务实体经济能力和抗风险能力，增强行业及社会影响力。为满足首发上市的要求，公司内部通过股权结构调整、企业改制、规范治理架构、制定战略规划等，全面提升了在法人治理、业务发展、融资渠道和内部控制方面的经营管理能力，努力成为主营业务突出、盈利能力较强、成长可期的现代化治理企业。2015 年至今，公司提出要主动适应经济结构调整及动能转换新形势，响应国家政策及金融调控号召，强调立足租赁本质，回归租赁本源，推动董事会制定了"增长+转型"双链驱动的发展战略。公司加快向战略新兴产业转型，积极树立厂商租赁品牌，力争在 5 年内成为融物性业务领域全国领先的金融租赁公司。

2018年作为行业首家成功登陆A股资本市场的金融租赁公司，江苏金融租赁形成了地方国有资本、外资、民营资本、社会公众资本等混合所有、多元稳定的股权结构，第一大股东及其一致行动人（第三、第四大股东）合计持股比例39.04%，仅具有相对控制权，前五大股东持股比例稳定在50%左右。这种有一定数量稳定的大股东且股权相对分散的架构设计为有效整合专业资源、实现国有资本保值增值及公司现代企业管理奠定了坚实的基础。

设立平台　提高证券化水平

值得一提的是，宁沪高速目前是江苏交通基础设施运营领域唯一一家上市公司，具有吸纳优质交通资产的资本运作功能和优质的投资能力。利用宁沪高速这一上市平台，以打造苏南区域性路网公司和实现企业长期价值最大化为目标，江苏交控陆续完成宁沪高速对宁常镇溧公司、所属广靖锡澄公司对锡宜公司的重组工作，优化了宁沪高速资产和财务结构，提升了公司核心资产的证券化水平。

在当前经济转型升级、交通运输结构调整、交通从大国向强国迈进的大背景下，中国收费公路投融资、收费管理逻辑也正在重塑，钱从哪里来？效益从哪里来？可持续发展的动力从哪里来？正是对这些问题的思考和探索，江苏交控才能获得高质量的发展。宁沪高速合并宁常镇溧公司，是一次因时制宜、因企制宜、成功整合内部资源的案例，通过将存量股权整合进入上市公司，做强做优上市公司，可以促进国有资本保值增值，提高国有资产证券化水平。未来，江苏交控可以汲取经验，抓住改革主线，久久为功，进一步发挥宁沪高速上市平台作用，对其他的路桥资产进行整合，实现路权集中管理和资源优化配置，并坚定不移地以改革创新推动江苏交控高质量发展，更好地实现建成"国际视野、国内一流"综合大交通国有资本投资公司目标。

实践聚焦 4-7

1+1>2：宁沪高速合并宁常镇溧公司，提高国有资产证券化水平

宁常镇溧高速公路于 2007 年正式通车，2014 年 9 月末，宁常镇溧公司资产负债率高达 97%，预计 2015 年将资不抵债。为保证带有较强公益性的宁常镇溧公司正常经营运转，化解江苏交控的潜在风险，必须对宁常镇溧公司进行重组或增资。

宁常高速公路西起溧水桂庄枢纽，东至常州武进区的江宜高速公路与沿江高速公路交汇处，全长 87.26 公里。镇溧高速公路北连沪宁高速，南至溧阳前马镇，全长 65.66 公里。宁常、镇溧高速公路在沪宁高速南侧形成十字形交汇。从位置看，宁常高速公路与沪宁高速公路西段基本平行，对沪宁高速公路带来分流影响。特别是 2013 年底，溧马高速公路开通，通过宁常高速公路从合肥、马鞍山至常州、上海的行驶里程较宁沪高速公路缩短约 40 公里，宁常高速公路成为安徽往返苏南及上海区域最便捷的通道。安徽至苏南沿线地区的货车逐步从沪宁高速公路西段分流到宁常高速公路，宁常高速公路交通流量快速增长，同时沪宁高速公路西段货车流量同比降幅逐渐加大。受此影响，沪宁高速公路交通流量增长速度放缓，直接导致营业收入的增长放缓。

为顺利化解宁常镇溧公司经营风险，解决宁沪高速营收下滑问题，江苏交控统筹规划，科学决策，通过对宁常镇溧公司重组和增资等多种方案进行测算分析，提出宁沪高速对宁常镇溧公司进行收购，再将其债

务转移至宁沪高速，宁沪高速以其对宁常镇溧公司的债权实施债转股这一最优重组方案。通过推进盈利状况较好的宁沪高速吸收合并效益较差的宁常镇溧公司，可以确保亏损路桥项目正常经营运转，解决宁常镇溧公司亏损和融资困难，将宁常镇溧公司原有高成本债务置换成低成本债务，充分发挥宁沪高速的融资优势，同时，也能充分释放宁沪高速投资潜能，优化资产和财务结构，做强宁沪高速主业。

方案可行的前提条件是，地方股东退出，实现宁沪高速可以全资控股宁常镇溧公司，承接其全部债务。由于宁沪高速只能以评估值收购地方股东股权，而地方股东不愿意以评估值转让股权，宁沪高速的重组工作无法推进。为顺利推进宁沪高速的重组工作，考虑到3家地方股东均为国有全资公司，江苏交控成功以股权置换的方式解决了地方股东的退出问题，清除了宁沪高速重组方案推行的重要障碍。

2015年，宁沪高速正式完成收购宁常镇溧公司，公司持有宁常镇溧公司100%股权。宁常镇溧公司的全部有息债务全部转由宁沪高速承接，宁沪高速再通过债转股的形式转为宁常镇溧公司的股权。收购完成后，宁常镇溧公司在债转股完成后实现盈利，充分享受企业所得税法中公司税前利润可以优先用于弥补过去五年时间内的累计亏损后再行缴纳企业所得税的相关政策，实现免缴或少缴企业所得税的目的；宁沪高速承接宁常镇溧公司的全部有息债务增加宁沪高速财务费用，该部分新增的财务费用起到了抵减宁沪高速所得税费用的目的。

宁常、镇溧高速公路并入宁沪高速公路网，作为苏南地区重要的省际通道组成部分，通过收购，宁沪高速将进一步完善上市公司对上海和南京之间收费公路的路网控制，巩固江苏交控在苏南区域路网之中的主导地位，向"苏南路网运营商"战略目标迈进了新的一步。同时，有助于减少宁常高速公路西段对沪宁高速公路的分流影响，有效弥补因分流造成的沪宁高速公路无锡以西路段交通流量的损失，将沪宁通道内的公路交通流量转化为公司的核心收入。

从信息公司、江苏金融租赁的混合所有制改革的历程来看，虽然在整个改革推进的过程中有很多的不确定性，没有人能确保改革一定是成功的，但制度安排上的创新性和灵活性，使得改革取得了良好的效果。即便如此，江苏交控人并未沾沾自喜，他们一直坚信，改革永远不是一蹴而就的，当前的混合所有制改革的思路和实践仍然有很多精进的空间，这项改革应当站在更高的战略视角，和中国经济发展模式的多方面问题联系起来，进行更多的探索。

延伸链条　财务协同

我国经济已由高速增长阶段转向高质量发展阶段，正处在转变发展方式、优化经济结构、转换增长动力的攻关期。从经济形势来看，整体运行稳中有变，变中有忧，内外部风险交织显现，经济面临放缓压力。传统要素优势正在减弱，劳动力、土地、资源等要素供求关系日益趋紧，一些长期积累的深层次矛盾逐渐暴露并反映于金融领域。此外，去产能、去库存、去杠杆压力较之之前也愈发加大，这些因素可能导致实体经济风险和财政金融风险相互之间发生传递。基于这些考量，江苏交控人意识到，新环境和新形势对公司的发展提出了更高的要求，尤其是金融服务领域，需要不断落实新发展理念，推进供给侧结构性改革，守住不发生系统性金融风险的底线。

纵观江苏交控的发展，2018年度公司融资总额和余额连年持续大幅增长，对金融政策和市场价格敏感度越来越高，潜在财务风险积聚。交通强省建设既为江苏交控带来重大发展机遇，也为江苏交控带来强劲投资资金需求（特别是资本金）和刚性债务偿付叠加压力。作为公司主要收入来源的高速公路通行费收入自然增幅趋缓，加上收费政策调整以及各项优惠政策的实行等因素，将给公司自有资金增长带来一定压力。同时，征地拆迁政策调整、建筑材料价格和人工成本大幅上涨导致项目投资成本快速增长，若不考虑财政支持，公司财务状况可能面临挑战。

为此，江苏交控从理论出发，结合具体实践中出现的问题，思考采取什么样的形式来开展金融业务，更好地发挥金融业务带来的效益。在不断地摸索前进中，江苏交控在董事长蔡任杰提出的"四度思维"的指引下，依靠"长度一千米"，围绕交通主业延伸产业链，拓展价值链，推动产融结合的发展。在当今世界500强企业中，有80%以上都成功地实施了产融结合战略，实现了产业资本与金融资本的融合。其中，代表性企业有：荷兰皇家壳牌集团、埃克森美孚公司、英国石油公司、通用电气公司、日本三菱集团、美国杜邦集团等。中国加入WTO以后，国有企业面临着来自全球企业的激烈竞争。为此，党中央、国务院明确提出了"大公司、大集团"和"走出去"的发展战略。而要想壮大国有企业的实力，除了要提高主营业务的竞争力，还要有强有力的资本及金融支持，产融结合成为国企实现这一发展战略的重要选择。产业和金融业结合，通过稳定的信贷关系、资本结合、人力结合和信息共享等，可以产生"1+1>2"的协同效应。

立足资金　强化产业金融优势

财务公司是我国非银行业金融机构中的重要一员，其作为依托实体企业而存在、成长的内部金融机构，可以直接为企业提供金融服务。作为产融结合的典范模式，财务公司由于其强大的实力和日趋扩大的业务范围，已成为中国金融市场中的重要成员之一，在服务企业集团产业结构调整、"走出去"、构建产业链和高质量发展等方面取得了丰硕的成果，发挥着得天独厚的"专属银行"服务优势。值得一提的是，财务公司通过资金集中管理，合理配置集团金融资源，降低财务公司费用和融资成本，积极开展"减费让利"，降低企业融资成本，推进缓解企业融资难、融资贵问题，防范和化解资金风险。江苏交控财务公司作为产融结合平台，其通过自营贷款、委托贷款等方式，强化了内部资金的整合，提高了资金的集中度，从而降低了江苏交控整体的负债水平和财务费用，也就是说，在近多年的发展中，江苏交控财务公司通过发挥产业金融的优势，其地位和作用日益凸显。

实践聚焦 4-8

资金统筹，发挥规模效应

自成立以来，江苏交控财务公司始终坚持"规范治理、审慎经营、稳健发展、服务集团"的经营方针，围绕打造江苏交控"结算管理平台、资金管理平台、融资管理平台、人才涵养平台"等四大平台功能定位，坚守服务江苏交控实体经济本源，以服务"交通＋"为中心，以加强江苏交控资金集中管理为核心，强化市场意识，积极发挥结算、信贷、中介、投融资等金融功能，不断完善资金运营体系、信贷管理体系和风险管控体系，稳步推进延伸产业链金融服务试点以及电子商业汇票结算，不断提升业务创新能力，丰富金融服务内涵，努力提高综合金融服务水平，为江苏交控和成员单位提供优质、高效的财务管理和金融服务，积极发挥产业金融优势，并于2017年11月在全国交通投资类集团财务公司中首家完成产业链金融业务备案。

江苏交控财务公司通过打造资金融通中心，充分发挥产业金融优势，积极协同江苏交控财务管理部探索融资中心建设，稳步实施融资集中管理，依托江苏交控融资的规模优势和信用优势，统筹利用各类金融资源，健全合作金融机构评价机制，从同业授信额度、资金价格、业务支持力度等方面，择优选择合作机构，控制融资成本，满足不同类型的成员单位或成员单位不同阶段的融资需求，防范债务风险和利率风险。此外，江苏交控财务公司也致力于不断提高金融服务功能。积极抓住"交通+"带来的发展机遇，加快从同质化向特色化服务转变，充分利用好专业金融机构的智力优势，深化客户经理制，坚持把思想好、素质高、能力强的优秀员工选拔到客户经理岗位，进一步树立市场意识和营销观念，以"靶向"方式更精准服务江苏交控产业发展，从而拓宽经营范围。

立足资本　发挥资本集聚效应

随着投融资体制改革的不断发展，以及新兴产业政策的实施，近些年来，地方政府和具有国资背景的投资公司加大了资本运作力度，将实业做大做强以及产业升级作为战略投资的出发点，积极促进地方产业转型升级，进行一系列的投资布局。在这种背景下，产业投资基金逐步进入人们的视野。产业投资基金是一种特殊投资基金，在国外通常称为风险投资基金和私募股权投资基金，一般是投向具有高增长潜力的未上市企业进行股权或准股权投资，并参与被投资企业的经营管理，以期所投资企业发育成熟后通过股权转让实现资本增值。

对资本市场来说，产业投资基金的出现和发展，可以降低资本市场的风险，使资本市场的投资结构更加完善，且不断优化投资环境。基金管理公司有着专业化的投资团队，利用自己的投资优势参与市场化运作，从而加快企业的上市节奏，为资本市场不断增加新的活力。从资源配置的视角来看，产业投资基金能够提高资源配置的效率，缓解资金供求的矛盾。一些企业担心未来出现资金回款压力，对于好的投资机会持观望态度，从而导致丧失投资机会，这种极端的矛盾导致大量的企业资金处于空转的状态。而产业投资基金就很好地解决了这种问题。产业投资基金可以作为投资者和融资者之间的纽带，使资金得到优化配置，从而提高了社会资金的使用效率。

产业投资基金一大显著特点是有着良好的资本运作能力，以及能够挖掘高潜力的投资标的。产业投资基金有着专业化投资管理和雄厚资金规模，再与地方政府及国资背景的投资公司结合起来，就拥有了更大的优势，这种机制促进了产业整合，提高了产业转型升级的广度和深度，并且积累了丰富的投资经验，江苏交控为此也进行了一系列探索，其中最具代表性的是云杉资本下属的基金管理公司的成立。云杉资本作为江苏交控的投资发展平台，经过四年多的发展，已初步实现大类金融资产和基金的合理布局，经营业绩持续快速增长。在考虑到如何进一步做大、做深、做优股权投资事业时，江苏交控决定独资设立一家私募股权投资基金管理公司，实施对外募集社会资本，适度增加资本杠杆，服务于江苏交控战略实施的同时，进一步增厚云杉资本的投资业绩。

实践聚焦
4-9

基金管理公司的探索之路

云杉资本作为江苏交控的投资发展平台、股权管理平台、资本运作平台和风险控制平台，通过市场化、专业化、规范化、股权多元化的运作，在短短四年多的时间里实现了快速稳健的发展，使其具备了很好的资本运作能力，同时，也积累了一定的基金运营管理经验，具备了以基金管理者身份介入产业投资基金领域，介入"交通+"等重点关注领域，拓展与两翼相关的投资，围绕这两个主业，培养更多新的业务，储备新的标的。基于此，为进一步做大、做深、做优股权投资事业，云杉资本计划独资设立一家私募股权投资基金管理公司（以下简称"基金管理公司"）。

在基金管理公司成立初期，为兼顾提升基金投资管理业务能力和防控投资风险，江苏交控人为如何开展基金投资管理进行了大量的探索。一方面，他们采取跟随战略，通过与产业关联度较高领域的强强联合，建立产业基金，发挥金融投资、资本投资对产业的带动、引领作用，这是一种合作的模式。当然，在选择合作的领域时，会重点考虑该领域是否具有丰富的投资经验，最终确定了对金融及金融科技、交通科技（交通领域相关的人工智能及先进制造等）、物流环保、新能源、新材料等领域和其他高成长性行业的投资，以及通过并购整合对上市公司进行投资（PIPE投资），并通过双GP的基金管理模式对基金实施共同投资管理。江苏交控人在与公司核心主业关联度高的行业的合作中，为其产业的发展储备了较多项目，同时，又学习和借鉴了其他产业的技术支撑、商业模式、经营业态、管理经验、具体标的，以已有的投资项目带动自身其他项目的发展，最终实现江苏交控自身产业的发展。

另一方面，基金管理公司立足自身的产业和资源优势，独立发起或主导发起交通产业基金，设立产业投资基金，侧重于交通科技、先进制造、物流环保等领域的投资，通过引入各类资本，嫁接到已有的资源，放大现有的业务，最终服务于综合交通及关联产业的发展，江苏交控"交通+"战略的实施。在基金管理公司成立初期，这两种运作方式会并存，但随着基金管理公司的发展，其运作方式不断成熟，必然会更多地以独立发起设立基金的方式，通过对外募资并实现全面主动投资管理，获取持续的投资管理收益。

立足业务　发展供应链金融

在新经济时代，产融结合被认为是中国经济实现新一轮高速发展的新引擎，而供应链金融则是推动产融结合的最强动能，当然，这里更多谈及的是以产兴融。供应链金融一方面沿袭了金融创新服务实体经济的趋势，另一方面又在此基础上，增加了对中小微企业更多资源的输送，加速整个产业的协同发展。发展供应链金融，不仅是一条政策鼓励、市场推动的产业金融之路，更是中国各大产业补齐短板、做大做强、跨越发展的必由之路。以往传统产业链企业只围绕自身的生产、经营业务，弱化了产业上下游联系，产业链内部的业务边界和企业之间的外部壁垒也逐渐增高，影响了产业的健康发展。供应链金融的出现，彻底打通了产业链发展的任督二脉，全面盘活了整个产业链条，意义重大。宁沪商业保理（广州）有限公司（以下简称"宁沪商业保理公司"）深入研究江苏交控产业布局及其关联企业上下游产业链关系和特点，按照"资源配置、风险管控、价值创造"的原则，根据潜在客户情况，一企一策制定审慎合理的产业链金融服务方案，以多样化的金融产品为产业链企业提供适当、适度的金融服务。

实践聚焦 4-10

行无止境，共融新境

商业保理的本质是针对应收账款的融资业务，资金渠道的通畅、成本高低成为其业绩与规模的关键因素。商业保理公司初创期将主要依赖其股东进行融资,股东具有越强的融资能力,其在资金渠道的优势就越明显。近年来,宁沪高速在 A 股和 H 股收费公路上市公司中净利润均排名第一,现金流较为充沛,可为保理业务开展提供强有力的支持。因此,宁沪高速在考虑到自身在产业方面的优势,以及对金融方面的需求,外加有一定资本投资运作的经验后,最终决定通过收购的方式成立一个保理公司,也就是现在的宁沪商业保理公司。

作为江苏宁沪投资发展有限责任公司(以下简称"宁沪投资公司")战略转型的一个窗口,宁沪商业保理公司定位为"通过积极探索产业金融领域创新,为江苏交通产业链链属企业科学、规范、高效地解决资金问题"。2019 年公司以"行无止境,共融新境"为切入点,在确定业务运营模式的基础上,对内搭建岗位架构、组建业务团队,提升管理水平;对外调研业务客户、配合开发产品,提高服务能力,积极推进创立元年的各项工作。

成立半年来,在宁沪高速经营层及相关部门的关心配合下,在宁沪投资公司的指导参与下,公司各项工作稳步推进:目前"苏高速产业金融平台"已成功上线运营,宁沪高速作为第一家核心企业入驻,截至 2019 年 6 月 30 日,平台已注册加入供应商 29 家,宁沪高速顺利开出融单 5 笔,其中 2 笔融单由供应商提出保理融资申请,公司当天实现"T+0"放款,虽然金额只有 50 万元,但标志着公司线上保理业务正式运营。

不得不提的是,宁沪商业保理公司的成立,一方面符合国家对金融改革的客观要求,有利于扩大公司知名度、影响力和业务领域,获得较为丰厚的投资回报;另一方面它的成功运作,也符合宁沪投资公司"十三五"期间发展新格局的转型需求,助力宁沪投资公司形成以类金融业务为核心业务的发展新格局。

CHAPTER FIVE
第五章

信息转型　质态提升
当"工匠精神"直面互联网思维

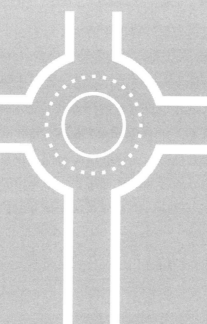

"君子谋时而动，顺势而为。"江苏交控顺应信息化发展趋势，积极投身到信息化时代浪潮中，坚守"工匠精神"，善用互联网思维，充分运用系统思维和协同理论，积极开发"实用、管用、好用"的信息化产品，推动自身在更高层次实现智能交通的跨越发展。

人类已经迈入了工业4.0时代，信息技术已成为主导全球经济发展的主引擎，企业信息化成为企业现代化的主要标志。企业要想在激烈的市场竞争中立于不败之地，大力推进信息化建设已刻不容缓。

在风起云涌的信息化大潮面前，交通运输产业的内外部环境正在发生剧烈而深刻的变化。全球信息技术革命持续迅猛发展，"互联网+"、大数据、区块链等信息技术逐渐上升为国家战略，互联网与交通路网并驾齐驱成为交通运输的重要基础设施，智能化成为现代化交通运输系统的标志性特征。巨大的变革对交通行业的治理体系和服务模式均产生了广泛而深刻的影响，但同时也为交通运输行业的整体迭代升级带来了前所未有的重大机遇。

长期以来，江苏交控信息化建设特别是高速公路信息化建设居于行业领先水平，在江苏交控运营管理方面发挥了重要作用。然而在信息技术创新日新月异、移动互联网应用层出不穷、互联网思维内涵越来越丰富的大环境下，江苏交控的信息化发展已渐显疲态。各自为政、"树烟囱"式的信息化开发换来的是数据和信息难交换、难融合，流程和功能不协同、不统一；缺乏顶层设计和统一标准造成了重复投入、重复建设、低效模仿、自我隔绝等问题。面对严峻的问题，江苏交控于2016年底重新设立信息中心，进一步统筹全系统信息化建设职能。秉承"深度一百米"的思维理念，弘扬"工匠精神"，围绕"集约化、专业化、证券化、信息化"，在做精做专做优主业的发展路径基础上，江苏交控全局谋划、整体把控公司信息化发展的总体架构和建设节奏，自上而下制定信息化顶层设计，并在信息化建设中积极发挥精益求精的专业精神和勤于实践、勇于创新的探索精神，成为企业信息化建设的践行者与开拓者，目前信息化建设面貌焕然一新。江苏交控将"工匠精神"与信息化思维有机整合，在信息化发展的道路上匠心筑梦、奋勇前行。

工匠之道　源起于心

工匠之道源于人的信仰和追求，信仰决定了人的情怀，情怀决定了人的态度。回溯历史，企业的成功不是靠盲目跟风、随波逐流换来的，而是源于其对发展问题的深层认识，对发展形势的正确判断和独立抉择，这代表着企业对待发展的一种态度。江苏交控对信息化建设的理解，有着自己独立的思考，富有独特的情怀，进而能内化于心，外化于行。

找寻真谛　坚守信念

斯坦尼斯瓦夫说："科学，细心地玩味起来，并不是别的，而是正确的判断力和理解力。"认识科学的过程就需要正确的判断力和理解力,社会对于信息化的理解经历了一个逐步深入的过程。

企业信息化是指企业利用信息技术,打破业务部门之间的"业务墙",使各种资源在企业范围内能够有机地进行整合和利用,使企业资源的利用率大大提升,从而提高企业经济效益和市场竞争力。通过信息化,很多企业可以实现腾"云"驾"物",目的是串珠成链,形成智慧产业合力,消除信息孤岛,实现数据联动、互联互通。

定义虽然明确,但是社会对信息化内涵的认识往往却存在偏差,一些人认为"购买一些硬件设备,连上网,开发一个应用系统并加以维护"就是实现了信息化;还有些人认为"信息化"即"电子化",即一个业务部门或一个岗位如果有需求,通过信息化手段把手工完成的东西变成系统,提高岗位的工作效率。显然,这些理解全部流于表面。对信息化建设的内涵,江苏交控人有其独到的见解:首先,信息化是一个没有终点的旅程,企业信息化建设如同人类的进化一样,只有开始没有结束,永远不会停滞;其次,信息化必须坚持开放创新,唯有将技术应用创新和管理创新、服务创新、商业创新结合起来,才能真正体现信息化的价值;最后,信息化建设的目的必须是业务导向,不是单纯的设备和技术的堆积,而是通过信息化建设支撑战略,引领业务,从而实现企业更好更快的发展。在这一信念指导下,江苏交控在信息化建设方面勇立潮头,摒弃沿用以往自建机房、硬件堆叠的方式,依托公有云平台开展信息化建设,大量减少硬件投入与运维投入,将原先花费在运维上的时间与成本转投到业务创新层面上,实现快速、低成本打造最佳业务系统的愿景。

顶层设计　引领未来

"顶层设计"是一种系统思维,是运用系统论的方法,从全局的角度,对某项任务或者某个项目的各方面、各层次、各要素统筹规划，以集中有效资源，高效快捷地实现目标。越是成功的企业，越注重顶层设计，避免出现领导危机、内部秩序危机和控制危机，并在对未来趋势做出前瞻性预判的基础上，进行系统性、体系化的战略规划。江苏交控作为全省重点交通基础设施建设投融资平台，在省委、省政府的正确领导下，坚持服从和服务于全省经济社会发展大局，围绕"交通强省"战略的实施，立足自身实际情况和需求，顺应信息化发展趋势，遵循信息化发展规律，自上而下制定了信息化顶层设计。

信息化顶层设计紧紧围绕"对内实现数字化转型，对外建立智慧高速公路生态圈"的整体目标，以拥抱互联网和创新云计算技术为基础，在"统筹建设，分步实施""以我为主，自主可控""创新引领，示范引导"三大原则的指导下，坚持"问题导向""需求导向""服务导向"，从公司业务发展需要出发，积极强化信息中心和业务部门及所属各单位之间的联系，实现信息化建设从以硬件推动转变为以业务推动和数据推动；以数据集中和标准化开发为途径，推进技术融合、业务融合、数据融合，促进资源配置优化，创新管理服务方式，助推江苏交控向形态更高级、分工更精细、结构更合理、管控更有效的阶段演进，引领江苏交控信息化走在全国前列（见图 5-1）。

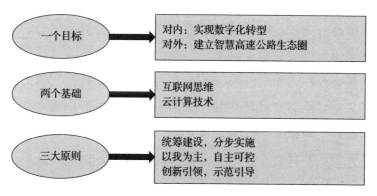

图 5-1　江苏交控信息化顶层设计

一个目标

江苏交控准确把握"交通+大数据"的发展战略,坚持采用"云、管、端"建设架构,运用"大数据、互联网、自动化"三项技术,打造扁平、敏捷、高效的应用平台。对内推进数字化转型,实现商业流程重构、用户体验重构、产品服务重构和商业模式重构;对外建立一个完整的业务链和数据链的共生共荣智慧高速公路生态圈,通过数据积累,发挥数据价值,让数据变现,实现高质量发展。

两个基础

一是"互联网思维"。江苏交控坚信,互联网思维应成为每一个信息化建设者的标配理念。立足于利用互联网去思考和解决问题,让互联网这个"最大变量"成为"最大增量"。一方面坚持"以用户为中心"的互联网敏捷开发原则,在价值链各个环节上都站在用户角度去考虑问题,以用户为中心去设计符合用户需求的产品,围绕产品开发的每个流程、功能、界面去不断反思、精益求精,在获得用户反馈的基础上,不断进行产品迭代更新;另一方面坚持开放合作的精神,不断加强和互联网公司的合作,通过对互联网平台的直接嫁接和调用,降低开发难度,强化对互联网数据的接入共享,弥补自有数据短板,拓宽数据采集范畴。

二是"云计算技术"。江苏交控甩开硬件包袱,不再沿用传统自建机房、硬件堆叠的方式进行信息化建设,而是依托公有云平台,直接使用云端各类应用来开展信息化建设,实现降低开发成本、提高开发效率的目的。江苏交控在云平台开发方面果断地将其与云计算厂家的关系从单纯的买卖关系转换为产品经理与产品研发者的关系,倒逼云厂商研发新技术、新服务,根据业务场景向云计算厂家提出技术需求,推动云计算厂家不断开发新产品,不断提供新服务。江苏交控云平台系统不依托于硬件设备,完全依托云计算技术,看起来一无所有,但实际却无所不有,可谓"无招胜有招"。

三大原则

一是统筹建设，分步实施。江苏交控从全业务高度出发，强化信息化顶层设计，强化和业务部门、所属各单位的联动，充分调研业务管理及发展需要，发挥信息中心在江苏交控信息化发展方向、建设运行、技术标准等方面的统筹作用。在总体架构和平台设计上，针对系统内不同用户，不再进行分级、分别建设，而是利用公有云平台建设覆盖全系统的统一平台，通过平台应用促进系统内业务标准化管理，支撑全数据共享和扁平化管理。江苏交控遵循信息化发展规律，围绕信息化建设整体目标，不片面追求"一步到位"，而是有层次、有步骤地循序推进信息化建设。在开发理念上，江苏交控不再沿用传统的"瀑布开发"模式，即不再预先计划的需求分析、设计、编码、集成、测试和维护等流程，转而采取遵循互联网行业开发理念的"敏捷开发"模式，此模式更加以人为核心、关注业务优先级、关注使用效果，可以把一个复杂且开发周期很长的开发任务分解为很多小周期，在每个小周期内任务可以迅速完成。在此基础上使用迭代式的增量开发，不断检验系统性能，不断完善升级，不断提升产品质量。

二是以我为主，自主可控。江苏交控坚持原则、勇于突破，具有敢想敢闯的创新意识、以我为主的担当精神和坚定执着的行动信念，主导产品研发全过程。不盲目迷信知名公司的战略咨询，不盲目复制其他单位已有系统，不盲目模仿其他单位开发模式，而是主动担当、亲身上阵，建立自己的核心团队，变甲方为乙方，坚持自主编写顶层设计方案、自主搭建云平台系统架构、自主开展软件产品设计、自主监管软件研发、自主部署安全防控、自主参与功能测试，在此基础上做到网络安全和信息化建设工作协调一致，以网络安全保信息化应用进步、以信息化应用进步促网络安全，并确保网络安全自主可控，确保信息化建设成果"实用""管用""好用"。

三是创新引领，示范引导。江苏交控积极推动"互联网+"、大数据、云计算、物联网等新技术在公司运营和公众服务上的应用，坚持"创新导向"和"效益导向",坚持走新技术应用研究与公司实践探索相结合的道路,加强示范引导,在信息标准制定、综合信息流转、指挥调度管理、公众信息服务等领域全面提升科技创新含量,并通过技术和应用创新引领管理创新、模式创新和业态创新。

工匠之势　化云为雨

　　成败均在一念间,从改变念头开始,驶向生命新航道。工匠之势就是能够应时而生、应势而起,把理想变成价值的思维法则,在这个过程中需要不断进行创新。熊彼特认为,所谓创新就是要"建立一种新的生产函数",即"生产要素的重新组合",就是要把一种从来没有的关于生产要素和生产条件的"新组合"引进生产体系中去,以实现对生产要素或生产条件的"新组合"。江苏交控信息化建设的过程,其实就是实践各种开放式创新的过程。

　　在国企的信息化建设上,总有一个问题如影随形。互联网是好的,方法也是好的,在国企却往往行不通。究其原因,除了国企缺少互联网的基因,整个环境、制度等各方面也难以支撑和匹配等原因外,国企在实施信息化过程中经常面临的两大问题也成为拦路虎:一是扩大范围与安全产生冲突,二是使用方法与环境不相匹配。江苏交控立志破局,坚定寻求转型,敢于大胆创新,冲破思维的牢笼,在信息化建设方面选择"上云",学习互联网思维,采用先进的云计算、大数据和人工智能等技术,去构建一个"云上的、统一的、敏捷的、协同的"平台,走出了一条独具特色的企业信息化建设之路。

　　针对云平台建设究竟是选择私有云还是公有云的问题,江苏交控突破常规的深层设计思路,大胆选择了公有云,这对习惯上趋于保守封闭的国企而言显得不可思议。公有云的服务器不掌握在自己手里,看似存在安全隐患，所以往往被大型国企、政府机关拒之门外。而江苏交控却认为公有云具有无可比拟的优势。首先，公有云体现先进的技术趋势，可以最快应用各种先进技术与框架加速开发；其次，只有公有云能最大限度地发挥云的弹性与按需的优势，实现业务保障与成本投入的最优平衡；最后，公有云支撑自动化高效运维，最大限度地提高人员使用效率，降低硬件维护、折旧等成本支出。

谋后而定，行且坚毅。江苏交控敢于打破常规，创新思变，摒弃了"封闭"系统的设计惯性，本着开放、平等、协作、敏捷、分享的互联网思维去发展公有云。工匠之势，化云为雨，落而不返，集流成海，正是因为江苏交控管理层勇于担当、善于革新、主动引导、亲自推动，"交控云"应运而生，并迅疾大放异彩，铸就了江苏交控信息化建设的累累硕果。

打破常规　突破创新

创新就是打破常规限制、突破思维束缚的过程。江苏交控敢于打破常规的深层次信息化设计思路，充分展现了江苏交控求新创新的胆识。

理念创新

江苏交控"以出行者为中心"进行理念创新。始终坚持高速公路行业是服务行业这一定位，拒绝骄娇之气、摆正自身位置，真正理解"以出行者为中心"核心精神，真正感悟操作者、出行者的使用场景、操作习惯、功能需求，一改传统理念下基于管理维度开发的刻板界面，摒弃了封闭系统的设计惯性，本着开放、平等、协作、敏捷、分享的互联网思维，实现跨地域、跨层级、跨组织架构的数据汇聚与共享输出，采纳最广泛的互联网访问通道，向系统内外不同性质的相关管理与服务主体和社会公众输出信息，变管理为服务，让信息触手可及，让出行一路阳光，全面提升客户感知与公众满意度。

路径创新

信息化需要业务的支撑，脱离了业务的信息化是无源之水、无本之木。江苏交控"以业务为灵魂"进行路径创新，将信息化建设路径由技术导向转变为问题导向和业务导向，将信息化平台和业务流程深度捆绑，使得所有信息化平台的创新成果既来源于业务需求和问题反馈，又服务于业务应用和业务创新，最终实现业务与信息化完美融合。在路径开发上，江苏交控一方面突破传统"瀑布开发"模式，采用互联网思维，进行"敏捷式"开发，推动产品迭代创新；另一方面遵循以我为主、主动担当的原则，改变传统的产品外包开发模式，坚持自主设计顶层设计方案、自主搭建云平台系统架构、自主开展软件产品设计、自主管理应用服务后台。

技术创新

江苏交控"以互联网为标杆"进行技术创新，主动向互联网行业"对标找差"，改变原有传统的技术模式，将系统部署在云端，通过云平台提供应用服务，实现平台来之于云、成之为云：一方面，将信息化建设架构从烟囱架构转变为扁平架构，只有云端和前端，可快速覆盖不同管理层级、管理架构、管理模式的单位；另一方面，广泛使用开源技术和产品，围绕人工智能的应用需求，以算法部署为核心，以数据和环境为基础，形成相对成熟的技术体系，降低开发成本，避免技术捆绑。

管理创新

管理创新是组织形成创造性思想并将其转换为有用的产品、服务或作业方法的过程。江苏交控根据业务部门和所属单位的需求，基于系统思维，开发出一系列横向到边、纵向到底的产品和服务就是其管理创新的集中体现。结合企业内控要求，运用"管涌图"和"通关证"等设计创意，打造了多维度、多层次的综合管控平台,为科学决策提供数据支撑,促进业务管理水平和业务流程效率双提升,助推江苏交控管理模式的创新;开发了横向到边、纵向到底资本性支出系统,实现从收费站到江苏交控总部的全系统的固定资产年度预算的管控,优化了资本性支出计划管理模块;基于人力资源部门业务需求,重构了人力资源信息管理系统,支撑公司精细化管理提升和管理创新等。

模式创新

江苏交控借鉴轻资产创业的互联网精神,从产品开发向平台服务转型,平台从云上来、到云上去,不仅使用了云上的服务,自身也成为云上服务,快速实现"交通+信息服务"的专业化平台输出,开创全新的商业模式场景。目前"苏交控"品牌信息服务生态正在形成,并逐步产生数字经济效益。

利用协同思维 构建六朵祥云

德国物理学家赫尔曼·哈肯最早提出协同理论,他认为系统在一定的条件下,由系统内部那些完全不同的子系统通过自组织,从无序态转变为有序态的共同规律,以前相对独立、自治、自利的各子系统相互默契地协同工作,从一种状态转化为新的状态,在让旧系统结构发生变革的过程中,产生协同的关系。

运用创新思维,江苏交控基于公有云平台,独创路径建成"协同指挥调度云服务平台",将指挥调度业务与信息化完美融合。在此基础上,江苏交控基于协同理论,从协同视角出发,考虑到云平台系统属性不同,但在整个环境中,各个系统存在着相互影响和合作的关系,去拓展开发调度云、服务云、内控云、收费云、资管云和党建云,目前已形成健康有序的云平台系统,正发挥着协同效应,支撑江苏交控信息化建设(见图5-2)。

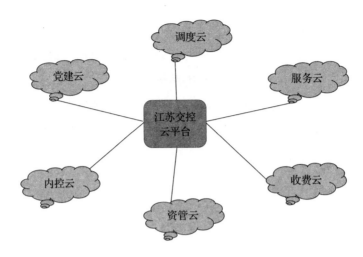

图 5-2　六朵祥云图

协同指挥调度云服务平台

协同指挥调度云服务平台（以下简称"调度云"）是江苏交控以出行者为中心、以业务为灵魂，以云计算、"互联网+"、大数据技术为支撑，围绕高速公路路网调度打造的流程全覆盖、管理全方位、社会全参与的实时互动的云服务，是具有典型特征的行业云，如图5-3所示。

图 5-3　"调度云"的全貌

调度云是一个公有云平台，它摒弃了"封闭"系统的设计惯性，本着开放、平等、协作、敏捷、分享的互联网思维。主要面向高速公路的全体管理者与使用者，直接服务于交通运输部、各省级交通管理部门、各路段管理单位的管理者、"一路三方"的现场人员、后台的指挥调度人员以及社会公众；向系统内外不同性质的相关管理与服务主体和社会公众输出信息，创造更大的社会价值。

对于操作人员，调度云实现了路网突发事件自动预警、自动关联、自动录入、自动发布等功能；利用物联网、深度学习等技术，极大减轻了调度人员的工作强度，提高了路网突发事件的智能感知、快速响应和主动介入能力。

对于管理人员，各级领导和管理人员通过调度云既能实时掌握道路现场情况，又能通过设置打分规则贯彻管理标准，还能通过数据应用支撑领导层的管理、分析和决策；此外，还可以通过调度云接入互联网数据、借助互联网渠道和社会公众进行互动，实现更高层次、更广范围的协同，实现路网运行及事件信息的云端汇集和实时共享、视频和文字会商功能的多方协作和远程指挥以及对社会公众的道路监控、道口开关、突发事件等信息的即时发布。

对于驾乘人员，可以通过关注"江苏高速"微信公众号接入调度云实时掌握路况和天气等动态信息，坐在家里就可以通过手机看到每条道路的监控视频，获取道路拥堵或收费站临时关闭等信息（见图5-4），提前安排出行计划，让信息触手可及，让出行一路阳光，创造更美好的出行体验。

对于公安、路政、消防，调度云可以实现跨部门、跨层级、跨区域的业务融合；借助移动终端，加强对突发事件现场情况的动态掌握和监督调度；利用大数据技术，快速准确定位路网调度难点和交通事故多发点，实现科学决策。将路网调度工作由结果导向变为趋势导向，由单兵作战变为联合作战，全面提升高速公路安全保障水平。

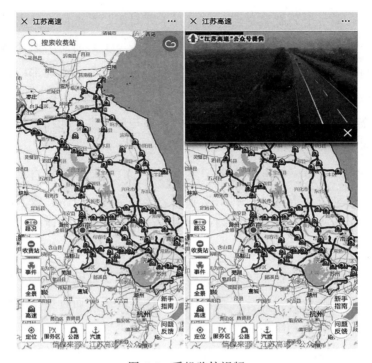

图 5-4 手机监控视频

对于高速公路管理机构，调度云可以在极短的时间内，以极低的费用，实现数据上云、业务上云，直接引入先进的管理模式和业务功能，推进路网管理与服务标准化、规范化、智能化，围绕全面感知、泛在互联、深度融合、科学决策、智能响应和主动服务，实现高速公路智慧式管理和运营，助力数字化交通和现代化综合交通运输体系建设。

调度云采用"四梁八柱"的系统框架，功能十分丰富。以视频功能为例，它在支撑江苏交控交通指挥调度工作方面发挥着极其重要的作用。2018年8月31日，交通运输部召集G2京沪高速沿线6省市在南京召开会议，要求完成G2全线视频联网。作为全国的交通示范项目，江苏交控在接到命令后在不到30天的时间内，就完成了G2全线16个路段、1262公里道路沿线1396路视频的对接、汇聚和分发，把G2高速全程视频监控信息集成到了调度云上，并供交通运输部、沿线各级管理部门、社会公众调用；此外还通过"江苏高速"微信公众号向全国公众开放，取得了非常好的示范效果。国庆七天视频点击量超过 1 亿次，小时最高访问量达 230 万次，同时在线人数 21.6 万，单日最高访问量达 2900 万次。在 2019 年春节期间，视频点击量已经达到 1.3 亿次，日最高访问量超过 3500 万次。调度云通过这次全国的交通示范，社会公众反响强烈，大量用户留言点赞，并建议扩大覆盖范围，这为调度云进行全国推广奠定了坚实的基础。

调度云颠覆了传统的云平台建设模式，以 SaaS 服务的形式构建了一朵行业云，在帮助江苏交控实现"降本增效"，由传统的"成本中心"转变为"利润中心"，具有非常重要的首创示范意义与经济意义。调度云成果经过实践的检验，获得社会认可并斩获多项科技大奖，帮助江苏交控快速实现了"互联网＋交通"的专业能力的产品化输出。

实践聚焦 5-1

协同指挥调度云服务平台

为解决传统交通指挥调度系统存在信息不共享、操作不统一、业务不协调、数据不汇聚和生态不健全等问题，江苏交控决定建立以云为基础，以出行为中心，以业务为灵魂的协同指挥调度云服务平台，真正将"互联网＋"、云计算、人工智能和大数据等理念落地成为现实，开创了路网指挥调度的新场景、新应用，极大提升了路网管理的响应协同能力和公众服务水平。

调度云是一个理念创新的"云服务"，它来自"云"，是以业务链为核心的，依托丰富的云上先进技术与服务，深度提炼业务流程，它和管理体制、模式、架构解耦合，适用于所有高速公路指挥调度业务。

在架构和布局上，调度云建设以"互联网+交通"为思路，采用"云、管、端"的总体架构和云计算技术应用架构，底层使用IaaS基础设施相关技术，租用云上服务器、存储及网络设施，形成存储资源池和计算资源池；中间层采用PaaS基础平台相关应用，使用MySQL开源数据库、负载均衡器、消息中间件等平台应用来构建系统；上层结合业务需求调用各项SaaS服务，实现更加灵活丰富的应用模式（见图5-5）。

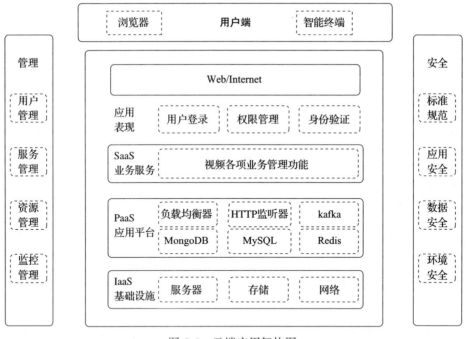

图5-5 云端应用架构图

平台应用软件系统框架可用"四梁八柱"概括：四梁包括事件处置系统、智能侦测系统、协同联动系统、统计分析系统；八柱包括视频监控、情报板、语音、里程桩、综合路况、气象、单兵、视频对讲八大功能板块（见图5-6）。

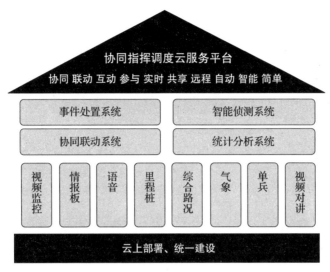

图 5-6 平台功能架构图

调度云借鉴轻资产创业的互联网精神，为各单位提供统一 SaaS 服务，各单位本地不需要建设机房，甩开硬件包袱，充分体现了"降本增效"：一是建设费用极低，相对于传统建设模式，应用云服务方式费用极低廉，调度云在云端搭建，节省至少 70% 建设资金，并且免去了机房、硬件构建后每年约 15% 的运维费用；二是人力成本极低，整个复杂的调度云，1000 多台虚机、1 万多条安全规则、数不清的云端网络隧道，总部仅需 1 人负责管理和维护；三是建设速度极快，通过云平台上各类 PaaS 组件以及 App Center 中丰富的 SaaS 应用，极大提升了建设效率，传统建设方式需要数年的建设周期，现在只需约 15 天就可完成本地数据上云、人员配置等工作并投入应用；四是拓展升级极易，调度云采用敏捷开发模式，不断增加新功能、新服务，可见基于公有云平台的建设方式，彻底颠覆了传统建设模式，并取得了显著成效。

经过实践的检验，江苏交控的调度云获得了交通运输部、交通行业以及广大交通出行者的广泛认可。调度云在 2018 年世界交通运输大会参展时，得到了交通运输部路网监测与应急处置中心李作敏主任的高度评价，他认为调度云在我们国家具有标志水平（见图5-7）。

图 5-7　中央电视台报道调度云

此外，调度云还获得"数字江苏优秀实践成果奖""中国数字化转型与创新凌云奖"等多项大奖。

由于使用了调度云，作为国资企业的江苏交控才能快速实现"互联网＋交通"的专业能力的产品化输出，不仅在研发建设中充分使用了云平台的 IaaS、PaaS 和 SaaS 服务，其平台软件自身同时也以 SaaS 服务的形式构建了一朵行业云，将国资企业的信息部门，由传统的"成本中心"转变为"利润中心"，具有非常重要的首创示范意义与经济意义。

服务云

服务云以"互联网＋高速"应用模式为支撑，主要针对出行人员，分析出行需求，找准服务痛点，丰富服务功能，整合服务入口，挖掘服务价值，围绕移动终端提供伴随式出行信息服务。

"江苏高速"依托服务云开通了"江苏高速"微信公众号，为广大社会公众提供丰富的高速信息服务。服务云的主要功能包括：用户视频"一键可视"，高速公路网通行状态、事件发生点位、收费站出入口管制状态"一键可查"，高速沿线天气状况"一键可知"和驾乘人员遇到困难"一键救援"等自主便捷操作。服务云的这些功能可以引导公众自主查询、自主规划，因此引起社会公众的热烈反响。

收费云

随着 2020 年 1 月 1 日全国取消高速公路省界收费站政策的落地，我国高速公路迎来了收费模式的重大变革。江苏交控实行的由云识别、门架系统、路径查询和云稽查等组成的"云上收费"服务可为全国重构高速公路收费模式提供支撑，并具有更广阔的价值空间。

内控云

依据公司内控机制，结合业务特点，江苏交控着手建设横向到边、纵向到底的综合管控云平台，以全面覆盖行政、办公、人力、投资、采购、合同、支付等全流程管理，实现对重要业务流程的全方位管控，并和智慧高速各业务平台实现数据共享和业务协同，通过平台标准化促进管理标准化、高效化、科学化，提高内部管控效率，支撑管理模式创新。

资管云

"云上资管"平台为综合、高效、科学管理公司资产、资本和资源提供了可能，实现了对高速公路网路桥隧、外场基础设施、固定资产等资产管理和股权投资、资本性支出计划等资本管理，推进了通信管道线路等战略资源管理建设。

党建云

江苏交控建设了"先锋荟"App 云上党建平台，涵盖了"党建宣传、党建学习、党建监督、党务管理、用户体系、数据分析"六大模块，实现了"云展示、云学习、云交互、云管理、云服务、云跟踪、云分析"七大功能，为系统内所有党组织、党员和群众提供精准化、智能化、数字化、一体化的党建服务，实现了基层党建指导方式、管理方式、组织方式和服务方式的网上新转变，为江苏交控党建工作插上了互联网的"翅膀"，实现了"智慧升级"，在全系统形成了"线上线下"工作同步、学习同步、活动同步、管理同步、服务同步的基层党建新局面。

平台化运作　打造智慧高速生态圈

企业经营的好坏，与其经营理念息息相关。成功企业的经营理念往往被戴上智慧的光环，成为一代企业塑造自身战略思想的理论依据。

智慧交通是交通运输信息化发展的方向和目标。2009年，IBM公司最早提出了智慧交通的理念，在综合交通管理系统的基础上，融入了物联网、云计算、大数据、移动互联等高新IT技术来汇集交通信息，提供各类实时交通数据的交通信息服务，智慧交通对交通信息化提供了新的内涵。智慧高速就是智慧交通的具体形态之一。

所谓建设智慧高速，即秉持互联网思维，坚持以客户为中心、以业务为灵魂，坚持问题导向、需求牵引、创新驱动，借助云计算、大数据、移动互联网、物联网、人工智能等新一代信息技术，围绕全面感知、泛在互联、深度融合、科学决策、智能响应和主动服务，实现高速公路智慧式管理和运行，进而为驾乘人员创造更美好的出行体验，从经济、社会、文化、环境等多个维度全面促进高速公路的可持续发展。智慧高速具有满足多方资源共享需求，积极引导行业先进技术研发，实现高速公路管理与服务的高效化、智能化，实现路网"可知、可测、可控、可服务"的目标。

如何实现从传统高速向智慧高速的华彩蝶变呢？江苏交控董事长蔡任杰认为，这个转变必须要经历以下四个步骤：一是数字化，让各种设施设备用数字方式来"说话";二是网络化,通过网络实现数据交互,让设备和设备能对话;三是智能化,让设备设施、构造物能够与车交流;四是智慧化,让整个路网会思考,最终实现人、车、路和环境的和谐统一,让交通运行更加高效、安全、绿色,让出行体验更加美好。

基于这一思维,江苏交控以云平台为支撑,打造了智慧高速生态圈的解决方案。依托调度云强大的信息管理能力,整合遍布高速沿线的软硬件资源,打造了一个可有效满足服务协同、资源与能力共享以及开放系统可互操作性的高速公路生态圈。生态圈成长潜能巨大,能够有效激励多方群体之间互动并实现多主体共赢,也为智慧高速建设提供了一个优质高效的"江苏范本"。

交通纵横万里,信息错综复杂,江苏交控基于系统思维,本着建设生物性自组织的原则,从需求度、速度、灵活度、冗余度、开放协作度、创新度和进化度七个维度出发,重塑管理理念,重构业务流程,重启服务模式,变管理为服务,打造智慧交通生态圈,并取得了一系列阶段性成果。

此外,江苏交控在科技服务民生方面也亮新招,联合江苏交警推出"事故快处"线上服务,在智慧交通生态圈再结硕果。

实践聚焦 5-2

江苏交控联合江苏交警推出"事故快处"线上服务

江苏交控"调度云"已全面接入 GPS 信息,并试点将公安处置环节融入"调度云"交通事故业务流,服务高速交警全业务领域的"云＋高速勤务"功能模块已初具雏形。

为提升出行体验,保障道路畅通,江苏交控联合江苏交警又共同推出了"事故快处"线上服务,帮助车主轻松快速应对人未伤、车能动的突发小事故,车主无须等待交警到场,简单上传信息即可驶离,既节约了车主的时间,也能降低事故对交通的影响。车主打开"江苏高速"微信公众号,点击"我的救援",进入"事故快处",上传现场碰撞照片和证件照片,云端AI自动识别证件信息,警方根据车主提供的信息进行在线、实时的责任认定,车主通过公众号可以看到责任认定的处理进度。责任认定完成后,车主将手机上收到认定的处理结果及二维码推送,公众号会将车辆导航至最近"快处"点,车主凭借二维码在"快处"点打印书面处理结果即可。

目前江苏交控还可与保险公司和高速公路设计与施工等相关方开展合作,探索在调度云上继续融入高速设计施工与车险理赔业务链条,全力打造更繁荣、更和谐的共赢智慧高速生态圈,在这个开放的生态圈里各方角色界限模糊,柔性分工共同促进智慧高速生态圈的健康可持续发展。

当一个开放生态圈搭建完善后,不仅可以促进内部各环节之间的关联,更可以最大限度地发挥资源优势,促进整个生态圈的健康、可持续发展。目前江苏交控正着手打造这个开放生态圈,并朝着让交通更智慧,让出行更美好的目标奋力前行。

回顾江苏智慧高速的建设历程——既有起步早、水平高的优势,同时也难免具有数据采集不全、业务支撑不足、信息存在孤岛、系统兼容性差、服务可达性弱五大通病。为了建设高水平的智慧高速,江苏交控成立了专职机构抓好顶层设计和统筹建设，明确了在"实用、管用、好用"建设原则下开展智慧高速建设要求，全力让路网更安全、让出行更舒适、让管理更高效、让服务更贴心。

回首过去，江苏交控在智慧高速建设上已走出了坚实的一步；展望未来，如何打造智慧高速生态圈，江苏交控还需要积极探索。尽管长路漫漫，江苏交控人不但没有畏怯，而且正借着信息、互联网技术和云平台的东风，去绘制智慧高速生态圈的宏伟蓝图。

工匠之术：点石为金

工匠之术在于用对方法，创造价值。价值一方面代表企业的利润，支撑着企业生存发展；另一方面凸显企业的社会责任与担当。江苏交控作为全省重点交通基础设施建设投融资平台，肩负着国有资产保值增值与落实"交通强省"战略实施的任务，就价值创造而言，在实现利润创造与履行企业社会责任方面做出了突出的贡献。

系统协同　降本增效

企业"降本增效"，即在日常经营管理中通过降低各个环节的生产运营成本来实现经济效益最大化的管理改革，这是现代企业管理中非常具有代表性的内容。对企业来说，如何降低运营成本、提高运营效率进而实现降本增效始终是一个关键性问题。江苏交控作为大型国有企业，面对越来越严峻的市场竞争与挑战，结合自身现实需要，在企业信息化转型过程中采取了一系列变革措施，有效实现了降本增效的管理目标。

打造应用最广的 OA 协同办公平台

朱熹云:"言治骨角者,既切之而复磋之;治玉石者,既琢之而复磨之;治之已精,而益求其精也。"工匠之术体现在对产品精雕细琢、严谨和敬业,它代表着精益求精的专业精神。江苏交控秉承"工匠精神",精益求精,积极开发横向到边、纵向到底的 OA 协同办公平台。在平台正式上线前,内部就进行过 3 次彻底的推倒否定。平台上线后,江苏交控人仍根据使用场景和用户反馈不断进行迭代。目前 OA 协同办公平台已建成,全面覆盖江苏交控总部及全部所属单位各级管理层,并发在线人数最高达 7181 人。2018 年前三季度,OA 协同办公平台共流转处理公文 21 550 件,文件流程平均处理时间为发文 3 天、收文 5 天、签报 5 天,40% 的签报在当日完成全部流程,最快在 12 分钟内完成了一个"通用会商"流程,显著提高了办公效率。

服从业务需求 打造人力资源信息管理系统

信息化不仅仅是技术的革命,更重要的是管理理念和管理方法的革命。完善的人力资源管理信息平台,可以快速提高人力资源管理工作的整体水平。江苏交控基于人力资源部门业务需求,重构了人力资源信息管理系统,用户可通过微信端和 PC 端进行登录,完成江苏交控全体员工基础信息录入;构建了日常事项申请功能,上线出差审批高频使用模块;迭代上线新版通讯录+功能,新增日志和统计功能;人力资源部可分别从人和应用两个方面对江苏交控各类人员状况进行实时动态整体管控,解决了以往下属单位或部门对人员增减而人力资源部无法进行管控审批以及对人员调动的跟踪问题,降低人力资源成本,全面提高公司内部管控效率,促进公司精细化管理和管理创新。

实践聚焦 5-3

人力资源信息管理系统开发

人力资源的所有工作都必须围绕着人才"第一资源"和发展"第一要务"这个主题,为了能够更好地服务于人才管理建设,就需要强有力的战略人力资源系统工具支持。

之前江苏交控运行的人力资源系统是2007年建设的项目,业务内容方面主要包括人力资源业务的基础部分,即组织机构管理、人员信息管理、人员异动管理、劳动合同管理、薪酬管理、综合报表这六大核心体系。但随着时间的更迭及信息技术的快速发展,江苏交控管理体系与能力也在发生变化和提升,之前建设的人力资源系统越来越无法匹配管理发展,出现了体系架构落伍、技术架构过时、系统操作烦琐和创新性应用不够等一系列的应用问题。

系统建设方案

结合以往建设人力资源管理信息系统的经验与教训,根据最新的信息技术与人力资源管理理念,并考虑"十三五"规划提出的"强化科技创新引领作用"的主题要求,提炼出本次项目建设的目标:**实施创新驱动战略**,结合新一代信息云技术,构建江苏交控标准统一、信息完善的人才管理信息平台,规范人力资源业务处理流程,敏捷高效,深入推进"数字控股""人才控股"体系化建设。实现人员信息全面云化应用,并通过数据挖掘、大数据分析技术推进人力资源战略分析可视化、智慧化、洞察化,最终以强化科技创新引领作用,全面提升江苏交控管理效能。

总结起来,江苏交控人定义本次项目的目标为:"人才管理、智慧洞察、敏捷高效、管理提升"(见图5-8)。

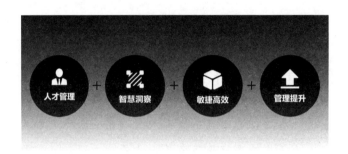

图 5-8　人力资源信息管理系统项目建设目标

战略性人力资源系统的建设将全面围绕着"一聚焦、二深化、三推进、四加强"进行开展。

"一聚焦"——系统落地顶层设计,优化组织管控。

"二深化"——全动态人才信息记录、打造人才信息池。

"三推进"——结构管控完善,搭建发展通道。

"四加强"——以信息系统为载体,全面体系加强。

系统框架及功能设计

人力资源管理信息系统主要分为系统框架及功能设计两部分。

(1)人力资源管理信息系统框架。人力资源管理信息系统框架如图5-9所示。

(2)人力资源管理信息系统功能设计。平台体系完全体现SaaS的思想,SaaS应用完全在"云"里运行,即完全不需要客户使用本地数据库和存储应用,所有数据都在云端。另外客户端应用时,不需要下载任何应用插件,包括Java插件,真正实现网页端直接应用使用。

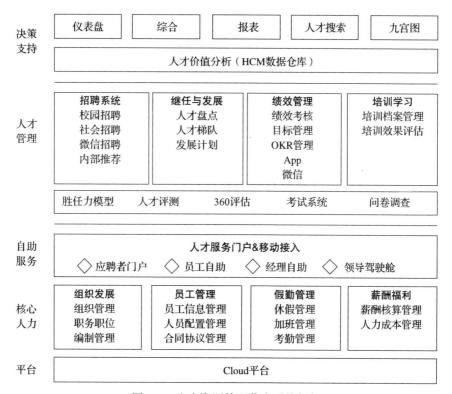

图 5-9 人力资源管理信息系统框架

以分布式多层架构进行系统的存储及缓存，采用多服务器集群统一加载，确保平台的稳定性及安全性。平台利用分布式缓存、分布式文件系统、分布式计算、多租赁架构、Open API、无单点的体系架构以及互联网运维技术，使系统具有高可靠性、高并发、高度安全可扩展的特点。

数据接口应用开放，支持 API 接口应用，全面支持"互联网+"应用、系统全面支持 App 应用、微信应用，包括人员信息查询、简历筛选应用、面试评价、绩效评估、360 考核、报表数据分析等应用。

此外，人力资源管理信息系统除具有云平台设计功能外，还具有核心人力管理、人才测评管理、招聘管理、绩效管理、继任与发展管理、培训与学习管理和人才价值分析等功能。

开发横向到边、纵向到底的资本性支出系统。江苏交控针对传统资本性支出管理低效混乱的问题，基于系统思维，从资本性输出的源头如收费站、管理处或服务区出发，打造了一个纵向到底的资本性支出系统，梳理出一个从最初提出想法到每一个环节的会议、决议以及会议纪要的全链条流程，同时在整个资本性支出计划中加入预算、执行、招投标、合同履行以及财务拨付等环节，已实现横向到边，把投资部关联的各项业务与涉及的部门全部串联起来，优化了资本性支出计划管理模块。新增进度跟踪管理功能，统筹管理项目投资，加强了预算投资的管控能力，提高了工作效率。

"云值机"助推营运入云端。高速公路值机系统是收费系统中一个非常重要的子系统，主要运行在高速公路收费站值机室（也称"监控室"）和指挥调度中心，高速公路值机系统能够对高速公路收费站日常工作进行管理。随着高速公路收费政策的发展和变化，如绿色通道和集装箱优惠、计重收费、移动支付、自由流等，以及偷逃通行费等不法行为不断出现这一系列的问题，营运管理中值机岗位的工作要求越来越高，既要求有全面的业务素质，又要求整体值机岗位对政策的把握和理解要高度的统一，上述问题均给高速公路值机系统造成了巨大的运行压力。江苏交控基于调度云，采用了互联网和云技术，进行营运管理的模式创新，开发了"云值机"收费管理系统，形成了成本控制一路降、业务流程二级化、敏捷响应三分钟、落地生根四推广和政策执行五统一的"12345"工作模式，解决了以往收费管理中"你忙我不忙""手忙心又盲""头忙脚不忙"的管理实践痛点，实现了良好的管理效益与经济效益。

实践聚焦 5-4

"云值机"翼助高速公路营运"踏云端"

2015年春节前夕,熙熙攘攘的人们奔波在回家的路上。江苏汾灌高速公路管理有限公司的办公楼内却十分安静。公司主任工程师杨会超看着手中的江苏省国庆假期高速公路网预估数据陷入了深思:年初一至年初四出行客流高峰期间,预计小时流量将突破10万辆,路网处于超饱和运行状态。营运安全部经理李中开眉头紧锁,说道:"杨主任,您看根据传统行业配备标准,每个匝道收费站值机室配置值机员4名,每个主线收费站值机室配置值机员8名,我们公司下辖13个收费站,仅有60名值机员,却要管辖近140公里高速公路的运营管理,人手少,任务重。他们既要手动记录各种日常营运业务,又要应对不法分子'魔高一尺'的偷逃行动,值机员也是人,没有火眼金睛,也不是千手观音,我们应该如何运用新技术提高工作效率,减轻他们的工作压力?"

李经理的话使杨会超陷入沉思……如何利用云技术破解值机工作的痛点,全面提升值机管理工作的质量和效率,确保空间上互不联通的收费员—值机员日常工作的整体性、协同性和联动性,为公司营运管理带来根本性的改变?

为此杨会超会同营运安全部的同事们多次深入一线基层调研,并召开了一系列精准对标把脉的研讨会,系统汇总了传统值机工作中存在的"你忙我不忙""手忙心又盲"和"头忙脚不忙"中枢痛点。

为了解决以上痛点,营运安全部提出了"集中值机模式"。但是值机业务依然只能由固定的值机席位处理，没有摆脱和收费站的固定对应关系，诸如工作量不均衡、监督职能发挥不充分等痛点问题依然存在。

随着"互联网+交通"和"智慧高速"的发展趋势，公司面临着管理创新和转型的迫切需求，面对值机系统存在的中枢痛点，公司决定以"云技术"来解决值机管理中存在的弊端问题，在此基础上提出了"云值机"的创新管理理念。

"云值机"管理系统基于公司信息化统一规划，在硬件建设上，利用互联网技术将传统单工对讲改造为IP网络电话，实现总值机室和收费亭直接对讲通话；在软件开发上，利用云技术建立云处理平台，实现值机业务和语音对讲的匹配对应，根据值机席位忙闲状态，智能分配值机业务；在收费网络安全上，设立网闸将收费系统隔离，确保系统安全。

相对于传统值机方式，"云值机"管理是在集中值机的基础上，收费车道业务请求和语音对讲在各个值机员席位之间随机、同步、均衡地自动分配，值机员可以实时为多个收费站服务，有效均衡值机业务工作量。各收费站的收费业务和语音对讲通过通信系统传输到指挥调度中心，由"云值机"管理系统集中统一分配处理，来实现由人员集中、业务集中以及营运大数据的互联和共享，达到了业务融合和数据融合（见图5-10）。

通过实施"云值机"管理系统，江苏东部高速公路管理有限公司（以下简称"江苏东部高速"）取得了良好的管理效益和经济效益。

从管理效益来看，"云值机"合理均衡了值机业务工作量，提升了值机岗位整体的业务水平；强化了值机岗位监督管理职能，近3年来，收费岗位未发生一起违规违纪事件；指挥调度指令传达更加迅速，提高了收费站通行效率；值机业务集中培训效果更好，政策执行度统一；海量大数据分析应用，打逃效果更加显著；"云值机"有效促进了营运管理的规范和提升。

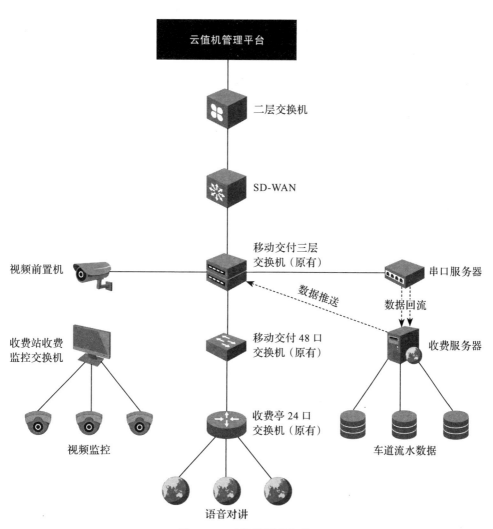

图 5-10　云值机网络架构

从经济效益来看，按照传统值机模式，值机员配置是 60 人，实施"云值机"后，值机员配置为 28 人，人员节省了一半以上，同时节约了办公、生活后勤、设备设施及维护成本，还解决了 24 小时值班的临时替班顶岗等问题。

此外，"云值机"作为一种创新管理工作方法，在全国高速公路行业尚属首例，实现了业务融合和数据融合，运行效益显著，获得了江苏交控的高度认可和肯定，并在江苏高速公路系统内推广应用。在2016年江苏交控营运管理提升年活动中，荣获创新创优一等奖；2017年12月参加省经信委、人社厅、总工会联合举办的江苏省第二届职业经理人创新大赛，荣获一等奖；江苏东部高速受中国公路学会邀请，在第20届中国高速公路信息化研讨会上做经验交流；"云值机"经中国公路学会科技评价中心评定，技术水平和研究成果达到国内先进水平。

"清排障"信息化的创新应用。在现代化交通事业日新月异、高速发展的今天，高速公路快速、便捷、舒适的出行服务是社会对高速公路提出的新要求，在大流量和恶劣天气情况下快速处置交通事故、疏通道路、保障安全通行是每一个高速人面临的严峻挑战。然而高速公路清排障作业在清障费用收取、票据管理、报表统计分析等方面依然采取较为原始和烦琐的模式，大大降低了清排障作业效率。为有效解决这一问题，清排障的信息化管理呼之欲出。江苏交控深度融合调度云开发出了"清排障信息管理系统"和"清排障App"。一方面实现了微信、支付宝等移动支付功能，提高了客户满意度；另一方面通过系统自动计算清排障服务费，出具电子发票，系统向客户推送消息做满意度调查，提升了客户体验。在使用过程中，通过实时数据的获取、分析和回馈形成了完整的闭环效应，在增强客户新体验的同时，也强化了内部管理的规范化和标准化。

实践聚焦 5-5

"小应用"助跑"大平台"："清排障"信息化的创新应用

2018年2月，受强冷空气影响，江苏境内气温骤降，G15沈海高速苏鲁省界出现了大范围冰雪天气，道路受阻严重，交通事故频发。作为道路保畅第一线的排头兵，营运安全部排障一大队的大队长牛士双带领着排障员们日夜奋战在清障保通的第一线，已经连续工作近40小时。虽然所有排障员已精疲力尽，但他们始终将"保畅通、保安全、保民生"作为排障工作的重中之重。牛士双习惯性地看了看手表，已经接近晚上10点了，他终于轻轻地舒了口气。他心里很清楚，整整将近2天全体队员不眠不休地奋战，这次冰雪恶劣天气造成的交通事故排障任务快要结束了。

突然，远处传来一阵嘈杂争执之声。刚端上快餐盒的牛士双赶紧放下筷子跑过去，原来是几起高速公路上常见的追尾小事故，但因为临近过年，事主们没有带上足够的现金支付清障车费用，双方正为了如何支付费用的问题相持不下……牛士双内心十分焦急，按照江苏交控清障救援服务30分钟达到率、1小时疏通率的要求，队员们每天为了如何支付、发票等问题，浪费了太多时间。

整整忙碌了2天后，牛士双向上级领导信息技术部李中开经理、杨会超主任工程师反映了现场情况。李中开、杨会超在第二天召集营运安全部的所有同事召开了会议，大家一致发现，虽然江苏省高速公路清排障作业在出警响应、排障效率、服务质量上树立了高标准、严要求，但在清排障费用的缴纳收取、票据管理、报表统计分析等方面依然采取手工统计这种较为原始和烦琐的模式。尤其在互联网蓬勃发展的今天,人工计算清障费用仍然采用现金收取,只提供纸质定额票据。传统模式不仅增加了现场作业负荷,制约了排障效率和服务质量的提升,还给违规违纪行为提供"钻空子"的制度漏洞。

面对这些问题,江苏东部高速召开清排障信息化工作座谈会,以寻求解决之道。会上经理李中开鼓励大家畅所欲言,分享工作中的感受和遇到的问题。排障队长牛士双提出:"清障救援服务完成后,很多车主根本就不带现金,如果清排障工作能够像支付宝、微信那样使用移动支付的方式,及时出具电子发票,不仅提高了工作效率,还提升了我们的工作满意度。"

为此,江苏东部高速信息技术部召开清排障信息化工作调研座谈会以寻求解决之道,经过讨论并进行总结,江苏东部高速决定顺应信息化时代发展潮流,积极紧跟江苏交控信息化发展步伐,深度融合调度云开发"清排障App"。

"清排障App"是调度云的一项创新之举,它符合江苏交控信息化的总体规划和设计,没有另外建立系统或平台,在路桥企业具有全面的推广性和适用性。功能上,具有以下几个特点。

移动支付结费。"清排障App"与调度云深度融合,根据被救援车辆车型、排障车辆及行驶里程等,系统自动计算清障费用,驾乘人员可以选择微信、支付宝、现金等多种支付方式结费,收款完成后,系统自动向司机推送消息,全程无纸化,人性化温馨服务,提升用户体验。

开具电子发票。驾驶员收到系统自动发送的短信链接,通过短信链接中的地址,或微信扫描短信中的二维码,实现开票信息的填报与电子票据开具功能,既方便客户缴费与电子发票开具,又提升企业的服务形象。

数据统计和分析报表自动生成。"清排障App"将救援任务、施救里程、收款信息等数据实时自动提交到调度云,系统实现清障救援收费统计和分析功能,自动计算各清排障大队每月的收入情况,自动生成排障收入日报表和月统计表，改变了以往手动填写、人工制作的工作方式，方便了费用核算，提高了管理效率，亦为今后清排障业务的大数据分析打下了基础。

清排障大数据的分析和处理。清排障作业全过程实时记录，产生的大数据聚合积累在调度云平台上，为交通事故案例分析、班组工作量绩效考核、设备维护保养分析等奠定了可视化、可量化的基础。

目前，"清排障 App"的投入使用，取得了良好的效果。首先，有效解决排障对于传统纸质票据的管理问题，避免了定额发票领用、核销、保管以及现场开具，降低了现场排障员工作负荷，提高了工作效率；其次，通过微信、支付宝移动支付清障费用，实现电子转账至公司对公账户，极大地减轻了票据管理的工作量并减少差错，杜绝人工计算的烦琐和违规违纪收费行为，降低作业流程中的廉洁安全风险；最后，创新性地利用清障员已有的手持单兵终端摄像头实现了扫码电子收款能力，完全没有增加任何硬件设备，无须打印票据，"零"硬件投入与免维护。

模式输出　责任担当

《魏书·源子恭传》云："故尚书令、任城王臣澄按故司空臣冲所造明堂样，并连表诏答、两京模式，奏求营起。"模式是一种认识论意义上的确定思维方式，是解决某一类问题的方法论，也是一种参照性指导方略，能把解决某类问题的方法总结归纳到理论高度。模式有助于高效完成任务，有助于按照既定思路快速制订一个优良的设计方案，达到事半功倍的效果。江苏交控顺应信息化发展趋势，坚持"问题导向""需求导向"和"服务导向"，在信息化支撑业务的理念指导下积极开展企业信息化实践，现已初步形成了独具特色的"江苏模式"或者"江苏经验"，可为其他企业开展信息化建设提供参考借鉴。

把调度云建设成行业云

江苏交控的调度云开创了国内高速公路管理云服务的先河，它极具创新性、先进性和开放性，不但是全国首创，在国际上也没有先例。目前不仅在全省应用并产生了极大的示范和辐射效应，为江苏持续带来经济效益，成为江苏数字化交通的最佳实践，还得到交通运输部的高度肯定，现已准备在全国组织推广。

调度云之所以能在全国具有推广性，主要因为调度云的管理组织架构和管理模式"松耦合"，应用加入非常简单易操作。它不但可以在省内不同体制、性质、管理模式的高速公路管理主体间进行推广，也可以实现跨省推广，为区域甚至全国范围内的路网指挥调度提供服务。

目前调度云已经在江苏省全面应用，支撑4800公里高速公路网运营管理，极大提升了路网指挥调度水平和一路多方协同能力，极大提升了驾乘人员出行体验。相比传统建设方案，仅节省的设计费用就超过2000万元，节省数据中心建设费用数亿元。2018年调度云处理事件超过10万起，平均到达时间21分钟、处置时间15分钟，处置效率和水平极大提升。平台得到了交通运输部多位部级领导的高度评价，实现了李小鹏部长针对公路应急提出的"连得上、看得清、调得动、能会商"总体要求。

随着平台推广，江苏调度云将被打造成全国公路网调度管理行业云，将通过平台应用直接输出江苏高速调度管理先进经验，全面提升全国路网标准化管理水平，整体提高各省份公路指挥调度和应急管理能力。

2018年6月18日，江苏调度云在世界交通运输大会上一经亮相就引起交通运输部的高度关注，短短一个多月的时间，交通运输部路网中心领导及职能部门负责人就3次专程来江苏调研，交通运输部已确定采用"江苏经验"，基于调度云"四梁八柱"其中之一的视频监控功能，实现全国路网平台视频联网监测建设目标。2018年国庆前在G2京沪高速公路沿线北京、河北、天津、山东、上海直接使用江苏调度云进行试点，并取得良好的示范效果。除以上省市，调度云目前已经在湖南省直接应用，江西、河南、辽宁、云南、新疆等省（自治区）也正在密集引进。

此外，公安、路政等其他高速公路管理机构也对调度云产生了强烈兴趣，目前已在泰州市开展试点建设应用，将逐步支撑公安、路政等相关部门的业务操作，在统一平台上实现跨部门、跨层级、跨区域的业务融合。

交通运输部的高度认可与组织推广，全国各省和兄弟部门的主动跟进，从一个侧面说明了调度云的价值。

车牌云识别系统的"江苏模式"

江苏交控基于深度学习算法研发车牌云识别系统，引用前端摄像机和多家互联网优秀识别算法引擎，综合分析输出最佳识别结果。设计并不断优化车牌记录数据库架构，研究千万级高并发处理能力及超大容量秒级检索能力。

目前，江苏交控在宿淮盐高速数据上云试点项目的基础上，扩大车牌识别样本集，拓展到江苏交控更多的收费站点。结合人工校对，为车牌识别平台建立充足的、高质量的样本库；根据后台识别效果，对车牌抓拍前端的设备及施工进行重点整治，确保输入原始图片高质量；建立云上嵌入式车牌识别算法的调优机制，动态选配最佳的算法引擎提供服务；通过深度学习算法持续提升平台识别准确率，在达到99%后，向99.9%演进。

在取消省界收费站大背景下，江苏交控一方面要不折不扣地按照交通运输部要求，完成各项既定任务，交出满意的"江苏答卷"；另一方面要以创新思维和战略思维应对变局，自主攻关"SD-WAN软件定义广域网""云车牌AI识别""高并发数据读取"等技术，推动新一代SD-WAN网络架构在全省路网全面覆盖，进一步提升AI车牌云识别系统的处理能力，实现全省ETC门架系统的统一智能化管理，形成自主可控的"江苏模式"。经过破局、解局、重塑新局，激发新型模式、催生新型业态，力争为全国收费体系稽查、打逃、监测等业务输出"江苏智慧"。

一路三方"云上"协同融合

高速公路交通事故的复杂性和高度不确定性,给事故预防和事故处理过程中带来极大的阻碍。高速公路经营管理单位、高速交警和交通执法部门即"一路三方"是高速公路法定的主体管理力量。一路三方各单位既有各自的职责分工,又共同承担"保障高速公路完好、安全、畅通,促进高速公路事业的发展"的使命任务。但在实践中,三方又有各自的利益考量,往往造成高速公路管理效率的降低,导致潜在的风险和损失。因此强化三方协调配合,实现三方协同治理,才是成功处置交通事故的关键。江苏交控借助调度云,打破现有高速公路信息化管理中各自为政、重复建设、信息孤岛等突出问题,积极探索理念融合、资源融合、机制融合、人员融合的一路三方深度融合模式,推进高速公路多方法定主体从博弈到融合,有效提升了内部管理效能、应急处置能力和公众服务水平,为高速公路一路三方深度整合提供"江苏模式"。

实践聚焦 5-6

从博弈到融合:高速公路多元协同创新
——泰州大桥公司基于"云平台"的一路三方的协同融合

"已经通知交警20分钟了,他们怎么还没有到现场?"高速公路调度指挥中心前台的调度员李强正在监控视频前焦急地徘徊。

又过了一会儿,"请再通知养护清扫人员,抓紧时间到现场处置!请再通知养护清扫人员,抓紧时间到现场处置!"现场交警王鹏正在集群中声嘶力竭地呼叫。

"我们还没有到现场,清障车已经把事故车拖离了,这个路产案件怎么取证啊!"交通执法队队员王鑫在现场大声抱怨。

作为一名高速公路调度管理人员,任芒的头被吵得嗡嗡响。早晨6点他就到了调度指挥中心。路段所辖桥区及枢纽处已陆续发生多起碰擦事故,一时间调度指挥中心前台的调度员已忙成不停旋转的陀螺。

针对这种传统一路三方各扫门前雪和互相扯皮现象,泰州大桥公司与当地交警大队和交通执法大队在经过多个回合谈判后,终于达成一致,决定基于云平台,搭建交通事故协同处理、路况资源共享、突发事件联动处置、指挥调度协调、业务精准评价的五协同机制。

实现交通事故协同处理实时追踪

各方依据平台规范的交通事故处置流程,形成了事件接报与送达、任务接收与到达、事故处置与施救和事故结案与评估这种高效的交通事故协同处置机制。

云平台实现路况资源共享

依据一路三方协同调度云,调度指挥中心实现与辖区高速交警大队、交通运输执法大队各类路况信息资源、路桥情报板、监控资源和事件处置信息共享。

此外,通过大流量"一段一策、一堵一策"联动保畅、轻微交通事故联合快速救援、恶劣天气应急联动保畅和危化品事故应急规范处置。协同调度实现了统一指挥,保证了信息多渠道实时沟通和统一发布处置指令,并能即时评价事件处置效率和定期分析协同保畅工作,为不断提高一路三方保畅工作水平提供数据支撑。

CHAPTER SIX
第六章

党建引领　人文荟萃
"交控牌"人才队伍这样炼成

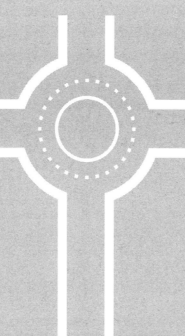

"人才是第一资源","党建是国有企业改革发展的政治保障"。党委书记、董事长蔡任杰先生提出"聚英才而用之"的人才理念和"正、律、融、本、气、清"的基层党建工作要求,为江苏交控推进人才发展战略和党建工作,指明了引领性、明确性、指导性的工作方向。

人文,集"人""人事"和"文化"为一体,蕴含着对人类智慧的敬仰,对文化的传承。我们这里提及人文,并不站在人类、时代和社会的高度,而是从企业经营的角度,聚焦于一家国有企业的人才理念和文化理念,探索企业对人才和文化的态度,梳理企业的人才工作、党建文化和企业文化,探寻人文在企业经营发展中的作用。随着"人才强国"一词的出现,"人才强企"一词应运而生,寻其根源在于人是一切价值创造的主体;随着"文化兴国"一词的出现,"文化兴企"应时而起,寻其源头在于文化是一切组织的灵魂。翻阅国内外优秀企业的经营宝典,人才和文化必列其中,如果没有对人的重视,没有对文化的看重,企业经营就会失去动力和生机。作为江苏重点交通基础设施建设项目省级投融资平台,江苏交控秉承"人人是人才,人人皆可成才,靠人才发展事业,用事业成就人才"

的人才观，聚英才而用之；秉承"党建是引领"的党建工作理念，用党建文化引领企业文化，将党建工作融入公司经营管理的各个环节；经由人才管理和文化发展，构建公司人文底蕴，为公司经营发展提供智力支撑和政治保障，为公司发展凝聚人心、汇聚人力。

人才领先　智力支撑

新经济发展背景下，企业经营的内外部环境日益复杂，核心竞争力是每家企业都绕不开的话题，而硬实力、软实力，归根结底要靠人才实力，越来越多的优秀企业家强调人力资本是价值创造中的主导因素。2015年10月，刚刚出任江苏交控党委书记、董事长的蔡任杰先生对公司所属企业进行调研后提出"聚英才而用之"的人才理念，明确要以党管人才为统领，倡导尊重劳动、尊重人才，以及比一般人更能创造财富与价值的全员人才观，将人才工作提升至公司发展的战略高度。强调作为省属重点国有企业，公司要坚持党管干部、党管人才、从严管理，要将党建工作融入人才工作的各个环节，形成党组织建设为人才队伍建设提供政治保障，人才队伍建设为党组织建设提供智力支撑，党组织建设和人才队伍建设协调发展的新局面。2015年底，"江苏交通控股有限公司'十三五'人才专项发展规划"应时而出，勾勒出了江苏交控"1+2+3+4+5"人才发展蓝图（见图6-1）。

整张蓝图从"选、用、育、留"四个维度，对江苏交控人才工作做出整体设计。以人才优先发展为统领，秉承"寻觅人才，求贤如渴；发现人才，如获至宝；选拔人才，不拘一格；使用人才，物尽所能"的人才导向，结合时代发展，强调人才队伍"培养与引进，国内与国外"两项结合的扩充途径；立足企业特点和人才发展需要，规划设计了"管理、技术、技能"三项职业发展通道；根据公司"一主两翼、双轮驱动"的经营战略和人才队伍现状,提出"企业家、专家、标兵、菁英"四大重点工程和"人事、劳动、分配"三项制度改革;立足制度先行,改进和完善了选拔任用、教育培养、激励约束和人才考核机制,做实做强企业"人才库""后备库""智力资源库"等。深入剖析,蓝图以人才理念为统领、重点工程为核心、机制改革为保障,系统指明了江苏交控人才工作的方向,最大限度地激发人才的创造活力,形成各类人才作用充分发挥、人才红利竞相释放的良好环境。

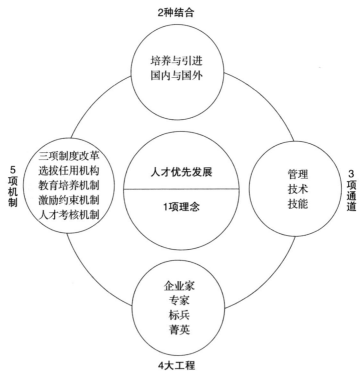

图 6-1 江苏交控人才发展蓝图

随着江苏交控"江苏高速、江苏高铁、江苏港航、江苏航空"四大板块产业布局的形成,公司逐步开启了"产才融合"的人才工作新导向,探索人才链、产业链和创新链的深度融合,力求以产业聚集人才,以人才引领产业,使人才发展与产业发展同向发力,同频共振。

以产聚才　汇聚四方精英

2000年至今，江苏交控基本构建了江苏高速、江苏高铁、江苏港航、江苏航空四大板块的产业布局，2018年末，公司全口径总资产、净资产分别达到4800亿元和2000亿元，净资产在省属企业中名列第一，利润总额约占23家省属国有企业的40%以上，在全国地方国有企业中位列前茅。基于这些持续增长的产业业绩，公司全力打造"苏交控"专场招聘品牌，2017～2019年，江苏交控吸引了高校毕业生共计360余人，其中硕士、博士占比超过60%，国内"双一流"高校、海外名校毕业生占比接近40%，新增"333工程"培养人才、国务院特殊津贴获得者、省青年突出贡献专家、行业领军人才等14人，新增高级技术职称以上专家80余人，公司以产聚才格局初步显现。但江苏交控以产聚才的探索并未止步于此，随着公司综合交通及其关联产业的发展，公司面临技术、金融财务、投资融资等领域"高精尖缺"和"卡脖子"人才相对不足的问题。为此，江苏交控提出"柔性引智"，探索围绕重点工程、重点难题引进人才、市场化选聘高管和引进职业经理人，破除束缚产才融合的制度障碍，让才"进得来"。

实践聚焦 6-1

现代路桥公司"科技副总"，助力企业创新发展

现代路桥公司是隶属于江苏交控的国有专业化养护工程企业，主要承

担江苏高速公路路面大中修、桥梁加固维修、路桥检测和日常养护、房建维修、绿化景观等养护保障工作，并提供高速公路养护"设计—检测—施工—监理"一体化优质服务。

2019年，出于破解公司工程技术难题的需要，公司聘请从事钢结构和钢混组合结构、桥梁运营养护、施工安全与监测等方面的研究专家，南京工业大学土木工程学院博士生导师张建东教授为"科技副总"，帮助公司开展以无人机桥梁检测技术为代表的桥梁检测、评估和设计方面的技术攻关，以及以桥梁加固检测设备为代表的新产品研发。合作过程中，张教授及其团队为公司提供技术攻关，与公司合作开展新技术、新产品、新工艺的开发，以提高公司核心竞争力，打造公司品牌形象，帮助公司提高经济效益；公司为张教授及其团队提供大量的检测施工案例以及研究资源，使高校院所的研究更精准实用、更"接地气"。

此外，公司希望通过"科技副总"的引进，努力促成公司与高校院所的有效对接，与高校院所共建企业研发机构，推进桥梁加固等一系列新成果转化；建立人才培养基地，为公司培养和引进一批核心技术人才；通过参与"科技副总"主持的相关地方标准，推进公司"透明厨房"理念和相关桥梁检测、设计、加固方法进入地方标准。

"科技副总"引进是江苏交控柔性引进高层次人才的一项探索，近几年，公司所属企业以重点工程为牵引，以破解"卡脖子"技术为导向，从地方高校和科研院所引进了一批领军人才、专家人才和创新技术团队，用人才引领公司创新发展，将科技创新人才、技术等创新要素向公司聚集，为公司高质量发展注入新的活力。

实践聚焦 6-2

江苏金融租赁职业经理人制度改革

随着江苏交控打造"具有国际视野、国内一流的省级国有资本投资运营公司"目标的设立,江苏交控在江苏金融租赁开展职业经理人试点工作,公司拿出市场总监、财务总监和董事会秘书三个重点急需岗位,实行市场化选聘,探索建立市场化选聘、契约化管理、差异化考核、制度化退出的运行机制,向市场要人才,向人才要效益。

选聘过程中,公司坚持党管干部的原则,出台《市场化聘任制高级管理人员暂行办法》,明确"任人唯贤、聘人为贤"的标尺,设计了一整套聘用方案。受聘者三年为一个任期,任期内接受业绩指标、综合管理指标、关键职责、重点工作、分管部门业绩、履职和素养的考核,以考核结果决定薪酬升降等级。此外,公司还设计了以契约、追究机制、纪检监察机制、薪酬递延支付机制为载体的"四重约束"机制,对受聘的职业经理人进行监督。

江苏金融租赁的职业经理人制度改革,是对江苏交控市场化选人用人制度的探索,初步建立了"能者上、庸者下、劣者淘汰"的有效机制,树立了以实绩论英雄、凭实绩用人才、用实绩兑奖惩的鲜明导向,拓展了选聘视野,完善了激励约束机制,最大限度地激发了公司的经营活力,实现了国有资本的保值增值。

以江苏金融租赁为代表的江苏交控所属企业，在市场化选聘高管和引进职业经理的探索中，既通过组织推选、竞争上岗、公开选拔等方式，充分进行内部挖掘，又通过公开招聘、猎头推荐、同行推荐等方式，充分拓展外部资源，建立起系统内、外两条引人渠道。通过此探索，目前共选聘和引进7名高端人才。这7名高端人才进驻后，为所在企业管理和业务发展做了大量工作，企业提质增效、高质量发展效果显著。

通过"以产聚才"为导向的一系列人才引进工作的探索，江苏交控的人才队伍不断扩大，部分"高精尖缺"和"卡脖子"人才成功补位，人才引领企业创新发展的趋势日益明显。未来，公司将进一步探索基于产业变革、技术创新、项目牵引的人才引进方式，探索引进跨界人才和原始创新人才、引进研究团队，以系统化思维整体推进产才融合，助力江苏交控构建科技创新、现代金融、人力资源协同发展的现代产业体系。

以才促产　智慧助力经营

进入知识经济时代，作为集传统产业和未来产业为一体的大型国有控股公司，江苏交控在推进以产聚才的同时，通过用活人才、激励人才、培育人才，探索"以才促产"，力求用人才引领创新，集人才智慧助推公司交通及其关联产业的发展。

用好干部　以点带面

干部作为人才队伍的领头雁，在企业发展中发挥着至关重要的作用。如何做好国有企业干部工作？经过管理实践累积，江苏交控探索出一系列干部选用智慧。

首先，是"选、拓、流"。公司提出干部选用优化"选"，坚持党管干部，优化选人程序；着力"拓"，试行江苏交控管理人员职务职级并行工作，建立职级序列，让更合适的人走上领导岗位；推动"流"，深化交流轮岗机制，盘活干部资源。

其次，是"242"干部考核机制。"242"即"两单、四考、两运用"，两单是列出政治表现正、负面清单；四考是将政治体检融进现有的干部考察体系，作为任前考察的首要关口，纳入年度考核的重要内容，结合专项考察深入了解政治表现，加强对政治表现的日常考察了解；两运用是强化正向、反向的结果运用，对政治表现好的干部，同等条件下优先提拔重用，坚决调整政治表现差的干部，对政治上不合格的干部实行"一票否决"。

最后，是"立、流、查、考、治"干部管理流程。"立"即确立从严管理，围绕强化管党治党责任、培养选拔任用干部、严肃党内政治活动、增强监督实效、加强作风建设等5个方面，对干部进行严格管理；"流"即轮岗交流，制定《领导人员交流轮岗管理办法》，明确干部交流轮岗具体情形，形成干部常态化交流机制，以有效防控岗位廉洁风险；"查"即严格审查，根据江苏交控"凡提四必"制度，严格审查干部个人事项报告、干部人事档案和信访举报情况等；"考"即干部考核，制定《党建与党风廉政建设责任之综合考核评价办法》，把干部个人事项报告、薪酬分配、"三重一大"落实、主体责任和监督责任落实等作为红线指标从严考核干部；"治"即干部治理，强化对考察考核结果的监督运用，集中反馈结果，督促整改落实，对考核认定为不胜任现职岗或不称职的领导班子和领导干部，予以调整撤换或降职处理。

在长期探索国有企业干部管理创新的同时，近两年，面对国有企业内部各单位以及不同职类岗位之间存在的隐形壁垒、上升通道狭窄、年轻员工价值难以发挥的困境，以及干部队伍人才梯次结构不合理的问题，江苏交控适时提出"能者上庸者下，不拘一格用人才"的用人理念。启动领导人员退出现职位转任专务工作，为年轻干部开拓上升空间，并大力开展"8090年轻干部公开选拔培养专项工程"，协同破解年轻人才使用困境，让优秀年轻干部脱颖而出。

实践聚焦 6-3

"交控牌"80后、90后年轻干部这样炼成

近年来,面对国家推进年轻干部培养选拔任用的要求,和公司内部人才流动存在隐形壁垒、年轻人才成长存在隐形台阶、干部队伍年龄结构有待优化等问题,江苏交控高度重视年轻干部队伍建设,实施"80后""90后"年轻干部专项培养选拔项目,大力发现培养选拔优秀年轻干部,激活人才队伍"一池春水"。

"年纪小小的成了干部,工作真能做好?"起用年轻干部经常会受到质疑。为克服这一情况,江苏交控创新提出先给平台、后给位子,以试岗任职破解选用难题。2018年11月,项目正式启动,以坚持阳光"赛马"、精心"育马"为原则,公司实施公开竞聘制,采用"笔试、结构化面试、模拟工作会议"等多类考核方式,进行选聘。最终,30余名年轻干部脱颖而出,成为所属单位总经理助理和部门经理助理。针对"80后"总经理助理,公司实行"两转移三不变四参加"的聘任管理制,"两转移"即单位和党组织关系转移;"三不变"即劳动关系、岗位职级和薪酬待遇暂时不变;"四参加"即参加任职单位领导班子分工、党委会、总经理办公会和班子考核。针对"90后"所属单位部门经理助理,实行"两转移三不变"的挂职管理。通过先明确职务、暂不提职级,先上岗负责、暂不提待遇,公司拓宽了年轻干部的成长空间,推动尽量多的年轻干部先走上前台,再动态考察任用,让年轻干部选用更精准。

年轻干部到岗后如何对其进行锻炼？公司采用"墩苗机制"。人力资源部设计了集日常管理、跟踪培养、业绩考核于一体的《8090后培养手册》为培养指南，制定了由定性和定量两个维度为衡量尺度的《积分制管理办法》，对年轻干部进行评价约束，采用"师带徒、二对一"的培养模式，搞好传帮带，明确规范年轻干部"由谁帮、帮什么、怎么帮、帮到什么"标准，帮助年轻干部度过"适应期"，缩短"成熟期"。此外，为激发这批年轻干部的干劲，公司专门设立了人才库，实行后备人才与用才单位双选任职制，对干部进行考核评价，考核不合格者，直接退出后备人才库，实现"在岗有压力、在库有希望"。实现了使用一批、发现一批、关注一批、培养一批的良好成效，得到各级组织和干部群众的广泛认可。

不难发现，"80后""90后"年轻干部专项培养选拔项目以"赛马"机制突破流动壁垒，以试岗任职破解选用难题，以"墩苗机制"进行培养，以积分管理开展激励约束，以双导师制助力行稳致远，有效畅通了年轻干部成长通道，对打造一支当下有活力、发展有潜力、未来有竞争力的"交控牌"优秀年轻干部队伍具有至关重要的意义。

江苏交控将"8090年轻干部公开选拔培养专项工程"称为"先给平台，后给位子"的工程。以此工程为平台，年轻员工通过竞聘走上前台，通过培养快速成长；以此工程为举措，江苏交控破解了既缺年轻干部，又受编制、职位数限制，年轻干部上升通道窄的"两难"问题。同时，江苏交控还常态化开展年轻管理人员"上派下挂"工作，让有发展潜力的年轻员工到公司总部拓宽视野，把缺乏基层经验的员工放到一线砥砺磨炼，把年轻干部派到重点项目、重要工程、重要一线实战练兵，让年轻管理人员在历练中成长。董事长蔡任杰先生一直认为，年轻干部的选拔培养事关江苏交控的未来，不是权宜之计，而是战略之举，必须想在前，走在前。所以，公司始终把年轻干部培养作为公司"制胜未来，赢得未来"的一场攻坚战，以"能力和潜力"为导向，让素质高、作风实、潜力大的年轻人才有机会脱颖而出，这也让江苏交控的干部队伍结构得以优化，人岗匹配度更高，发展更有活力。

通过创新各项干部选用机制和举措，江苏交控选出了好干部、用活了干部，树立了正确的用人导向，充分调动起各级干部的工作积极性，使干部智慧带动全体员工智慧，集群体智慧引领公司产业技术创新、产业管理创新、产业经营创新，推动了产业布局的整体发展。

做好激励　　激发斗志

人才是智慧的载体，是创新的来源。在人才管理过程中，江苏交控将人才激励放在重要位置，通过不断完善各种激励机制，调动员工的积极性，激发员工创造价值。考虑物质激励和精神激励的双重作用，基于江苏交控"管理、技术、技能"三条员工职业发展通道，江苏交控分别设立针对管理技术通道的"突出贡献奖"，针对技术和技能通道的"江苏交控人才奖"，按每年工资总额的5‰设立"江苏交控人才激励基金"，对各条通道涌现出的优秀员工进行激励。如首届"江苏交控人才奖"，公司对获奖的技术技能人才给予不低于1万元的奖励。通过物质激励和精神激励的双重作用，员工的积极性、主动性和创造性得以激发，价值创造能力得以挖掘，公司的运营效率稳步提升。

薪酬是满足员工基本物质需求的主要途径，也是企业重要的激励手段。评价一家企业薪酬激励水平是否具有竞争力，通常以员工薪酬的内部公平性和外部竞争性为标准。作为拥有数十家所属企业的大型企业，员工的薪酬激励取决于江苏交控对所属企业的薪酬总额分配。江苏交控所属企业工资总额管理办法围绕深化国有企业改革要求，以增强活力、提升效率为中心，全面实行工资总额预算管理，建立健全与劳动力市场基本适应、与企业经济效益和劳动生产率挂钩的工资决定和正常增长机制，完善企业工资分配监管体制，体现了三个鲜明的特点：一是突出工资分配的市场化导向；二是突出对企业工资分配的分类管理；三是突出增强活力与加强监管相统一。

探析江苏交控的薪酬管理实践，可以发现：第一，分类管理更精细。根据功能性质分为路桥、竞争性两大类，分类确定工资效益联动指标；对行业周期性特征明显、经济效益年度间波动较大的企业，按不超过三年为一个周期进行工资总额周期性管理；所属企业工资总额审核一般采取核准制，对法人治理结构完善，市场化程度高的竞争性企业，经江苏交控董事会同意，可采取备案制。第二，工资效益联动指标更全面。对路桥企业除考虑在完成重大任务的共性情况后，着重考察企业在劳动效率、内控管理上的纵向比较。对竞争企业，不仅考察利润总额增长，还考察资本、人员等生产要素的投入产出率。第三，绩效导向更明确。所属企业工资总额增长首先要与江苏交控整体经营情况，与公司完成江苏省国资委下达的各项经营业绩考核目标情况相关联。其中，路桥企业，工资增长与营运效率、成本控制等指标关联。如果当年其人均营收、断面流量等反映劳动生产率的指标未增长，或反映其成本控制的指标——通行费耗费率未下降，都将对工资总额增长带来影响。不再关注路桥企业人数变化，现有人数已超出定员范围的，不再增长其效益工资总额；同时，实行"增人不增资，减人不减资"，引导其通过减人增效，降低管理成本达到人均工资提高的目的；竞争类企业，工资增长与经济效益、市场竞争能力等指标关联。企业经济效益增长，且资本和人员投入产出率提升的，工资总额同向增长；下降的，相应下降。同时，鼓励所属企业逐步扩大系统外市场份额，提高竞争能力，对来自系统外业务的利润总额，可按一定比例提取追加工资总额。

按照总部拨付的工资总额，所属单位将员工绩效工资与员工工作强度、工作难度和贡献度挂钩，以50%的保障性工资和50%的绩效工资为指导标准，设计本单位员工工资结构。同时为重点突出绩效工资在激发员工积极性方面的作用，还依据岗位职责划分不同的绩效标准。以一家所属路桥单位为例，如表6-1所示。

表6-1 路桥企业绩效工资结构

岗位层 绩效工资结构	职能层、执行层、业务层	技能层
绩效工资	月度绩效工资（85%）+年度效益奖（15%）	月度绩效工资（85%）+年度效益奖（15%）
月度绩效工资	个人基本绩效考核工资（50%）+组织浮动考核工资（50%）	个人基本绩效考核工资（80%）+组织浮动考核工资（20%）
个人基本绩效考核工资	基本考核工资（80%）+绩效工资（20%）	基本考核工资+绩效考核工资

注：关于技能层个人基本绩效考核工资标准，收费员、值机员、养护员（养辅工）、排障员（排辅工）、调度员每月从个人基本绩效考核工资中提取600元作为绩效考核工资基数，与工作量指标挂钩；驾驶员每月从个人基本绩效考核工资中提取400元作为绩效考核工资基数，与工作量指标挂钩。

江苏交控积极探索薪酬体系"一企一策"，建立健全符合行业规范、市场化、差别化的薪酬分配和激励约束机制，充分运用薪酬杠杆和激励奖惩制度，最大限度地提高劳动生产效能和效率，激发员工的价值创造，助力企业产业发展。

产教融合 协同创新

作为领军型企业，近些年江苏交控致力于探索搭建平台载体，与高校共建"养护技术研究院""智慧交通研究院""智库研究院"，以及博士后科研工作站，围绕关键技术、核心工艺和共性问题，与各类科研团队开展项目合作，重视科研成果转化，推动产教融合和产学研一体化，与高校一起联合攻关、协同创新。

实践聚焦 6-4

江苏苏通长江公路大桥通过产学研一体化破解技术难题

苏通长江公路大桥,位于中国江苏省境内,是国家高速沈海高速公路(G15)跨越长江的重要枢纽,也是江苏省公路主骨架网"纵一"——赣榆至吴江高速公路的重要组成部分,是中国建桥史上工程规模较大、综合建设条件较复杂的特大型桥梁工程。2008 年建成通车以来,大桥养护工程团队与国内著名高校和科研院所的科研团队开展项目合作研究,攻破多项大桥养护技术难题。

2015 年 7 月,面对破解"无法科学合理预测现代特大跨径桥梁安全状态"难题的需要,江苏苏通大桥有限责任公司与具有国家重大交通工程项目测量管理和科研经验的河海大学研究团队合作,开展基于北斗系统的特长钢箱梁桥面变形检测预警技术研发。合作过程中,江苏苏通大桥有限责任公司提供施工团队、资金支持和安全保障,河海大学提供人才、技术保障和科研攻关方面的优质资源,两团队优势互补。经过两年的攻关,团队完成了对特长钢桥面的动态检测技术与预测预警技术的研究,实现了对现代特大跨径钢桥面的动态特性准确识别,科学合理地预测了现代特大跨径桥梁的安全状态,为江苏省同类桥梁钢桥面的检测与预警提供典型的示范,并进一步促进适合于现代特大跨径桥梁的养护规范的制定。在 2018 年苏通长江公路大桥十周年评估荷载试验中,此项研发技术、软件为获取索塔位移、桥面挠度发挥了重要作用。同时,该项目引入我国自主研发的北斗导航系统,发挥北斗系统在我国大型交通工程安全监测中的作用,对推动我国国防建设、国民经济建设均具有重要作用。通过合作，双方团队取得了一批创新性的具有知识产权的科技成果，其中授权发明专利 4 项，申请软件著作权 2 件，在核心期刊上发表科研论文 15 篇，其中 SCI 检索 3 篇，EI 检索 3 篇。

除此以外，苏通长江公路大桥的结构健康监测数据分析及评估指标体系研究、结构寿命周期内大跨缆索承重桥梁（斜拉桥）养护管理策略研究、大规模工程活动与水沙环境相互作用的监测技术和防护标准研究等都取得了极具实效性的研究成果，推动了一批科研成果走出校门、深入企业。公司还积极推动将原创成果转化为应用成果，将应用成果转化为经济效益，成为产学研合作的先行军。

在江苏交控，深入开展产学研合作的企业不胜枚举。"十三五"以来，公司投入经费 8000 多万元，年均科研经费投入近 3000 万元，累计组织开展以"高速公路路面结构长期保存技术及智能养护""沪宁高速公路超大流量路段通行保畅关键技术研究"为代表的 100 余项重大科技项目，其中获得国家级、部省级一等奖 6 个、二等奖 9 个、三等奖 7 个，解决多个"卡脖子"领域重大技术难题，为促进公司创新发展提供了强有力的技术支撑。以产学研融合发展为契机，江苏交控推动高等教育与产业体系融合接轨，通过产教融合，借力外部人才培养提升内部人才素养，以人才引领企业创新，以人才引领企业发展，不断推进产业升级，助推企业经营发展。

除了借助外部资源，江苏交控同样重视内部培养。人才培养所需时间长，见效慢，企业大力培养后人才也未必能达到企业的要求，所以不少企业并不重视人才培养。与这些企业不同，江苏交控认为，虽然人才引进可以马上满足公司当期的人才缺位，但囿于人才与企业融合需要时间，人才引进只能作为公司人才供应链中的一环，公司仍需建立自己的培训路径和体系，提升员工知识和能力，将培养与引进协同推进，打造公司发展所需要的稳健型人才供应链。基于此，立足企业交通基础设施建设特点，江苏交控探索设计了基于管理、技术、技能三条职业发展通道的员工培养路径，依据岗位特征对员工进行分类培育（见图6-2）。

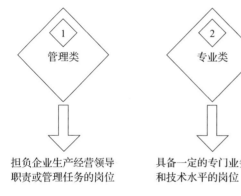

图6-2 三大岗位类别

管理人才通道针对干部人才队伍，着力提升和评价管理人才的战略执行能力、核心价值创造能力、道德价值观等内容（见表6-2）；专业技术人才通道针对技术型人才，提升和评价员工资历、职业素养能力结构和业绩成果（见表6-3）；技能人才通道针对一线主营生产员工，提升和评价员工岗位技能水平和职业素养（见表6-4）。以通道为依托，公司打造特色育才工程。对管理通道员工进行培训，打造以领军型、复合型人才为代表的"企业家工程"；对技术通道员工进行培训，打造以省"333工程"培养对象为龙头的"专家工程"；对技能通道员工进行培训，打造以高技能人才为牵引的"标兵工程"，此外针对年轻员工，设立以"80后""90后"年轻干部为主体的"菁英工程"。在育才工程推动下，各个通道涌现出一批优秀员工典型。

表 6-2　管理岗位层级划分

岗位分层	岗位分级		说明
副总专业师层	P1	副总专业师级	在工程类、经济类、会计类岗位工作，具有高级专业（技术）资格的高级专家；职级相当于职能层正职
主任专业师层	P2	主任专业师级	具有高级专业（技术）资格的专家；职级分别相当于职能层副职级、职能层助理级
	P3	副主任专业师级	
主管专业师层	P4	主管专业师级	具有中级专业（技术）资格的骨干；职级分别相当于执行层主管级、副主管级
	P5	副主管专业师级	
主办专业师层	P6	主办专业师级	具有初级专业（技术）资格的员工；职级分别相当于业务层管理员级、办事员级
	P7	副主办专业师级	

图 6-3　专业岗位层级划分

岗位分层	岗位分级		说明
经理层	M1	正职级	由江苏交控管理的路桥企业领导人员及相应层级岗位
	M2	副职级	
	M3	助理级	
职能层	M4	正职级	所属路桥企业本部职能部门及其平行的二级机构负责人岗位，以及按管理权限批准列入所属路桥企业中层管理的其他岗位
	M5	副职级	
	M6	助理级	助理级为非必设职级，所属路桥企业根据实际合理设置
执行层	M7	主管级	所属路桥企业二级机构职能部门、基层单位负责人岗位，以及路桥企业本部职能部门、二级机构、基层单位中被赋予相当管理职能的其他岗位
	M8	副主管级	
业务层	M9	管理员级	所属路桥企业本部职能部门、二级机构、基层单位中直接从事业务操作层面的管理岗位
	M10	办事员级	

图 6-4　技能岗位层级划分

岗位分层	岗位分级		说明
首席	01	首席××员	一般在机电（系统）维护员、养护员、排障员、收费员、调度员岗位工种内产生 原则上，以工种为测算单元，每100人设置1人；50人以上不足100人的，最多设置1人
能手	02	××（工种）能手	本企业技能岗位人员的5%
普通工	03～0N	一至N级××员	

实践聚焦 6-5

三条通道的先进典型

管理通道先锋：江苏交控金融租赁公司董事长熊先根

江苏金融租赁是江苏交控中一家聚焦绿色能源、高端装备、幸福民生、智慧互联等领域的金融公司。2002年，江苏金融租赁改组。熊先根从江苏省高科技产业投资股份有限公司（简称"江苏高投"）来到江苏金融租赁任职，正式掌舵这艘"金租之船"。他做的第一件事便是给公司"找业务"。2003年给洪泽县中医院做一台彩超的融资租赁业务后，熊先根让员工真实地看到了融资租赁业务是怎么做的。此后，江苏金融租赁在医疗、印刷、纺织等细分领域越做越深、越做越大，解决了公司的生存问题，并使团队知道往哪里找市场，让公司逐渐有了人才的基础、市场的基础、知名度的基础，乃至风控的基础。也正是从这个时候开始，熊先根坚定地认为，金融租赁是中小企业的天然伙伴，江苏金融租赁的发展，一定是建立在业务完全市场化，深入服务和支持中小企业上的。

2007年前后，在混改的大背景以及公司进一步发展的需要下，熊先根开始酝酿给江苏金融租赁引入外部股东。熊先根从"对公司的业务和发展有帮助，与公司的经营理念相同"两点考虑，2009年公司引入南京银行、中信产业基金、IFC和法巴租赁，用有限的国有资本撬动更多的社会资源，最大化地激励员工、提升管理以及拓展业务。对于江苏金融租赁来说，南京银行与IFC带来了长期资金；中信产业基金与法巴租赁则带来了客户与国际金融租赁行业的经验。而上述股东，在江苏金融租赁新一轮的"转型＋增长"中发挥的作用，也再次证明了引入这些股东的远见。熊先根在这些外部股东身上看到了江苏金融租赁的另一种可能："成为这种具备国际化治理水平的现代金融机构。"2017年江苏金融租赁净利润首次突破10亿元大关，在最"好"的时候，江苏金融租赁给自己提了两个"题目"：上市和转型。在转型思路指导下，江苏金融租赁将业务从传统的医疗、基础设施、教育、印刷等领域扩展到新能源、高端设备、农业机械、信息技术、汽车金融等新兴行业。2018年3月江苏金融租赁迎来又一次升级——成功登陆上海证券交易所，成为A股金融租赁第一股。

如果说之前是江苏金融租赁大发展的阶段，那么在上市和转型的推动下，下一个十年，可能是江苏金融租赁真正蜕变的阶段。目前江苏金融租赁有将近400位员工，平均年龄为30.5岁，他们大多来自"双一流"名校、具备一定的专业素养。这样一支充满活力和朝气的队伍，在企业的不断自我激励下、在熊先根的带领下，越来越深入地在对行业的理解、坚持服务中小企业的路径上，快马加鞭。

技术通道先锋：江苏交控长江公路大桥总工程师吉林

20年前，江苏境内跨越长江南北的第二座大桥——江阴长江公路大桥横空出世。15年前，中国第一大跨径的组合型桥梁——润扬长江公路大桥通车。七年前，世界跨径最大的三塔两跨悬索桥——泰州长江大桥建成。这三座桥，都离不开一个人的亲力亲为，他就是江苏交控长江公路大桥总工程师吉林。

20年来，从建桥到守桥，吉林始终离不开一个"桥"字。2006年，吉林任泰州长江大桥项目建设单位总工程师，他带领团队攻克了八项关键技术难题、创造了五项世界第一，项目先后获得英国结构工程师协会卓越结构工程大奖、国际桥梁及结构工程协会杰出结构工程奖等重大国际奖项。泰州长江大桥这座世界首座千米级三塔两跨悬索桥，开创了多塔连跨悬索桥建设的新时代。通车六年来，大桥总体状况优良，桥梁结构安全，主桥桥梁技术状况评定一直处于Ⅰ类，道路优良率常年保持在100%。

这些骄人的成绩，离不开吉林为泰州长江大桥付出的11年心血。在建设中反思管养，从管养中反思建设，通过运营反思设计。数十载的桥索工作，凝聚着吉林作为桥梁工作者的心力，倾注了他的志诚。吉林一生与桥结缘，攻克过困扰世界造桥界的难题，创造了数项世界之最，书写了中国桥梁史上的新篇章。

技能通道优秀代表：江苏交控基层收费员钱燕

钱燕，江苏扬子大桥公司第三党支部书记、2006年全国三八红旗手标兵、2007年全国交通行业青年岗位能手、中国共产党第十八次全国代表大会代表、中国共产党第十九次全国代表大会代表。1999年，钱燕成为江阴长江公路大桥的一名收费员。为了保证快速准确收费，减少司机等待时间，她经常利用业余时间上网查阅汽车资料，就连上街，也在心里默判眼前经过的车型。很快，过往车辆她只要瞄上一眼，就能知道是几类车、该收多少费。她独创的"钱燕工作法"，使得单车收费速度从原来的20秒缩短为10秒。在一线收费岗位的11年中，她操作的车辆超过100万辆，创造了"千万元收费无差错"的纪录。作为基层一线支部的"主心骨"，她带领支部团队摸索"快和通"的课题，创新推行一系列主动应对车流高峰的"动态渠化"管理模式，使现场事故率下降70%。同时，通过组织生活会、支部接待日，她认真听取职工和群众心声，进一步强化党务工作联系点机制，更好地服务职工，不断提升收费站对外服务水平。近20年，钱燕深耕于自己热爱的技能型岗位，心无旁骛以"安全畅通、文明服务"为己任，在平凡的岗位上创造了多项令人称道的成绩。

以三条通道为依托，江苏交控着力打造精品培训，开设高层次人才美国、德国培训班，"走进华为"能力提升培训班，"走进清华"HR专业能力提升培训班，基层服务区负责人培训班，举办江苏交控大讲堂、行动学习报告会、优秀论文评选等配套活动,把问题变课题、课题变理念、理念变实践。同时,公司持续开展各类岗位竞赛,以赛代训,以赛促学,为员工提供实战交流平台,高效提升员工的知识和技能(见图6-3)。

图6-3 江苏交控职工技能大赛现场

"十三五"期间,江苏交控开始探索建立以自主培训、合作办学、网络平台为支撑的"1+N+1"人才和职工教育培养体系。其中"1"是核心,指建立一所江苏交控自己的企业大学。2019年6月中共江苏交通控股有限公司委员会党校暨江苏交控大学在江苏镇江挂牌成立,成为江苏省交通系统首家企业大学,标志着江苏交控在职工培训教育领域开创了一个全新的格局(见图6-4)。

图6-4 江苏交控大学

实践聚焦 6-6

我们需要一个什么样的大学
——关于江苏交控大学的讨论

在长期的人力资源管理实践中,江苏交控管理层发现,传统的学校教育无法满足公司对员工各类知识和技能的需要,近年来,随着公司高质量发展要求的提出,这一问题愈加明显。通过调研,江苏交控管理层发现,国内外优秀企业都有自己的企业大学,并依托企业大学建立了自身专业的培训体系,提升员工能力和素质。受此启发,结合公司近年来的发展水平和业绩,江苏交控决定对标华为大学,成立自己的企业大学。但成立大学的意义是否仅限于提升员工素质,挖掘员工的价值创造力呢?2018年初,江苏交控大学筹备工作小组就"江苏交控需要一个什么样的大学"进行了一场讨论会。

业界有越来越多的优秀企业创办自己的大学,例如华为大学、忠良书院、阳光大学等。它们的创办者认为企业大学的意义不仅在于优秀的培训体系,更重要的是它与企业的战略需求、人才梯队建设、文化现状、创新与变革、绩效达成情况相辅相成,能为企业现阶段战略目标的达成或者助力企业未来战略布局的达成有所贡献。对标优秀企业,江苏交控董事长蔡任杰提出,以"立足交通强省,服务交控强国,培育新时代的交通精英"为办校宗旨,把江苏交控打造成为一个学习型组织,使员工与公司发展同频共振。在这一指导思想下,筹备工作小组经过多次讨论,最终确立了"一条主线、两大支撑、三个服务、四个维度、五大平台"的办学原则,认为江苏交控大学要上承企业战略、下接组织绩效，以自身资源和社会资源为支撑，服务管理人才队伍、技术人才队伍、技能人才队伍，从公司发展战略的高度、企业转型升级的宽度、员工职业发展的深度、交控文化传播的广度出发，将江苏交控大学打造成为学习交流的平台、实践训练的平台、人才发展的平台、培训管理的平台、服务社会的平台。同时，规划了江苏交控大学培训、学习、绩效与咨询四个阶段发展路径。第一阶段：整合公司内各类培训资源，开展分层分类科学培训；第二阶段：逐步由举办各类培训班的培训阶段，发展为搭建推动江苏交控战略发展和员工成长的学习发展平台、促进员工自主学习；第三阶段：以整体解决方案改进企业的绩效；第四阶段：通过沉淀企业经营智慧、组建企业咨询顾问团队，为公司内外企业和客户提供咨询服务，使之成为企业新的利润增长点。在对大学选址、配套建设和长远发展等因素进行科学充分的调研的基础上，公司讨论确定了以润扬大桥公园为基地，建立集教学场地、配套酒店、餐饮、娱乐休闲为一体的校区规划。

经过一系列的准备，2019年6月中共江苏交通控股有限公司委员会党校暨江苏交控大学在江苏镇江挂牌成立。

大学宏观规划确立后，基于企业大学的办学宗旨和办学原则，江苏交控大学筹备组进一步建立了基于管理、技术和技能三项能力提升的岗位课程体系，基于"通达之道"企业文化的职业素养课程体系。组建由江苏交控内部中高层管理者、技术专家、业务骨干和外部行业专家、管理学家和高校教师等兼职教师组成的师资队伍。目前，江苏交控大学处于着手整合系统内的各类培训资源、开展分层分类科学培训的阶段，比如根据江苏交控破解"人往哪里去"难题的需要，江苏交控大学对单一技能的收费站员工进行针对性技能培训，帮助员工实现顺利转岗。未来，江苏交控大学将发展成为江苏交控战略发展和员工成长的学习发展平台，通过整体解决方案帮助改进企业绩效，通过沉淀企业经营智慧、组建企业咨询顾问团队，为系统内外企业和客户提供咨询服务，使之成为企业新的利润增长点。

适时变革　应对挑战

随着江苏"交通强省"战略和江苏交控提质增效、高质量发展工作的推进，江苏交控人力资源工作也面临着各种新的挑战。如何应对挑战？适时变革、责任担当是其应对挑战的智慧。

"三项制度改革"让机制配套完善

在"江苏交控'十三五'人才专项发展规划"编写调研阶段，江苏交控发现全公司人力资源工作存在人才机制不完善、人才发展环境有待优化、人才质量有待提升等问题，2015年国家出台《中共中央国务院关于深化国有企业改革的指导意见》，明确提出要完善现代企业制度。面对现实问题和发展要求，如何开展有针对性的变革？2016年1月，江苏交控在"十三五"人才专项发展规划明确提出实施"人事""劳工""分配"三项制度改革。

人事制度改革。根据建立国有企业领导人员分类分层管理制度中推行职业经理人制度的指导，公司率先在江苏金融租赁和云杉资本开展非路桥企业市场化选聘企业高管和职业经理人的试点工作，通过内部培养和外部引进相结合，公司系统内市场化选聘5名高管，系统外引进职业经理人2名。此外，从国有企业党管干部从严管理的角度出发，公司在全系统探索以"选、拓、流""立、流、查、考、治"为核心内容的干部队伍选拔、任用、考核以及治理方式。未来，公司在契约化管理、三项机制落地、董事会建设等方面继续探索，以实现公司管理人员能上能下的人事改革目标。

劳动制度改革。根据深化企业内部用人制度改革中建立健全企业人才选用的指导，公司在外部人才引进和内部员工晋升、选拔工作中，均推行公开招聘、竞争上岗制度，切实做到信息公开、过程公开、结果公正。以"80、90年轻干部公开选拔培养专项工程"为例，经过笔试、面试等多轮公开竞聘选拔，38名年轻干部走上所属单位总经理助理和部门经理助理岗位；此外，公司对部分岗位进行人力资源外包，探索建立以合同管理为核心，以岗位管理为基础的市场化用工制度；开发公司员工信息统计系统，破解了劳动定员定额难题；建立员工岗位胜任力模型与行为标准规范体系，优化员工绩效考核系统。今后，公司将进一步优化管理架构，探索区域化管理、专业化和集约化运营，优化资源配置，继续完善用工制度和岗位体系，以实现公司员工能出能进的劳动制度改革目标。

分配制度改革。根据实行与社会主义市场经济相适应的企业薪酬分配制度，完善既有激励又有约束、既讲效率又讲公平、既符合企业一般规律又体现国有企业特点的分配指导原则。公司制定了《所属企业单位工资总额管理办法》，以建立健全与劳动力市场基本适应、与企业经济效益和劳动生产率挂钩的工资决定和正常增长机制，以"一企一策"为导向，对路桥企业和非路桥企业薪酬进行分类和差异化管理，放宽对所属单位（特别是竞争类企业）工资总额二次分配的制度约束，重视绩效对员工的激励作用。未来，公司将继续探索市场化分配制度，完善差异化薪酬，探索中长期员工薪酬激励机制，以实现公司员工薪酬能增能减的分配制度改革。

"四种渠道转岗"让员工赋能成长

随着高清车牌识别、无感支付技术、5G通信等高速公路营运管理信息化及时的迭代发展，高速公路不停车收费已经成为大势所趋。交通运输部和江苏省交通厅表示，长三角地区省界收费站2019年撤除，江苏成为全国第一个无省界高速公路主线站的省份。管理全省87%高速公路的江苏交控，所属路桥单位15家，所辖收费站362个、服务区90对，收费站员工13 793人，面对时代和国家发展新要求，公司直面"人往哪里去"的难题。然而，截至2018年底，江苏交控以苏鲁省界5个收费站和4个过江通道主线站为撤除试点，成功转岗安置632人，这背后的难题破解智慧值得称道。

员工转岗工作伊始，从国有大型企业的社会责任担当出发，江苏交控党委书记、董事长蔡任杰就做出"不让一名员工掉队、不让一名员工下岗"的庄重承诺，将"转岗不下岗""和谐稳定"作为转岗工作的总原则。在总思想的指导下，公司对系统内6000多名面临转岗的员工进行了盘点，发现这些一线员工大专及以上学历占79%，学历相对不高，加之长期从事重复性劳动，工作技能比较单一，竞争力弱、可替代性强，缺少多岗位锻炼的通道，职业上升或者转换的空间非常有限。基于此，公司探索性提出"挖潜转岗一批、创业支持一批、培养输出一批、退养消化一批"的四条转岗通道，分类、分阶段地开展转岗工作。

实践聚焦 6-7

仪征服务区员工转岗探索

仪征服务区坐落于江苏省仪征市枣林湾，地处南京、扬州都市圈之间。2016年，仪征服务区围绕"美好宁扬，品位仪征"主题耗资700万元进行改造升级，在原有"自营"的经营方式基础上进行升级，打造"自营＋合作+品牌加盟"的商业模式，按照"品牌、品质、品位"的要求，在招商引资和业态布局上下功夫，通过品牌引进、合作经营、品牌加盟等多种方式，充分挖掘服务区的商业资源，创建自主品牌，并与知名品牌合作，积极探索灵活的商业组合模式，形成了多元业态互补共存的商业布局。

以商业模式转型为依托，服务区将原有收费站员工转岗至服务区大厅，鼓励员工从事商品销售经营，并尝试实行员工销售承包，将营收和绩效挂钩。服务区还进一步开展机制创新，将四人承包转变为"两人承包+使用小时工"，降低用工成本，实现两个人干四个人的事，拿三个人的工资，员工人均月收入较同岗位增加了近3000元。

在员工转岗工作中，仪征服务区始终坚守国有企业的社会责任与担当，考虑转岗员工的心理焦虑与员工实际状况，从供给侧设计转岗方案，将转岗—创业作为本服务区破解"人往哪里去"的首要举措，通过员工转岗—创业，服务区顺利、平稳地完成员工转岗工作。

仪征服务区的员工转岗做法是"挖潜转岗一批"中的一种，江苏交控新开通多个高速路段，从而新增养护、机电维护、排障等岗位需求，公司以内部岗位新增和调整为路径，借助公司企业大学的平台，通过重新培训赋能转岗实现"挖潜转岗一批"；除此之外，公司对于愿意解除劳动合同的员工，除按国家政策给予经济补偿外，设立创业基金支持员工自行创业，截至2019年9月，离岗创业人员共计256人，人均离岗费用12万元，支出人工成本约3072万元，占全年人工成本的0.68%，成功实现"创业支持一批"；围绕国家新一轮加快基础设施建设的总体规划，公司积极寻求政府有关部门的指导帮助和政策支持，主动加强与兄弟单位、当地人才市场等合作，采用订单式培养模式，选拔部分符合条件的员工，开展针对性培训，通过用工输出等方式实现"培养输出一批"；对部分身体条件、安全性要求较高的特殊工种岗位，在距离退休年龄不足 5 年的员工实行离岗退养政策的基础上，公司结合转岗安置工作实际，逐步把离岗退养政策扩大至其他岗位，让员工老有所养，也为年轻员工安置提供空间，以实现"内部退养一批"。

通过"四个一批"通道的探索，截至 2019 年 10 月底，江苏交控全系统离岗创业 436 人，内部转岗 362 人，培养输出 58 人，共转岗 856 人。通过"挖潜转岗一批、创业支持一批、培养输出一批、退养消化一批"四条通道，公司员工看到了江苏交控的责任与担当，构筑起转岗员工的心理安全防线，"四个一批"也成为江苏交控应对用工管理新挑战和行业发展新挑战的智慧。

产是才之基，才是产之魂。通过一系列产才融合的探索和重大变革，江苏交控以产业聚集人才，以人才引领产业发展的格局初步形成，未来，公司将进一步用系统性思维探索产业规划与人才规划，产业资金与人才资金、产业项目与人才项目统筹规划，以人才引领公司创新发展，深入推进人才发展与产业发展同向发力，同频共振。

"五型总部创建"让发展行稳致远

总部员工专业化水平日渐平衡，知识结构日益合理，工作效率不断提升；思维活跃，工作方法推陈出新，革故鼎新动力增强；"慵、懒、散、漫、拖"等现象不断减少，大局意识、服务意识增强，服务能力提升；拒腐防变的思想道德底线进一步筑牢，风清气正氛围逐渐形成……这些是江苏交控总部工作面貌的改变。

2019 年初，面对江苏交控提质增效、高质量发展的要求，以及总部工作效能亟须提升的现状，公司开展了创建"专业型、创新型、高效型、服务型、廉洁型"总部，即"五型总部"的活动。将强化公司总部顶层设计能力、统筹布局能力和资源配置能力作为愿景，将提升各部室高站位谋划水平、高创新水平和高效能服务水平作为使命，将创建"决策科学、管理有方、指导有序、保障有力、服务到位"，让上级放心、基层满意、职工信任的一流总部作为总目标，力求通过改变总部全体员工的工作作风，助力公司改革创新和高质量发展。

有了愿景、使命和目标，如何具体开展创建工作？经过多轮讨论，公司总部各部门达成共识，推进通过完善培养机制、交流平台和典型塑造，促进员工专业能力提升、专业知识共享以及专业精神锻造；通过完善创新机制，鼓励全员参与管理、经营和技术创新；通过优化制度、流程和考核，增强标准指引、运转高效以及督查力度；鼓励员工坚持心系一线、目标导向和围绕中心，提升自身服务意识、能力、精度；要求员工严格自律，廉洁从业，坚守思想道德底线。

"如果设计一个信息统计系统，就能很好地监控员工流动情况，我们可以和信息部合作试试看""今天加把劲把公众号推文写好，全系统就会更快地了解省国资委在公司的调研情况""如果我们在现阶段开展各种'不忘初心，牢记使命'的主题宣讲，员工的向心力、凝聚力就会大大增强"……走进今天的江苏交控总部，在"专业精通、创新驱动、高效务实、服务主动、廉洁自律"五种作风的倡导下，普通员工谈论最多的是如何提升自身专业素质，如何协同高效完成工作，如何更好地服务所属企业的发展；干部员工思考最多的是如何提升自身的学习力、决策力、管控力、执行力、凝聚力。在这样的氛围中，经过近一年的创建工作，公司总部的形象得以提升，能力不断提高，服务有效提档，创新逐渐提质，效能逐步提优，总部工作步入行稳致远阶段。

党建引领　文化育人

企业党建是企业精神文明建设和思想政治工作的有机组成部分，它与企业生产经营管理工作相互渗透、互补互利，是企业不断提升自身核心竞争力的重要手段。坚持党建引领、不断增强企业领导集体的向心力，不断增强员工队伍的战斗力，是加强和改进企业党建工作的目标；创新党建活动载体、将党建工作与企业经营管理工作有机融合，是加强和改进企业党建工作的新路径、新方式。江苏交控作为省属重点国有企业，深刻认识到党建工作事关企业发展大局，把党建工作作为企业的一项长期系统工程，探索创新党建工作理念，探索突出思想政治守"正"、突出制度机制定"律"、突出高质量发展共"融"、突出基层建设固"本"、突出人才队伍提"气"和突出政治生态扬"清"的基层党建工作方法，把党组织内嵌到公司治理结构之中，把党建工作融入公司治理的各环节，力求繁荣以党建工作理念、党建工作思想、党建工作方法、党建特色活动为主要内容的党建文化，发挥党建工作在企业经营过程中的保障作用；不断塑造和发展以"通达之道"为内容的企业文化，发挥企业文化浸润人心后的凝心聚力作用；使党建文化与企业文化协同推进，为企业经营发展提供政治保障。

创新党建工作　构建党建体系

重塑党建工作理念

理念是深层次的，对于形成思想认识、制定战略举措具有决定性的意义。习近平总书记曾指出：发展理念是发展行动的先导，是管全局、管根本、管方向、管长远的东西，是发展思路、发展方向、发展着力点的集中体现。发展理念搞对了，目标任务就好定了，政策举措也就跟着好定了。循着这一指导思想，江苏交控党委在党建工作中不断探索，创新提出"三围绕一构建""五做五力"（见图 6-5）"五给五让"（见图 6-6）等新的党建工作理念。

图 6-5 "五做五力"党建工作理念

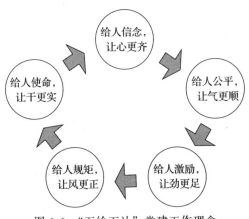

图 6-6 "五给五让"党建工作理念

2018年9月,江苏交控党委出版《党建的力量》一书,系统梳理了近年来江苏交控在党的领导下所取得的成就和党建工作开展情况。经由此书,江苏交控党委精炼了"五做五力"党建工作理念,即党建做实就是生产力,党建工作做强就是竞争力,党建工作做优就是发展力,党建工作做细就是凝聚力,党建工作做严就是保障力。人是企业创新驱动发展的主体,江苏交控始终重视人的作用,坚持"以职工为中心",探索员工管理的新认识,提出

"五给五让"党建工作理念,即给人信念,让心更齐;给人公平,让气更顺;给人激励,让劲更足;给人规矩,让风更正;给人使命,让干更实。无论是"五做五力",还是"五给五让",它们都为江苏交控经营管理指明了方向,在公司经营管理中发挥着重要作用,但"三围绕一构建"(见图6-7)或许对手持《党建的力量》一书的企业家和其他管理者更具现实意义。

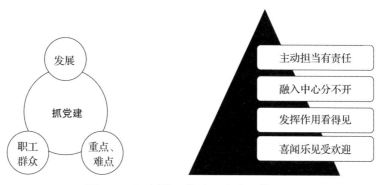

图6-7 "三围绕一构建"党建工作理念

近年来,党建和业务工作"两张皮"的现象,成为党建工作中的热点问题。这源于不少组织将党建和业务工作分离,脱离党建聚焦业务发展,或剥离业务工作单独开展党建工作,党建工作无法压实。如何避免江苏交控党建工作出现这一现象,江苏交控党委在多次研讨后,创新提出"三围绕一构建"党建工作理念,即坚持围绕发展抓党建、围绕发展中的重点难点抓党建、围绕职工群众抓党建,构建主动担当有责任、融入中心分不开、发挥作用看得见、喜闻乐见受欢迎的融合式、实效型党建工作新体系。

谈起这一理念,江苏交控党委有着独到的见解。企业的第一要义是发展,作为一家国有企业,江苏交控承担着更多的国家经济社会发展、科技进步、民生改善的历史使命。新一届党委自成立之日起,就立足"围绕企业发展抓党建",坚持充分发挥党建工作的引领作用和政治保障作用,将党建工作融入企业经营发展的各个环节,以实现党建工作在服务生产经营、提高企业效益、增强企业竞争实力、实现国有资产保值增值中的作用。在江苏交控"一主两翼"发展格局下，公司面临着"钱从哪里来、人往哪里去、险从哪里防"的发展难题，以及经营过程中的技术难题、管理难题等，公司党委在调研基础上，提出"围绕发展中的热点难点抓党建"，以充分发挥党组织在破解公司经营难题过程中的作用。职工是企业价值创造的主体，企业发展离不开职工群众，公司党委坚持全心全意依靠职工，提出"围绕职工群众抓党建"，重视职工权益，尊重职工发展需求，以发挥职工群众在企业经营过程中的战斗堡垒作用。

有了党建工作的核心，如何才能有效推进党建工作？通过查看江苏交控党建微信公众号和网站不难发现，无论工程建设、管理经营实践还是职工生活，都有各级党组织的印迹和党员的身影，这源自公司党委构建的"主动担当有责任、融入中心分不开、发挥作用看得见、喜闻乐见受欢迎"党建工作体系。在这一体系的指引下，各级党组织带领党员发挥模范带头作用，加强自身思想政治建设，投身工作一线，在各项工作中敢于担当、乐于奉献，不断创新党建工作方法，形成了党员带动群众，党组织内嵌公司治理结构，党建工作引领和保障业务的党建工作形势，以及"心齐、气顺、劲足、风正、实干"和"快乐工作、健康生活"的浓厚氛围。也正是在"三围绕一构建"的党建工作理念引领下，江苏交控党委设立各项党建工作制度和工作举措，将党建工作融入企业经营的各个环节，公司党建工作的社会公众满意度、职工群众满意度持续提升，党建工作为企业经营提供了有力的政治保障。

这些理念以中国共产党长期形成的党建思想为源，深挖公司经营管理实践，既蕴含抓主要矛盾的核心意识，又彰显以职工为中心、重视国企社会责任担当的经营管理智慧，将党建工作、公司经营和职工队伍建设等内容相结合，既为江苏交控高质量发展提供了政治思想保障，又是江苏交控党建工作和经营管理工作的新认知。

创新党建工作方法

随着中国特色社会主义现代化进程的推进，国有企业党建工作的内容和要求发生了变化，传统的党建工作方法亟待改进和完善，为此江苏交控党委在探索中创新提出"三融两动一组织"的党建工作方法。"三融"即工作融入中心，党政融于一体，活动融会贯通；"两动"是党建活动和党建行动；"一组织"指各级党组织。此方法中包含党建工作主体和载体，以及党建工作总要求，成为新时代公司党建工作方法的总指南。在这一工作方法的指导下，公司各级党组织涌现出一批独具创新性的党建工作方法与模式。

1. 建立"先锋荟"党建工作平台

江苏交控党委顺应信息化、智能化发展趋势，搭建"先锋荟"党建云平台。

此平台采用PC端+App移动端+微信端"三端融合"的方式，内容涵盖"党建宣传、党建学习、党建监督、党务管理、用户体系、数据分析"六大动能模块。这一平台的建立对于推进江苏交控党建工作具有重要的时代意义，它开辟了"指尖上"的党建新阵地，向二级党组织延伸架构了"先锋号"矩阵，把党支部"建在线上"，把党员"连在网上"，通过在线"三会一课"、党员党籍管理、党员远程教育、党费信息归集等功能，实现党建工作线上与线下的结合；此外，作为一个智慧数据管理系统，平台是党建数据收集整理、统训分析、转换应用的传导链，为各级党组织科学决策、规范管理、活动开展、检查考核和高效服务提供参考依据，实现了数据与管理相融合。通过功能融合、资源融合、技术融合，"先锋荟"党建云平台作为便利党员和职工群众的"一站式""一网通"党建服务媒介，成为宣传贯彻上级精神的"扬声器"、觉察党员思想的"风向标"、反映支部生态的"晴雨表"，实现了公司党务与服务的聚合。该平台是江苏交控党委对接新时代党建工作新要求的又一创新载体，是江苏交控系统基层党建强基提质工作的又一有力抓手，推动了传统党建模式向"党建+互联网"

和"党建+智能"模式的快速转变。

2. 设计基层党建创新案例大赛

2019年,江苏省开展"强基提质"提升工程创新案例大赛,江苏交控党委以此为契机,积极推动基层党建工作经验交流,开展公司基层党建创新案例大赛,几十份案例从各级党组织涌现,经过严格的评选,10份案例被评为最佳,其中《"红色课改"让党课更好听更有味》《"三字诀"工作法推进支部建设标准化》两项创新案例获省级一等奖。

实践聚焦 6-8

探索"红色课改"让党课更好听更有味
——宁沪高速无锡管理党支部

如何让党课更接地气？如何让党员真正参与其中、学有所获？江苏交控无锡处党总支为此做了一系列思考与探索。

一、精心设计主题，突出党课"党味"。立足思想和工作实际，党支部将新时代中国特色社会主义思想、党史、"交通强省富民强企"新使命、"开展三心五先、打造一流国企"新要求、广大党员干部群众关心关注的热点问题作为党课的主题。

二、创新表现形式，展现党课"趣味"。聚焦"开放"，延展"书记课堂"覆盖面。通过走进"党员世家"，安排家属党员代表参与"书记精品党课"；邀请党的十九大代表钱燕同志授课；将课堂搬至淮海战役纪念馆、台儿庄大战纪念馆等红色教育基地以及廉洁从业教育基地，进行"情境式""体验式"教育。充分"互动"抓紧"讲师—受众"牵引线。通过精品党课选拔汇展的方式，做到"书记与党员互动""比赛与培训互动""课堂内与课堂外互动"，并将选拔出的优秀党课案例和支部创建经验进行推广学习。快乐"分享"立足"好听实用"着力点。采取专家解疑释惑、领导以上率下、先进典型引路等多种方式开展党课教育，并探索实践"互联网+"模式，通过"江苏交通控股党建""宁沪高速党员之家""宁沪高速党建"等微信公众号，搭建多层次、多维度的党课教育平台。

三、注重教育实效，彰显党课"鲜味"。主要体现在三个方面：第一，小故事讲明大道理。通过"故事党课"，将党的理论和路线方针政策等转化为广大党员耳熟能详、易于接受的精彩故事；通过参观红色教育基地，用革命先辈的感人故事感染党员，把爱国、爱党、爱人民的大道理讲透彻。第二，小典型汇聚大能量。通过员工的身边人、身边事，让广大党员从中受到深刻的思想教育和精神洗礼，切实增强向先进典型、身边党员学习的思想自觉和行动自觉。第三，小平台破解大难题。以"书记精品党课"为载体，建立党员"先锋指数"，为精准评价描述好党员"画自画像"。通过"保畅先锋""创新创效"等典型人物和先进事迹的呈现让党课入脑、入心、入情、入景。围绕企业发展、围绕发展中的热点难点、围绕身边的职工群众来策划课题，并注重将党课地点设置在大流量保畅、保路养护作业、扫雪除冰路温馨服务、服务品牌创建、红色站区建设等生产运营管理的一线场景和工作环境中。

实践聚焦 6-9

"三字诀"工作法指导党支部规范化建设
——江苏东部高速连云港管理处党总支

党支部作为党的基础组织，是活跃在党的组织体系中的"神经末梢"，党支部的规范化建设，直接关系着党组织体系的有力构建、党组织战斗力的有序激发、党员模范作用的有效激活。江苏交控江苏东部高速连云港管理处党总支准确把握基层党支部的党建特点和规律，坚持围绕发展抓党建，围绕发展中的热点难点抓党建，围绕职工群众抓党建，在江苏交控公司的大力支持与指导下，创新用好党支部标准化"三字诀"工作法，构建融合式、实效型的党建工作体系，全面提升党建工作能力和科学化水平。

方案明确化——目标任务"树"起来

党总支认真组织宣传落实，制定"三字诀"工作法实施方案，明确落实程序步骤和目标任务，指导党支部规范化建设，着力加强党支部基础工作、基本制度、基本能力建设，让基层党组织强起来、党员队伍强起来、党的工作强起来。

宣传多样化——工作方法"亮"出来

党总支将"三字诀"工作法及流程图制作上墙，在党建阵地展出来；

将"三字诀"工作法及流程图手绘漫画册印发至每位党员,用漫画画出来;将"三字诀"工作法自编自演成小节目,以情景剧演出来等方式,全面宣传贯彻"三字诀"工作法,使之更加形象、立体,达到"阵地氛围营造、漫画助力记忆、情景剧加深理解"的效果,使党员记得牢、理解得准、掌握得住,推动"三字诀"工作法走进基层、走进支部、走进党员。

学习智能化——基层党建"强"起来

党总支严格按照"三字诀"工作法的操作流程,依托"学习强国""先锋荟"手机App以及站区"电子阅览室"等平台建设网络课堂,发挥远程教育的网络优势和学习资源优势,抓好党员经常性教育,让党员"随时随地"集中培训与个性化学习,进一步提高党员的素质。实时记录支部委员会、党员大会、组织生活会、党员学习教育等"三会一课"开展情况,有效解决基层一线党支部党内组织生活平淡化、简单化的问题,推进党支部工作智能化、规范化管理。

模块标准化——活动阵地"建"起来

党总支加强各支部活动阵地建设,按照"标识统一、设施完善、功能齐全、管理规范、活动经常、作用明显"的要求,建设多功能的党建阵地,分模块将支部建设标准、"三字诀"工作法流程图、各支部特色建设等图文资料在醒目位置上墙,做到既符合标准又有鲜明特色,使每个党建阵地都有标识、有形象、有温度、有色彩。

江苏东部高速连云港管理处党总支通过党支部标准化"三字诀"工作法推行,进一步强化政治引领,更好地推进支部建设标准化,增强基层党组织活力,打造风清气正的良好政治生态,让基层党支部成为宣传党的主张、贯彻党的决定、推动改革发展的坚强战斗堡垒,让党的旗帜在基层阵地上高高飘扬。

这两个案例只是江苏交控众多党建工作案例的代表，浏览江苏交控网站的"创新案例"专栏，读者会发现，公司基层党建工作方法、基层党支部建设、基层党建品牌建设等内容异彩纷呈。这些案例的出现，是公司融入式党建工作的生动体现，也充分说明江苏交控党委始终坚信的"国有企业高质量发展的力量一定来自党建的力量、党建的力量一定来自基层组织"思想是正确的，是有意义的。

3. 开创"开放式"党建工作模式

江苏交控力推"开放式"党建工作模式，与承包经营服务区的非公企业结成"党建联盟"，营造"党建朋友圈"，通过党建工作见学、党务条线培训、业务交流、企业文化互鉴等活动，实现互联互学、共享共建、融合融通，形成党建"国企带民企"的良好局面。梅村服务区位于沪宁高速公路105K+500米处，是江苏交控服务区转型升级的先行军。2016年，服务区开启"外包＋监管"的改造转型之路，将服务区经营权整体外包给民营企业凯通公司，开始了与民营企业协同发展之路。在经营管理过程中，梅村服务区党支部与凯通公司建立"党建联盟"，邀请凯通公司党员和群众参加服务区拓展训练，联合开展"党员主体活动日"，静心策划组织以"进行一次重温入党誓词宣誓、上一堂以'不负新时代'为主题的党课、开展一次'解放思想我为梅村做贡献'的大讨论、送一份清凉给一线职工、组织一次义务劳动"为内容的"五个一"活动。通过一系列活动，党组织之间增强了彼此的理解与信任，焕发了基层党组织活力，增强了基层党组织凝聚力，开启了国企带民企的党建工作新路径。

4. 强化党建责任落实

重视党建工作责任落实是江苏交控党委破除党建和业务工作"两张皮"的情况的另一智慧。按照《江苏省国资委党委履行全面从严治党主体责任清单》，江苏交控将全面从严治党主体责任纳入党建工作责任制，纳入领导班子、领导干部党建和党风廉政建设综合考评，纳入政治纪律和政治规矩的监督检查范围。在全系统推行党组织书记履行"第一责任"，专职书记履行"直接责任",两级党委层层落实,压实党建工作责任。同时,江苏交控将党建工作总体要求纳入公司章程,制定公司党委会、董事会、总经理办公会"三会"议事规则,党组织参与"三重一大"事项决策的程序、规则和内容,构建了"党委顶层设计、董事会决策、经营层实施执行、纪委和监事会监督、各方共同参与支持"的"五位一体"治理架构。立足"书记抓、抓书记",每年以"政治体检"的形式分级开展党组织书记专项述职评议,通过"述、问、评、测",让党组织书记聚焦"第一责任"报好党建账。

5. 做实基层党组织标准化建设

党的基层组织是党在社会基层组织中的战斗堡垒,是党的全部工作和战斗力的基础。如何做好基层党组织建设,江苏交控党委认为,无规矩不成方圆,党建工作亦是如此。为此,公司党委在全系统推进基层党组织建设"五化"标准,即支部建设标准化,组织生活常态化,工作制度体系化,阵地建设规范化,党建工作可视化,让基层党组组织建设有章可循。对党的基层队伍建设,具体到支部书记和党员,要求支部书记提升自己的专业化、科学化水平,把党支部打造成为基层治理的主心骨、砥砺党性的训练场,创新开展支部书记讲党课,举办"书记精品党课赛",压实支部书记的基层党建工作责任。要求党员依据"四件四有"的要求,立足岗位,自觉践行发挥作用,并创新开展"五亮五比"活动,让党员通过亮身份,比形象;通过亮素质,比党性;通过亮承诺,比作风;通过亮技能,比干劲;通过亮业绩,比奉献。未来党委还会继续探索基层党组织党建工作考核评价体系,让制度、考核形成闭环,进一步做实基层党组织建设工作。

通过党建工作理念和工作方法的创新,江苏交控以党建工作理念、党建工作思想、党建工作方法、党建活动为主要内容的党建文化日益丰富和繁荣,公司党建工作与企业生产经营深度融合,党员职工参与党建工作的积极性和自觉性大幅提高,职工群众向党组织靠拢的趋势日益明显,2017~2018年,全系统直管单位党员增加251人,党建文化凝心聚力、政治保障的作用日益凸显。

丰富党建外延　发展企业文化

随着企业的诞生，企业文化开始孕育。当经历了多次成功与失败后，企业逐渐发展壮大，也会意识到自己拥有了一系列相对独特的问题处理方式，企业员工彼此间有了某种默契，形成了相似的价值观和工作方式，企业文化由此形成。作为企业的"魂"，企业文化在企业经营发展中是一种精神动力，在管理制度无法触及之处发挥着自己独特的价值。正如我们本章开篇所提，国内外优秀的企业都将企业文化作为企业管理中的重要一环，江苏交控亦位列其中。公司党委书记、董事长蔡任杰先生始终认为，企业需要坚持增强"经济硬实力"与增强"文化软实力"两手抓，使"经济硬实力"与"文化软实力"相得益彰，良性互动，全面发展。作为国有企业，江苏交控党委以党建工作为支撑，用党建文化引领企业文化，发展以"通达之道"为主要内容的企业文化体系，发挥企业文化凝心聚力的作用。

"通达"是江苏交控独有的企业特质与自然属性，"道"是植根于江苏交控发展实践的思想特质与文化属性（见图6-8）。"通达之道"中，"通"是基础和前提，也是江苏交控履行职责使命的必要条件，"达"是目的与效果，"道"是由"通"到"达"的实现过程中对现代综合交通运输体系建设规律、企业发展规律的认识和把握，并在此基础上形成的一系列管理思想和管理理念。从"企业为什么存在""企业想成为什么""企业认同什么""企业主要做什么业务"出发，以解决实际问题为导向，萃取企业文化基础"四通"，从"政治层""企业层""社会层""员工层"出发，以提高企业竞争力为目的，提炼企业文化建设目标"八达"，从"企业"和"员工"出发，以文化落地为目标，探索企业文化建设途径"九道"，深入探究，"通达之道"中的"四通""八达""九道"来源于企业经营实践的方方面面。

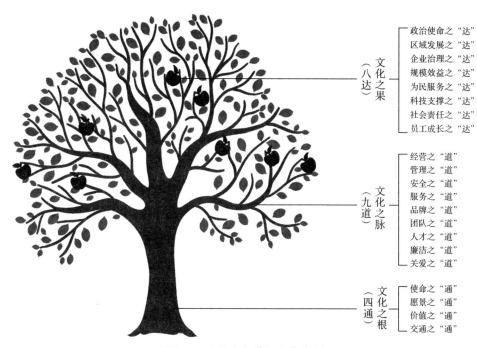

图 6-8 "通达之道"文化内涵

近几年，江苏交控党委相继出版企业文化纸质宣传资料《企业文化培训手册》《企业文化手册》，开发电子宣传渠道《企业文化 H5》《漫说"通达之道"》，在"江苏交通控股党建"微信公众号开辟"企业文化趣味竞赛"平台，通过多元化的宣传通道，感召员工。在"通达之道"企业文化影响方面，全系统基层党组织以"通达之道"企业文化为引领，创建所属单位企业文化品牌，用所属单位企业文化丰富"通达之道"企业文化体系，与党建文化一起浸润员工之心，汇聚员工之力（见图 6-9）。

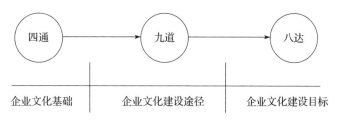

图 6-9 "通达之道"企业文化的解释

实践聚焦 6-10

厂史陈列室展风采、聚人力
——江苏交控南通天生港发电有限公司党委企业文化建设探索

南通天生港发电有限公司前身为天生港发电厂，由清末状元、实业家、教育家张謇先生倡导创建于1934年，距今已有86年历史，是江苏交控成立后收购的一家重要的能源公司。

作为一家历史悠久的公司，天生港发电公司党委一直探索将天生港发电历史文化与江苏交控"通达之道"企业文化相结合，建立天生港发电公司独有的企业文化，激励员工的使命感和责任感，促进公司的健康持续发展。

2017年春天，公司党委书记、董事长包晓明提议，建设天生港发电自己的厂史陈列室，将天生港发电八十多年的历史进行总结归纳，结合影像、实物展示，再现天生港发电一路走来的心路历程，并将此作为广大员工提升主人翁意识的教育基地，作为天生港发电对外展示党建风采的窗口。经过近一年的努力，天生港发电公司基层党委收集到了各类不同年代的珍贵物件，比如，1937年的预算单、一整套的不同时期的厂徽、1971年整版报道天生港发电自主建设"二万五"发电机组先进事迹的《人民日报》《新华日报》、建厂初期员工的薪资单等。这些物件是天生港发电公司的历史记忆，也是天生港发电人今天以及今后发展的动力。2018年，在江苏交控党委的支持下，天生港发电厂史陈列室正式成立，作为公司对外形象展示的一个窗口，陈列室陆续接待了厂内外近80批次约3600人次参观，青年一代员工参观后，一种因自己是江苏交控天生港发电人而自豪的情感不禁油然而生；厂外人士在参观后对江苏交控天生港发电悠久的历史和深厚的文化底蕴赞赏有加。江苏交控天生港发电厂史陈列室成了员工的精神高地，凝聚起员工不断进取的初心，激励着员工奋勇前进。

不难发现，江苏交控天生港发电厂史陈列室在企业文化建设中也发挥着不可或缺的作用，它是员工讲述企业故事的窗口，是江苏交控天生港发电人坚定"文化自信"的支撑，也是企业宣传贯彻"通达文化"的又一载体。在未来发展的道路上，新时代的江苏交控天生港发电人将以此为激励，攻坚克难，解决发展中遇到的"三大难题"，努力实现高质量发展，不断续写江苏交控天生港发电光辉的历史。

江苏交控天生港发电公司以历史为主题的企业文化，只是江苏交控所属单位基层党组织以"通达之道"企业文化为引领，创新塑造所属单位企业文化的一隅。走进江苏交控，宁靖盐公司的"红思·路"企业文化，宁宿徐公司"家·船"文化、"七彩茉莉"文化等引人入胜，它们与"通达之道"一起构筑起江苏交控特有的企业文化体系。在这些文化的感染下，江苏交控员工不断重塑自身价值观，建立起江苏交控人特有的归属感和自豪感，自觉自愿地把公司目标作为自己的追求目标来实现，为江苏交控经营发展贡献自己的力量，企业文化也由此成为推动江苏交控战略落地、提高企业竞争优势、打造高绩效团队的核心驱动力。

先进的文化是企业持续发展的精神支柱和动力源泉，是企业核心竞争力的重要内容，也是推进社会主义文化大发展大繁荣的重要领域。江苏交控始终坚持党建的引领作用，通过党建工作理念和工作方法创新，繁荣以党建工作理念、党建工作思想、党建工作方法、党建特色活动为主要内容的党建文化；通过公司全系统基层党组织打造企业文化发展"通达之道"企业文化体系；以党建文化引领企业文化，以企业文化增强党建文化，探索两种文化的双向融合发展，使党建文化与企业文化同频共振，为企业经营发展提供了坚实的政治保障。

江苏交控"聚英才而用之"的人才理念和"党建引领"理念构成了江苏交控特有的人文魅力。在这种人文魅力的浸润中，员工与企业建立和谐的共生关系，为公司发展提供智力支持和政治保障，助力公司经营发展。

CHAPTER SEVEN
第七章

筑牢防线　合规经营
建设全面风控保障体系

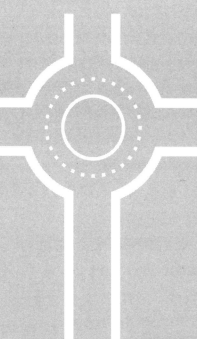

面对云谲波诡的国际形势、复杂敏感的周边环境、艰巨繁重的改革发展稳定任务，江苏交控始终保持高度警惕，既高度警惕"黑天鹅"事件，也严密防范"灰犀牛"事件；既有防范风险的先手，也有应对和化解风险挑战的高招；既打好防范和抵御风险的有准备之战，也打好化险为夷、转危为机的战略主动战。

随着时代的发展，企业制度也在与时俱进。21世纪以来，中国企业逐步建立了以产权清晰、权责明确、政企分开、管理科学为显著特点的现代企业制度。作为现代企业制度的重要组成内容之一，企业内部控制体系的作用非常重要，是提高企业核心竞争力、应对外来风险的法宝。同时，合规风险控制是企业内部控制体系的重要支撑，特别是对于国有企业而言，能够保障企业生产平稳运行、合理控制潜在合规风险。目前，国有企业的改革处于关键时期，同时面临风险与机遇，如何做好国有企业合规风险防控工作已成为社会各界人士广泛关注的焦点问题。

合规即合乎规矩，从企业经营管理活动的角度出发，主要包含三个方面的内容（汪逸真等，2015）。第一，遵守法律法规，即企业的一切经营管理活动都应符合相关法律法规的要求，同时企业要自觉接受法律的监管；第二，遵守企业内部规章制度，即企业的一切经营管理活动都要符合公司制度，特别是为降低合规风险而制定的相关制度，以及市场环境下形成的商业行为准则；第三，遵守社会规范和道德准则，即企业活动应在社会规范和道德准则的范围内展开并接受社会监督。作为为国家调节宏观经济、实现国有资产保值增值的企业，国有企业肩负着重要的责任，因此相关部门需重视其经营管理活动的合规性。合规风险即指企业未能在相关法律、内部规章制度以及社会规范的范围内从事经营管理活动而受到行政处罚、财务损失以及名誉损失的风险。由于国有企业的特殊性，做好合规风险防控工作具有重要意义。首先，有助于国有企业降低潜在的经营风险、改善经营环境、保持市场竞争力；其次，有助于提升国有企业的内部管理能力。国有企业面对内部和外部的合规风险，必然促进内部管理制度、流程体系等方面不断优化调整，以适应市场变化。

江苏交控作为交通领域治理的重要参与者，合规风险防控工作主要分以下步骤：首先，识别和确认合规要求，建立风控管理体系。合规要求主要包含法律法规、企业内部制度以及社会道德规范等内容，且具有强制性，如果违反合规要求，企业将面临不同形式、程度的损失，如财务、名誉等。其次，识别并分析合规风险。合规要求确定后，江苏交控将合规要求与自身经营管理活动结合，找出可能存在的合规风险，并进行重要性分类。再次，制定并实施合规风险防控措施。根据合规风险分析的内容，结合企业自身经营管理的现状，制定一系列合规风险防控措施并积极落实。最后，从源头出发，不断优化改进合规风险防控措施。根据现有措施的实施情况及时反馈，并持续优化调整，从而形成合规风险防控的闭环。

系统设计　铸造坚如磐石的"风控金字塔"

近几年，贸易危机造成的破坏及其带来的消极影响，向企业的管理者尤其是国有企业管理者提出了一个严肃而重要的课题：如何加强企业运营风险管理？通用电气前CEO杰克·韦尔奇说过："企业管理者有责任像警察管理犯人一样管理企业风险。"（罗伯特·史雷特，2011）这位管理奇才诠释的正是这样一个道理：管理企业首先要学会管理风险。2018年，江苏交控在内控体系建设的基础上进行了全面风险管理体系建设。通过强化系统设计、抓重点突破、建信息保障，围绕风险评估主线，评估分析重大风险，形成了风险管理基本框架，有效提升了风险管理水平，为江苏交控改革发展提供了有力保障。

企业风控的三大问题

构建与企业战略规划和经营目标相适应的风险管理体系，是落实国资监管、执行风险管理规范的工作要求，也是提升企业风险控制水平、保持健康可持续发展的内在需要。江苏交控按照"促投资、补短板、调结构、惠民生、强衔接、防风险"的总体要求，在主动辅助构建交通强省建设大局、全面完成各项投融资任务的同时，充分认识到风险管理对实现"国际视野、国内一流"目标的支撑作用，紧密联系战略机遇、深入分析国企改革形势变化，采取结构性安排和科学的顶层设计，实现全面、有效的风险防控。2018年4月，江苏交控启动了全面风险管理体系建设。

在实践中，因行业、业务、地域等差异明显，自各类央企到省属企业并无统一的监管要求和标准的操作规范，更不论融入业务和事前控制。对照要求，江苏交控提出，风险管理建设主要解决这三个问题。

- 险从哪里防？风险的概念、内涵，如何界定？
- 险自哪里来？风险的来源、种类，如何识别？
- 险该怎么防？风险的防范、应对，如何管控？

首先，险从哪里防？江苏交控认为，风险是指对公司经营目标的实现可能产生不利影响的不确定性。风险管理应该指从公司董事会、管理层到全体员工全员参与，通过在企业管理的各个环节和经营过程中执行风险管理的流程，培育良好的风险文化，建立健全全面风险管理体系，平衡风险和收益的关系，通过建立岗位责任体系、制定风险管理策略、实施风险管理解决方案等措施，为实现风险管理的总体目标提供合理保证的过程和方法。江苏交控强调，风险管理要遵循四个基本原则：合规性原则，即必须符合国家法律、法规、上级管理部门和公司章程及董事会的规定和要求；重要性原则，即应在兼顾全面的基础上突出重点，针对重要业务与事项、高风险领域与环节采取严格的控制措施，把风险控制在可接受的水平；有效性原则，即应符合公司业务特点和经营模式，能够有效实现风险控制目标；成本效益原则，即应在有效控制风险的同时，合理权衡成本与效益的关系。

其次，险自哪里来？江苏交控指出，遇到的重要风险应包括：战略风险、投资风险、财务风险、运营风险、法律风险和廉洁风险。战略风险是在战略制定层面，由于方向指引而发生的风险；投资风险是投资并购决策不当或可行性论证、尽职调查不充分等导致的风险；财务风险指内外部因素的影响，导致财务成果与预期经营目标产生偏差，从而产生失控或者损失的风险；运营风险指企业运营活动中，由于外部环境的复杂性和变动性以及企业对环境的认知能力和适应能力的有限性，使运营活动偏离正常范围及造成损失的风险；法律风险是基于法律规定或者合同约定，由于环境变化等因素，导致企业产生法律责任并造成损失的风险；廉洁风险指权力运行过程中出现谋求私利等贪腐行为的风险。

最后，险该怎么防？江苏交控认为，江苏交控职能部门和所属单位应根据风险评估结果提出和实施风险管理解决方案。风险应对方案的内容包括：解决该项风险所要达到的具体目标，所涉及的管理及业务流程，所需的条件和资源，所选择的风险应对策略和所采取的具体措施等。风险归口部门应当平衡风险与收益，针对不同的业务或事项选择不同的应对策略和控制措施。应对策略包括风险承担、风险控制、风险规避、风险转移、风险转换、风险对冲、风险补偿等。控制措施应包括职责分工控制、授权控制、审核批准控制、预算控制、财产保护控制、会计系统控制、内部报告控制、经济活动分析控制、绩效考评控制、信息技术控制等。公司整体风险控制措施与单项重大风险控制措施由董事长或授权领导批准生效，重要风险控制措施由总经理或相应业务的分管领导批准生效，一般风险控制措施由风险归口部门主要负责人批准生效。

精心构建的风控体系

基于上述三方面的疑惑和思考，江苏交控开始了关于"风控金字塔"三阶段的深入探索与实践。

第一阶段是顶层设计，构筑风险组织管理金字塔（见图7-1）。通过内外部调研，结合江苏交控实际，对所辖高速公路、金融、"交通+"三大板块的风险进行了综合研判，统一设计为战略、投资、财务、运营、法律和廉洁六大类风险，按照风险类型科学制定风险管理策略，出台了《风险管理办法》。加强顶层设计的重要目标是明确风险管理组织体系包括董事会、审计与风险管理委员会、集团审计风控部、公司职能部门和所属单位（业

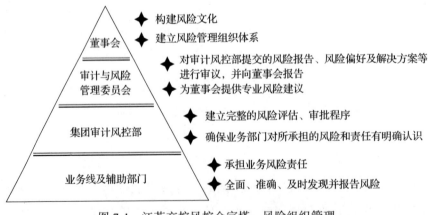

图7-1　江苏交控风控金字塔：风险组织管理

务线及辅助部门)等风险责任主体。组织体系全覆盖江苏交控各部门和岗位、所属单位、各类投资经营和管理活动,在此基础上建立与职能定位、风险状况、业务规模和复杂程度相匹配的风险管理体系。

第二阶段是分类分层(见图7-2),构筑风险评估报告金字塔(见图7-3)。实行风险分类分层,将六类一级风险细化为42项二级风险,对应本部12个部门归口管理;建立集团总部管战略、二级单位抓执行、三级单位做操作的分层管理机制。实现在线评估报告。开展风险管理信息系统建设,从风险管理制度、组织架构、授权体系、量化指标、应对机制等方面与软件系统进行全面衔接,推动在线风险防控。

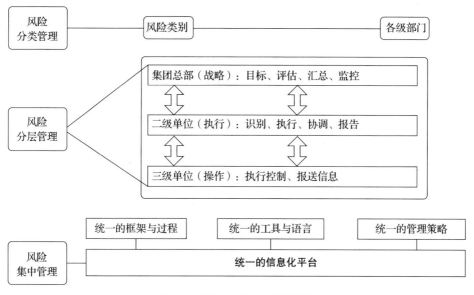

图 7-2 江苏交控风险管理层级

具体来说,通过"以上带下、条块结合"的信息化建设,实现了在线评估报告。一是按责任主体报告。江苏交控本部相关职能部门是风险管理体系中归口风险的责任主体,负责对归口管理风险进行识别、评估和上报,形成江苏交控各职能条线的风险清单后,报送江苏交控审计风控部。二是按执行单位报告。二级单位是风险管理体系中风险方案的执行单位,负责将本单位的重大、重要风险进行识别、评估和上报至江苏交控审计风控部及相关风险归口部门。最终，由审计风控部形成江苏交控风险报告，向经理层和董事会报告。

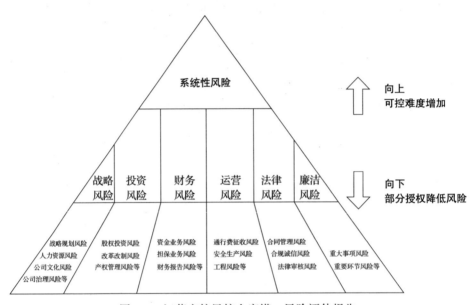

图 7-3　江苏交控风控金字塔：风险评估报告

第三阶段是齐抓共管，构筑风险防控机制金字塔（见图 7-4）。突出重大风险管理。加强对重大风险、重点单位、重要业务、重要岗位的管理，把风险管理资源集中到影响企业发展的主要矛盾上，针对企业经营管理的薄弱环节及风险事件高发领域开展专项检查，及时消除隐患，防止系统性风险发生。"三道防线"齐抓共管。强化董事会对风险管理工作的领导，发挥审计与风险管理委员会审议风险报告等方面的作用；落实业务部门定期报告、信息共享等风险责任，形成业务部门与风险部门联动互通、前中后台配合协调的工作机制。

实施全面风险管理体系建设以来，江苏交控风控范围不断扩大，主要业务流程更为科学，风险防控体系成形，企业管理水平有序提升。目前，已建立起纵向制约、横向制衡、全面覆盖的风险管理标准和制度体系，能够有效识别各类风险,重点防控重大和重要风险,形成了具有自身特色的全面风险管理体系。

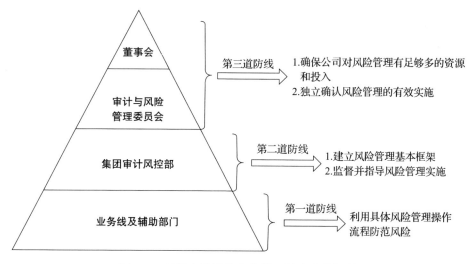

图 7-4 江苏交控风控金字塔:风险防控机制

在"做强、做优、做大"的时代背景和使命召唤下,江苏交控实现了真正意义上的转型发展与重构,通过一系列的改革、治理、调整与风控,解决了目前国企行政化造成的战略模糊、文化虚无、管理僵化等系列问题。江苏交控的风险管理作为充分提示风险、保障稳健经营的有效工具,嵌入了企业重大决策全过程,推动了战略决策、重大投资并购、改革改制等事前评估工作,真正建立起科学、周密、进退有据的风险决策机制;打通了风险管理与企业重要业务系统的信息接口,推动了财务业务一体化进程,真正将风险防控要求融入业务工作流程;需要拓展风险管理审计领域,加强重点业务和重要事项的权力制衡,真正形成独立客观的监督体系。

综上,利用系统思维,江苏交控做好全面风险管理体系建设,突出三大"金字塔"对企业整体风险的宏观控制,结合信息化手段,发挥三大"金字塔"提高决策水平、提升整体价值的优势与作用。

依据风险管理体系建设，江苏交控下属云杉资本提出"三步走"战略，构建了风险防控体系，助力企业持续健康发展。

实践聚焦 7-1

云杉资本构建全面风险管理体系，"三步走"助力企业持续健康发展

良好的风险管理是投资机构稳健持续发展的重要基础。为系统推进风险管理工作，实施更科学、有效、审慎的风险防控，江苏交控云杉资本将2018年作为"内控建设年"，着手构建全面风险管理体系。

全面风险管理体系建设是一项系统工程，涉及面广、技术要求高、工作量大、资源投入多。公司对此提出了"三步走"战略：

2018年完成全面风险管理体系框架搭建，制定全面风险管理政策，完善内控管理制度和流程体系，奠定全面风险管理体系建设的基础；

2019年建立健全风险管理机制，推进风险自评估等方法论建设，并着手全面风险管理信息系统建设；

2020年建立健全各类风险管理的方法论体系，完成风险管理信息系统建设，初步建成全面风险管理体系。

2018年，公司以编制内控手册为契机，制订了详细的内控建设实施方案，完善了管理制度体系，优化了业务管理流程。同时，进一步强化了员工内控合规意识和风险意识，为公司后续构建全面风险管理体系奠定了坚实基础。

全面风险管理体系是云杉资本守护好国有资产的重要抓手，云杉资本以此次内控建设工作为出发点，持续不断完善风险防控体系，强化风险防范意识，提高公司经营管理效率，构建云杉资本核心竞争力，为公司持续健康稳定发展保驾护航。

拥抱合规　打造密不透风的控险体系

国有企业大都规模较大，要实现高效管理，必须大力推进企业管控能力现代化、国际化进程。多年来，中国国有企业在完善制度体系、创新制度设计等方面取得了很大进步，但合规理念与原则的体现还不够。此外，国有企业习惯于行政化的管控思维和管控方式，与现代法治化管控的要求还存在较大差距。先进企业大都运用合规的原理，科学配置权力与责任、权利与义务，实现决策权、执行权和监督权的协调运转，由此形成了现代企业科学的治理制度；同时，坚持企业内部制度、标准和监管严于外部法律法规和监管，形成了先进的业务管理制度，强化源头合规、过程合规、实质合规，持续培育内部合规文化，提升企业自身管理水平（蒋姮，王志乐，2012）。这些年来，中国部分国有企业巡视、审计发现不少问题，有的屡查屡犯，难以摆脱靠外部监督和压力改进管理的恶性循环，这些问题本质上在于没有把合规管理完全转化为内生动力，更缺乏长效机制。随着国有企业国际化程度的不断提高，在参与国际竞争、与国际大公司同场竞技的情况下，这方面的能力建设尤为紧迫。由此，国有企业须紧紧围绕公司管控能力现代化、国际化这一目标，深入开展合规管理，创新制度设计，持续推进管理水平，推动国有企业综合竞争力全面提升。只有这样，国有企业才能在市场竞争、国际竞争中立于不败之地。

在此大背景下，江苏交控根据国内外环境与企业实际，界定了企业合规管理的重点领域，界定了各项合规风险的内涵及其管理遵循的基本原则,确立了企业内部的合规管理职责、合规管理的运行方式以及合规管理的保障机制,形成了合规管理的基本框架。具体来说,江苏交控合规风险防控的关键,是针对战略风险、投资风险、财务风险、运营风险和法律风险的重点领域与环节,做好风险识别与排查分析,制定风险防控的基本原则,积极采取有效防控措施,落实各级领导和部门责任,规范权力运作,强化监督检查,实施责任追究,确保企业合规经营、健康发展。以下结合江苏交控实际,详细从战略、投资、财务、运营和法律五个方面对重点领域进行描述(见图7-5)。

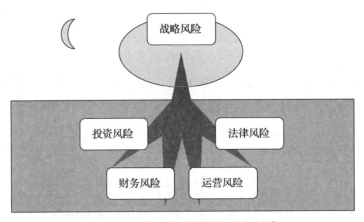

图7-5 江苏交控合规管理重点领域

防范与化解重大战略风险

国有企业竞争优势不可能永远伴随着企业的发展与成长,市场环境瞬息万变、企业战略风险日益加剧,优势退去的节奏也越来越快,风险控制成为企业的管理重点。要提高国有企业的战略风险管理水平,必须针对国有企业的特点来进行分析。当前国有企业呈现出以下特征(吕洪雁等,2016):首先,抗击风险能力相对较强,但战略管理意识相对较弱。国有企业"背靠大树好乘凉",在政策、资金甚至是市场方面往往容易得到来自政府或其他国有企业的支持。因此，国有企业承受风险的能力较一般的企业要强得多，但这也有一个明显的劣势，就是很多国有企业对风险不够敏感，存在一种"车到山前必有路，国家不会不管我"的心态。这种心态最直接的后果是国有企业对自身战略风险管理的重视不够，积极性和主动性明显不强。其次，主业范围即战略方向存在一定的限制性。如国务院明确提出不允许主业非房地产央企进入房地产行业一样，很多国有企业在主业的发展方面存在一定的限制，但这对于国有企业并非完全是坏事。作为国有企业，应始终将眼光集中在影响国计民生的重要基础产业和有利于推动社会进步的高新技术产业上。最后，受企业主要负责人的变动影响较大。不同的企业负责人会对企业的战略采取不同的态度，或者存在截然不同的指向，这对于一个企业的健康成长是十分不利的。造成这种现象的主要原因是国有企业治理结构的特殊性，即实际出资人存在某种程度的虚拟化，国有资产管理部门也不可能介入所有国有企业的战略管理。

江苏交控在交通领域对战略风险有着自己的思考和认识。它将战略风险界定为在战略管理过程中，由于内外部环境的复杂性和不确定性以及主体对环境的认知能力和适应能力存在局限，导致公司整体损失和战略目标无法实现的可能性及损失，主要包括战略规划风险、宏观经济风险、公司治理风险、集团管控风险、人力资源风险、公司文化风险、社会责任风险和声誉风险等。战略风险的管理即是对各项战略风险进行排查识别、分析评价、应对和控制，把各项战略风险控制在可接受范围，为实现战略风险管理目标提供合理保证的过程。公司战略风险管理包括三个原则。一是独立性原则，江苏交控应设立相对独立的岗位，负责评估、监控、检查和报告公司战略风险状况。二是一致性原则，江苏交控应确保战略风险管理目标与公司发展的整体规划目标的一致性。三是动态调整原则，江苏交控应当根据国家法律法规和公司经营环境、市场环境等因素变动情况及时对战略风险进行评估，并对其管理政策和措施进行相应的调整。

针对如何提升国有企业战略风险管理水平，江苏交控建立了清晰的战略管理机制。战略管理并不是简单的开会、调研或起草文件，战略管理涉及企业前进的方向和重大谋略的形成，没有清晰的战略管理机制是很难达到这样的目的的。江苏交控清晰的战略管理机制包括以下几项内容：清晰的企业愿景，使企业远离诱惑；定期的战略自检机制，使企业能及时发现问题、调整方向；技术领先或创新战略，维持企业的核心竞争力；与时俱进的人力资源战略，营造良好的人才成长环境，吸引优秀人才或团队的加入，为企业战略的实现提供保证。

江苏交控对企业干部负责人实施了战略专项考核。目前对国有企业主要负责人的考核集中在经济指标和其他一些具体业务指标上，如营业收入、利润总额以及经济增加值指标等，还没有侧重企业发展战略方面的考核指标。这其中既有考核标准难以计量确定的原因，也有国有资产管理部门对企业战略管理重视不够的问题。在相关计量标准还不是很成熟的情况下，江苏交控的战略考核从以下几个方面进行了尝试：一是战略管理机制是否健全并实际执行，二是战略型技术人才队伍的培育情况等。具体的考核标准模型在实务中积累完善，将这些重大方面纳入单位的年度和任期考核。

尤其是，江苏交控实行了动态化的战略管理策略。传统的企业战略强调战略定位，但战略定位过于静态，因此新的战略管理理论更强调企业持续性竞争优势的获取及维护。所以企业的战略问题绝不是一锤子买卖，也不是一成不变的战略文件，而是必须要具备一定的环境适应能力，而这种适应本身就是一种动态的过程。就像惠普公司顺应时代的潮流，成功地从一家设备类公司转型为一家IT公司，无疑是战略转型成功的典范。江苏交控转型升级，迈出了新步伐。非路桥企业以提质增效为抓手，拓市场、调结构、抓创新、促转型。在金融业务方面，江苏金融租赁通过"增长+转型"战略，2018年新增投放306亿元，实现净利润10.1亿元，江苏交控财务公司积极推进电票支付业务，实现历史性突破。在能源业务方面，天生港发电公司与218家电力用户签订了大用户直接交易合同，用户遍及省内各市。在运输物流业务方面，江苏快鹿汽车运输股份有限公司通过增量改革、清理低效无效投资，较好地控制了经营成本，实现扭亏为盈。航产集团通过与江苏省交通厅、民航局等方面沟通协调，达成合作。在路桥关联业务方面，联网公司打造"1＋13＋N江苏高速交通广播联盟"服务品牌，彰显江苏特色。在其他业务方面，南林饭店通过与携程网合作，以独家销售模式来不断提高饭店客房的出租率。

有效控制投资风险

在经济全球化的背景下，随着中国改革开放的深入发展和国有企业体制改革的不断推进，国有企业在投资领域不断涌现出一些新的现象与问题，由此引发的投资风险问题日益为社会各界所关注，如何对国有企业投资风险进行管理也成为具有挑战性的研究新课题。国有企业由于具有特殊的组织形式，其资本全部或主要由国家投入，并由国家所有，所以十分特殊。但是无论何种形式的企业，在投资问题上都面临着不确定性，而且国有企业由于自身的特殊性，在投资问题上所面临的风险敞口更大，一旦风险爆发，其影响将是巨大且恶劣的，不仅会对国有资产造成损失，而且其后果会十分严重。

江苏交控认为，国有企业投资风险的形成原因是多样化的，从企业生态环境的角度来看，可将其分为两大类：其一是宏观环境的风险，其二是微观环境的风险。江苏交控所理解的投资风险是在实施投资的过程中可能导致投资损失或无法达到投资预期回报率的各种风险，主要包括固定资产投资风险、股权投资风险、改革改制风险、产权管理风险和并购重组风险等。

江苏交控在投资风险管理方面遵循了五个原则。经济性原则，投资风险管理应以最合理、最经济的方式获得投资收益，投资风险管理人员要对各种效益和费用进行科学分析和严格核算。整体性原则，要从投资的内容和时间的整体性方面把握风险因素及其变化。全面性原则,应做到投前、投中、投后管理的相互统一,实现风险识别、风险分析、风险评价和风险应对等流程组成的动态管理过程。制衡性原则,各岗位的设置应权责分明、相对独立、相互制衡。责任性原则,投资风险管理的每个环节都有明确的责任人,并按规定对违反制度的直接责任人,以及负有领导责任的人员进行问责。

江苏交控的投资风险管理策略有两种。其一,明确投资风险的偏好程度。由于不同企业的风险偏好、风险容忍度有差异,致使企业投资风险的反应水平、形式、路径不一致。因此,江苏交控基于投资风险识别、评估结果的风险反应策略,考虑了企业的投资风险偏好。高层企业管理者对企业投资风险的态度有三种,即风险偏好型、风险厌恶型和风险中立型,对每一种风险态度都有不同的风险预警方式偏好(见表7-1)。江苏交控根据不同环境、不同投资对象和不同投资阶段,采取了相匹配的投资风险偏好。其二,优化企业的投资风险应对策略和内部控制。在明确企业的投资风险偏好之后,对风险应对策略和内部控制做出选择。在实际操作过程中,江苏交控使用的投资风险应对策略包括规避风险、接受风险、降低风险和分担风险四种。

表 7-1　投资风险偏好

	风险偏好型	风险厌恶型	风险中立型
主要特征	激进	稳健	适中
主要内容	愿意接受较高的风险水平,得到较高的期望收益	愿意接受较低的风险水平,得到较低的期望收益	介于二者之间
几何意义	效用曲线呈现出边际效用递增的规律	效用曲线呈现出边际效用递减的规律	效用曲线呈现出边际效用不变的规律
偏好的风险预警方式	适宜采用评分评级法的方式,因为在评分过程中总存在着可以对不同预警指标取长补短的可能	适宜采用"木桶效应",即只要有一个指标达到预警状态,风险预警系统就会发出警示	介于二者之间

江苏交控应对投资风险的策略体现在三大方面。

首先，江苏交控推进了对企业投资的制度化进程。江苏交控强调，现阶段国有企业的立法工作已经不能满足日益增长的需求。为了能够更好地优化国有资产的资源配置，确保国有资产最大限度地保值增值，避免流失，确保国有资产的投资安全，江苏交控专门制定了相关的国有企业投资监管规章制度。只有从制度层面做到明确明晰，才能确保有法可依，有章可循。

其次，江苏交控建立了企业投资项目的监管体系。江苏交控认为，一方面，对于国有企业的监管主体和上级主管单位，应当明确其工作的属性和职责，充分发挥其作用。由于国有企业是市场经济中的主体，应当享有市场经济赋予的各种权利与义务。对于国务院国有资产监督管理委员会，在监管国有企业时，应当做到既不越位也不缺位，而其中的关键就在于要处理好所有权与经营权相分离的问题。另一方面，在对国有企业的投资行为进行监管时，如果仅仅依靠国务院国有资产监督管理委员会，明显不够，应当充分发挥专业型人才与机构的力量来参与到监管之中。这样，可以充分利用各种资源和各种优势来弥补因监管部门人员少、专业面窄、工作量大的不足造成的监管失职、失误、失财等情况。另外，江苏交控探索了其他创新方式来监督国有企业的投资行为，比如建立集团性质的审计与风险管理委员会，综合考量与评估风险事项，在各下属子公司内也分设子公司层面的风险管理委员会以及风险稽核类部门。探索建立职工代表大会，并赋予其更多的职权，发挥国有企业职工主人翁意识，加强民主管理氛围，来进行体系内的监督管理。

最后，江苏交控完善了产权交易市场机制。完善产权交易市场机制的构建，具有重要的意义。可以说，产权交易市场为国有企业提供了一个很好的平台，这个平台可以为江苏交控的改革与退出提供渠道。此外，产权交易市场发挥了很多积极的作用，比如，可以充分发挥市场对资源配置的作用，实现企业资产的重组；发挥信息中心的功能，起到信息披露的作用，增强社会透明度等。

严密防控财务风险

近十年是交通领域的扩展期，江苏交控的发展速度越来越快，经营方式及经营管理都在发生着剧烈的转变。江苏交控财务管理模式发生了较大的变化，财务管理的水平也在不断提升，其中财务风险的防范与控制是非常重要的环节，是江苏交控抵御和防范市场风险、提高市场竞争力的重要基础和保证。江苏交控科学、全面地分析企业财务风险，提出了针对性的解决策略，较好地防控了财务风险。

江苏交控将财务风险理解为在各项财务活动中，由于内外部环境及各种难以预计或无法控制的因素影响，使公司财务状况偏离正常范围及造成损失的可能性，主要包括资金业务风险、担保业务风险、票据业务风险、税务管理风险、预算业务风险、财务报告及信息披露风险等。江苏交控财务风险管理把握了五个重要原则：合法性原则，财务风险管理须符合国家有关法律、法规和规章要求；完整性原则，要全面覆盖公司经营活动中所有与财务相关的风险，贯穿决策、执行和监督全过程及相关部门和岗位；重要性原则，在全面性的基础上关注重要业务事项和高风险领域；有效性原则，措施要适合实际情况并能够得到贯彻执行且发挥作用；适用性原则，应具有前瞻性，财务风险管理政策需根据公司内外部环境的变化及时进行相应的修改和完善。

在实践操作过程中，江苏交控降低财务风险的特色举措包括以下四个方面。第一，江苏交控构建了企业财务风险识别与预警系统。对江苏交控而言，在市场竞争环境下实现利益最大化是企业经营的价值所在，也是企业生存与发展的基本原则，构建企业财务风险识别与预警系统，用获利能力、营运能力、偿债能力等指标来分析财务风险的大小、形成原因、涉及范围非常重要。通常情况下，用总资产报酬率和营业收入利润率来衡量企业获利能力。总资产报酬率表示每一元资本的获利水平，反映企业利用资产的获利水平；营业收入利润率反映每一元收入所得的利润。这两项比率越高，企业的获利能力就越强。用资产负债率和流动比率来衡量偿债能力。

第二，江苏交控建立了集权式财务管理模式。集权式财务管理模式将所属单位的业务看作是集团整体业务的扩大，对整个集团采取严格控制和统一管理，重要事项的财务管理决策权集中在公司，所属单位只享有有限的决策权，其人、财、物统一由公司管控。财务管控模式实施逐级负责制，二级单位由一级单位负责，三级单位由二级单位负责，依此类推。

第三，在全面预算管理方面，江苏交控也做了很多特色工作。全面预算管理是由江苏交控在全集团范围内组织实施和管理的。全面预算是基于企业战略目标，对一定时期内企业的经营成果、利润分配、企业资本的来源和投资运作等所做的具体安排。一方面，成立预算管理工作领导小组。在集团公司成立以总经理为组长、总会计师为副组长、相关职能部室负责人为成员的预算管理工作领导小组，作为集团预算的管理机构。预算编制流程如下。

江苏交控的预算由财务管理部归口管理，由财务管理部发布预算编制通知，所属各单位根据要求编制预算、上报预算，经财务管理部汇总，将费用分解并与业务职能部门对接，由业务职能部门审核相应的费用预算，并将审核意见反馈至所属各单位和财务管理部，所属各单位按照业务职能部门要求修改预算，最终上报财务管理部。预算管理实施三级审批流程，首先由财务管理部提交预算管理工作领导小组审核，审核通过后预算管理工作领导小组提交总经理办公会审议，审议通过后总经理办公会提交董事会审定。

另一方面，把握事前控制，规范全面预算的编制程序和方法。全面预算管理机构根据集团公司的整体发展战略，按照"上下结合、分级编制、逐级汇总、审核反馈、修改定稿、下达执行"的程序，在实现企业价值的基础上提出集团全面预算目标。各预算执行部门按照全面预算机构下达的目标和政策，结合自身特点以及预算的执行条件，提出详细的本部门全面预算方案。全面预算机构应当进行充分协调，对发现的问题提出初步调整意见并反馈给有关预算执行部门予以修改，再由全面预算机构权衡后逐级下达给各预算执行部门执行。再者，做好事中控制和事后控制。各预算执行部门要定期报告全面预算的执行情况，对出现的新问题、新情况及出现偏差较大的重大项目，要予以特别关注，并分析原因，及时提出改进经营管理的措施建议。

第四，江苏交控为进行内部监控还搭建了财务实时信息监控系统，它可以有效防范和化解财务风险。财务实时信息监控系统建立在各项财务预算的基础上，目的是保证子公司的财务运作符合集团公司的整体利益，保持资本结构良好，从而更好地防范和控制财务风险，促进集团公司的可持续发展。事前监控，可向子公司派驻财务总监，负责监督子公司的财务行为，也可通过董事会和监事会对子公司进行监控。过程监控，主要是流程设置、大额资金审批、主要财务指标的适时控制和分析。事后监控，主要是通过财务指标来分析和反馈，如现金比率、不良资产比率、流动比率、净资产收益率和应收账款周转率等指标。通过事前、事中、事后监控，有效控制和防范财务风险，促进集团财务目标的整体实现。

需要特别指出的是，江苏交控在管控财务风险的保障条件上走在了行业前列。企业财务风险的防范需要依赖健全的企业内部控制体系。在现阶段，大多数企业虽然按照国家的法律法规建立了自己的内控体系，但其并没有充分发挥监督约束的职能和对于风险的防范作用，原因在于现在所建立的体系面对风险缺少完善的控制机制，导致其职能不能充分发挥作用。为了建立健全企业内部控制体系，有效防范财务风险，江苏交控解决了三个层面的问题，即思想层面、操作层面和风险理念层面。在思想层面上，企业树立了财务风险防范意识，认识到内部控制体系在企业防范财务风险中的重要作用，建立专门针对企业财务风险的防范控制流程，进而建立集权式财务管理模式，充分发挥内部控制在管控财务风险方面的作用。在操作层面上，结合江苏交控的实际情况，利用可靠且可量化的指标，建立可操作的内部控制体系，如利用信息化手段建立健全企业财务风险识别与预警系统与财务实时信息监控系统。在风险理念层面上，江苏交控树立了危机意识，充分认识到内控系统对于风险防范的重要作用，在关注企业单一层面上的风险即某一个项目的风险的同时，也关注多个层面上的风险即企业整体的风险，如建立财务预算管理体系的同时要做到全面预算管理，经营中关注应收账款、存货、现金流等指标，也要建立有效的财务控制机制，不能"头疼医头，脚疼医脚"，要对企业整体风险做出合理评价。

在财务风险管理方面，高管中心的智能财务建设与财务信息化革新之路就是一个很好的案例。高管中心作为江苏交控下属的公益二类事业单位，围绕江苏交控"防范大风险"的工作要求，着力破解三大难题之———"险从哪里防"的问题。高管中心结合自身实际，研究开发了包括预算管理、请示批复、合同管理、费用支付、数据分析等在内的风险管理数字化模型，利用二维码、附件上传、电子签章等技术手段，对风险进行嵌入式管理，将各类成本、费用报销流程控制前置，将风险防控前移，构建了以战略引领、业财融合为特点的财务信息化管理平台，为中心防范风险以及优化财务资源配置等提供了有力支撑。该项创新新近获得国家版权局颁发的六项计算机软件著作权登记证书，这是江苏交控全面投入应用的财务信息化管理系统首次荣获此项殊荣，对高管中心建设智能财务管理具有实践意义，为同行业乃至其他行业进行风险防控提供了较好的可操作性范本和借鉴思路。

实践聚焦 7-2

高管中心智能财务建设与财务信息化革新之路

高管中心是江苏交控投资和管理的政府性还贷性高速公路项目的公益二类事业单位。目前，高管中心管理所辖高速公路里程达到827公里，跨越南京、扬州、泰州、南通、淮安、连云港等6个地市；高管中心机关本部设10个处室，下辖7个管理处（包括57个收费站点、12个服务区、9个清障大队及养排中心）、1个应急中心以及4家企业。全中心现有员工4022人，整体管理特点呈现出线路长、站点散、人数多的特点，体量庞大。

高管中心在财务信息化管理系统上线前采用传统的管理方式，虽然统一制定了一系列管理制度，风险防控的机制、制度和流程都在不同程度上有所体现，但由于各项管理工作缺乏有效的信息化工具和手段支撑，或者各部门按照传统的管理方式用纸质文件签字的形式按流程传递，因此无法实现对业务、人员与财务信息流转的全过程监控，内控制度无法完全贯穿于经济活动的各个环节，内控机制和制度也无法得到全面贯彻和严格执行。财务管控存在的问题具体表现在以下几个方面。

（1）业务与财务数据存在天然鸿沟。由于不同部门的业务数据与财务数据之间存在天然鸿沟，以前对于其他部门的诸如合同审批、项目费用支出，主要依靠静态、平面、事后的财务数据的支持，过程分析缺乏数据支持，导致分析结果缺少立体感，更谈不上有力支持预算管理决策及风险防控等。比如，合同支付是否合规？人员和车辆信息是否真实有效？支出有无超出预算？

（2）预算管理的效率急需提升。以前高管中心在预算编制工作中主要依赖历史同期预算数据，人为估计因素较多，预算的科学性存在较大提升空间。预算分析工作需要大量的各类基础交易和核算数据，而散落在各独立业务部门的数据缺乏有效的整合，主要依靠大量人工进行极为有限的信息收集、汇总和分析，并且分析方法相对固化。

（3）资金支付风险较大、效率偏低。由于资金支付审查标准不统一，资金支付风险较大。例如，外部审计发现有违反合同条款付款的项目、付款信息错误导致退回的项目、超预算开支的项目等。

针对上述问题，围绕当前江苏交控"防范大风险"的工作要求，需要着力破解三大难题之一——"险从哪里防"的问题。传统的财务管理无法支撑高管中心党委经营分析和决策需要的实际情况，适时研发基于业财融合的"预算管理、请示批复、合同管理、费用支付、数据分析"一体化管控模式十分必要。如何通过信息的同步集成，将内部控制嵌入信息系统，实现内部控制的程序化和常态化，改变高管中心各项经济活动分块管理、信息分割、信息"孤岛"的局面，实现预算管理、请示批复、合同管理、费用支付、数据分析等集成在统一平台之上，帮助单位建立起包括预算编制、下拨、执行、分析的完整信息管理平台，提高经营效率和效果，消除人为操纵因素，控制与防范重大风险，确保财务信息和其他管理信息的及时、可靠、完整，一度成为高管中心苦思冥想不得其解的首要难题。

对于新上线的财务管理系统，从实施效果来看，在问效风险防控方面主要的应用功能特色体现在以下几点。

（1）全面提升管理决策支持能力。利用 OA 财务管理系统，合同数量的抓取、合规性审查得到实现；各项支出和预算的关联、车辆信息、人员信息、三公经费等数据的抓取和实时分析辅助管理以及内外部审计人员进行决策，使高管中心的管理决策能力得到了有效提升。

（2）提升财务与业务部门的协同管控能力。一体化管控实现了人教、综合等业务部门的全过程协同管控。业务、财务部门共同管理项目进度，掌握项目进度状态、付款状态。依据工程进度状态，匹配合同条款，确认当期付款金额，控制项目报销额度，从而提升财务和业务部门协同管控能力。通过岗位设置、权限管理、流程管理等功能，实现了事业单位决策、执行和监督相互分离、相互制约，进而加强风险防控工作。

（3）杜绝操作层面的安全风险。一体化管控后，可以通过预算系统与合同管控、支付系统间数据自动关联对账等方式，有效杜绝串通舞弊等操作层面的安全隐患。

（4）降低合同、税务等经营风险。一体化管控后，实现了附件上传审核等功能的电子化、可视化，高管中心可以全面掌握各业务部门的原始票据使用情况和合同签订情况，较好地防范了合同和税务风险。

（5）明显提高高管中心信息管理质量。实现费用项目统一、费用标准统一、管控流程统一，同类业务同一个结果，大幅减少例外事项。高管中心按照规范化、标准化进行预算和费用支出管理，有效提升了信息管理质量。比如实现了合同全程控制，从合同的签订、登记、变更、执行、支付申请、付款、验收、决算、归档，均可进行全程的审批和预算控制，既实现了合同履行及后续管理要求，又可有效监控合同履行情况，对合同签订的数量、各类合同金额、签订时间、经办人等档案信息进行实时获取。

切实把住运营风险

风险的来源有企业外部和内部之分，但人们通常更关注企业外部风险，较为忽视企业内部风险。一项错误决策、一次操作失误都会给企业造成巨大损失，正如前例所示，内部风险已成为企业的最大隐患。企业运营风险更是因为其"操作程序、人员和系统上的不足或失误或外部事件会直接或间接造成公司重大损失"的特征成为企业风险防范的重点。当前，我国国有企业虽然取得了长足的发展，但是同时也暴露出很多问题，如规模过大、生产流程无序、信息管理失败等。当企业发展到一定程度时，这些问题就会显露出来，给企业的发展带来风险。这些风险因素无处不在，又难以把控。因此，企业运营风险管理的研究具有相当重要的意义。运营风险管理体系使企业在日常运营中形成一套防范风险的工作机制，使运营流程中的风险因素得到有效控制，避免给企业造成重大损失，提高企业运营绩效。

对于江苏交控而言，运营风险是指在运营活动中由于内外部环境及各种难以预计或无法控制的因素影响，使公司运营活动偏离正常范围及造成损失的可能性，主要包括安全、工程、采购、招投标管理、资产管理、内部审计、信息化等活动引起的风险。江苏交控的运营风险主要遵循四个原则：全面性原则，运营风险管理必须覆盖公司的各项运营业务、各相关部门和岗位，涵盖决策、执行、监督、反馈等环节；持续性原则，相关部门及单位应对运营风险进行持续的识别、评估，及时采取控制措施；审慎性原则，各项运营决策应以防范风险、审慎经营为出发点；制衡性原则，运营风险管理应融入各种制衡机制，体现相互制约。以下着重从安全、采购两方面描述江苏交控运营风险的管理特色。

在安全方面，营运安全部围绕公司总体战略部署和工作布置要求，着力提升营运安全管理水平，做好高速公路通行保障，开展全面安全生产检查，较好地保障了各项工作任务。下面的案例以泰州大桥运营安全风险防控项目为背景，描述了公司构建运营期长大桥梁安全风险防控体系中面临的困难及核心问题，创新性地提出了长大桥梁运营期安全风险管理的一揽子解决方案，填补了运营安全风险管理在长大桥梁领域的空白，对国内外在役长大桥梁运营安全风险防控具有典型示范作用。

实践聚焦 7-3

长大桥梁运营安全风险管理体系构建

泰州大桥贯穿泰州市区南北，它的运营安全关系到广大人民群众的生命财产安全和国计民生安全。仅途经泰州大桥的危化品运输车辆日均就达到约1000辆。桥梁风险贯穿于桥梁规划、设计、施工、使用、维修、拆除等和桥梁结构相关的各个过程中，具有突发性和不确定性的特点。但是对桥梁的风险控制目前还集中于设计施工阶段，对运营中的风险辨识、风险预警和风险控制尚缺乏足够的方法。而在桥梁的运营期，有许多在规划、设计、施工阶段埋下的风险隐患和残留风险最终可能会在桥梁的运营阶段爆发。如何实现运营期桥梁的风险辨识、风险预警和风险控制一直是困扰公司领导的一桩心事。

2015年，公司迅速组成研究队伍，依托泰州大桥为试点开展长大桥梁运营安全风险防控技术研究。

（1）基于全生命周期的安全风险管理流程。让安全风险管理贯穿运营期的全过程是公司要实现的目标。基于全生命周期理论，公司将风险管理分解成六个过程，让安全管理形成闭环。

（2）风险调查：确立"三层五维"风险管控框架。公司团队提出安全风险防范需要综合考虑桥梁的外部和内部双重环境。外部环境需要考量自然环境、社会环境、地质水文环境、桥上交通通行、水上通航情况等。对于内部环境，根据泰州大桥运营管理组织结构，对公司七个基层单位进行走访调查，将工作内容归纳为岗位作业、设备设施和通行通航三大类。内部环境调查内容涉及人员、设备设施、管理制度、环境等方面。通过风险调查，最终从系统性和可操作性两方面建立了"三层五维"风险管控框架，即"人、设备、环境、管理、应急"五个维度和"目标—准则—措施"三个层次。

（3）风险辨识清单。构建安全风险事前管理首先要识别出影响安全的因素有哪些。长大桥梁规模大，影响因素繁多，环境变化快，找到其中的规律并不容易。"回到理论中去，回到现场中去，回到数据中去，没有答案就去找"。公司通过运用特定的分析方法和风险调查，系统地辨识出客观存在的、潜在的风险因素。在此基础上，构建结构化风险体系分解表，形成风险辨识清单。风险辨识的基本程序包括：成立风险辨识小组→开展风险调查→进行风险分析。在风险辨识范围方面，纵向上将长大桥梁运营安全体系分为路桥维保、清排障、经营服务、收费、指挥调度、设备维护、后勤保障和通行保障八个部分，横向上按照"运营系统—生产类型—作业分类—作业单元"四个层次对各部分进行划分，研究得到运营安全体系分解表。团队成员明确对应于各个作业单元的典型风险事件，建立长大桥梁运营安全风险基础清单。这份风险辨识清单带来了两个方面的创新。一是构建了"人、物、环、管"四位一体的全面风险因素分析框架；二是将管理因素首次纳入长大桥梁安全风险防控范畴。

（4）风险评估方法创新：定性向半定量的转变。在评估方法上，提出以"人、物、环、管"四位一体风险因素系统为基础，改进了国外使用较多的运营风险分析法（BORA法），再结合事故树和层次分析，通过模糊数学运算，构建了风险影响因子（risk influence factor, RIF）评价模型及其影响因素的多层次指标体系。这是首次提出的适用于长大桥梁风险评估的半定量方法，是风险管理方法的巨大创新。

根据不同的运营系统、生产类型、作业子类、作业单元等，将风险评估对象进行分类处理。公司团队对泰州大桥共计47个风险评估对象进行了风险评估，将其按照风险等级归类。

（5）精细化风险防控。精细化风险防控将运营安全风险防控措施分为通用、重大、较大、一般和可忽略五级。针对泰州大桥236项作业风险单元，将其分解至泰州大桥各部门，制定分部门、分岗位的全方位风险防控操作手册，实现精细化风险防控。

（6）应急救援措施。分类管控体系针对常见风险事件类型，研究制订出综合应急预案、18项风险事件专项应急预案和基层单位共计54项现场处置方案，确保将风险事件发生后的损害降到最低。

在采购方面，作为采购业务的决策和实施主体，自然人在采购需求计划制订、供应商选择、协议或合同订立、供应过程控制、付款等环节均存在不同程度的廉洁风险。针对物资采购权力运行环节中的风险和监督管理中的薄弱环节，江苏交控深化组织变革，于2019年4月15日正式挂牌成立了采购中心。采购中心的成立是江苏交控结合政策形势变化和巡查存在的问题对招标与采购管理体制做出的重大调整，旨在更好地规范采购行为、强化廉政建设、推动全面从严治党落到实处，更好地破解三大难题、推进江苏交控实现高质量发展、服务"交通强省"战略。通过改革体制，创新机制，改进原有招标采购管理模式，解决招标采购中难点、堵点、痛点问题，最终实现促规范、降成本、提效率、防风险的目的。按照"管办分离"的原则，采购中心主要负责江苏交控电子采购平台的建设和管理，负责平台评审专家库、供应商库的建设与维护，负责对所属单位采购活动进行监督、指导与服务；负责拟订江苏交控集中采购目录、采购计划并组织实施，负责采购文件标准范本的编制，协助公司本部实施采购活动等。

兜底执掌法律风险

国有大型企业在社会经济不断发展且壮大的过程中，其经济活动不断增多，所面临的法律风险也随之增加。企业外部法律环境的变化和企业自身存在的未按照法律规定或者合同内容所行使的权利和义务都会使企业面临法律风险，企业风险行为主要以金融合约、金融交易以及不道德行为、经济主体违法等形式表现（王春晖，2015）。近年来，随着法律环境和市场经济的共同变化，企业所面临的风险种类也越来越多，而法律风险则是企业正常经营需要规避的，国有企业尤其需要做好法律风险管理工作，对法律风险进行预防。随着《国有企业法律顾问管理办法》的出台，一些与企业相关的法律法规陆续出台和落实，政府为各大国有企业提供了相关指导意见，为国有企业在企业内外的法治建设上明示了方向。国有企业的管理虽然根据指示在法律风险管理工作上取得了一定的进步，但是面对瞬息万变的市场环境，法律风险管理在实践过程中仍然存在阻碍。如何在全面风险管理体系建设的基础上，加快法律风险防控体系建设，是大型国有企业面临的一个重要课题。

江苏交控针对不同类型的风险源制定了不同的法律风险管理制度，提出法律风险是预期与未来实际结果发生差异而导致企业必须承担法律责任，并因此给企业造成损失的可能性，主要包括合同管理风险、法律纠纷管理风险、合规诚信风险、法律审核风险等。同时，江苏交控在法律风险管理方面制定了五个原则：战略导向原则，法律风险管理的目的在于促进公司战略目标的实现，在法律风险评估与应对等法律风险管理活动中，应充分考虑法律风险与战略目标之间的相互关系、影响等因素；审慎管理原则，在遵守法律、保持诚信前提下开展法律风险管理活动的策略和方法不应违反法律的强制性和义务性规定；融入管理原则，法律风险的识别、分析、评价和应对必须融入公司经营管理过程；纳入决策原则，法律风险作为公司的重要风险范畴，应纳入公司决策过程；持续改进原则，法律风险管理是适应公司内外部法律环境变化的动态完善过程。

江苏交控紧密联系自身实际，厘清企业全面风险管理和法律风险防控的内在关系，通过一系列的制度创新，构建了较为完善的法律风险防控体系，并积极推动特色举措的落地实施，用实际工作表现回答了法律风险防控体系的主要问题，走出了一条改革发展之路。

首先需要突出的一点是，江苏交控提高了立规层次，增强对总法律顾问牵头的法律风险管理制度建设的依据。从目前相关的立法来看，以部门规章《国有企业法律顾问管理办法》规定国有企业法律顾问制度，已不能保障国有企业法律顾问充分发挥其职能作用，也不能实质性地推进省属国有企业建立以总法律顾问牵头的法律风险管理制度的完善。单一、低位阶的立法层级容易造成权威性不足、适用范围有限以及规定笼统、操作性不强等弊端。江苏交控提高立法层级，以高位阶的立法进一步增强以总法律顾问牵头的法律风险管理制度建设的法律依据。

江苏交控落实建立了省属企业总法律顾问制度。企业法律顾问是集企业管理技能与法律专业知识于一身、全面负责企业法律事务的企业高级管理人员。江苏交控构建以总法律顾问制度为核心的法律顾问制度，有效推进了企业依法治企、依法决策，保障企业制度的有效实施，同时也是企业构建法律风险管理制度最为重要的组织基础。总法律顾问将根据法定职责来全面统筹、协调企业的法律事务，带领专业的法律队伍不断完善企业的风险管理机制。

同时，江苏交控建立了以总法律顾问牵头的法律事务工作制度。法律事务工作制度和工作流程是科学、规范的，企业法律事务管理的职责、权限和程序是具体的。为确保各项法律风险管理工作职责的落实，建立了法律风险管理工作的职能体系。江苏交控的规章制度由总法律顾问和法律事务机构负责牵头起草，或由他们对已有的规章制度实施合规性审查，以确保各项制度符合现行国家法律法规和国资监管规章制度，提高规章制度的效能，确保企业的规章制度与企业的法律事务工作等各项制度之间能够协调统一，明确法律事务工作职责，并建立相应的责任追究制度，对于追究不严、处置不力而导致法律风险发生的行为进行及时的问责、追究。

在法律风险分析评估制度方面，江苏交控也做了大量工作。比如，江苏交控按期统计与本企业有关的法律事件，并对原因、趋势以及处理结果等情况进行综合的分析与评估，及时总结经验教训。通过对案件的定期分析，达到案件办结的同时总结规律及经验，增进制度完善的效果。江苏交控自行或者委托中介机构，以企业法律风险尽职调查的形式，深入企业生产经营与日常管理工作当中，每年开展一次法律风险的整体评估，分析重点风险领域，或是针对特定事项不定期地召开风险审议、评估会议，查找风险发生规律，提出法律风险防范措施。每份法律风险评估报告每年定期以书面形式报江苏省国资委备案。同时，针对涉及标的金额特别巨大、关系企业重大利益的交易事项开展专门的法律风险评估活动；对于单独的风险评估进行充分的商议和论证后，形成最终的风险评估报告，供董事会或管理层作为最终决策的参考依据。

其次，江苏交控实施了法律风险管理制度建设与执行中的保障措施。一方面，江苏交控结合本企业的行业特点和风险特征，以及企业的主营业务及风险偏好等，有针对性地开展围绕法律事务的业务培训，强化和提升法律从业人员的业务素养和职业技能。企业对于从事法律事务的工作人员，在勉励的同时，引导其朝着业务领域的前沿问题进行专研，围绕行业领域的传统难题进行突破，提出富有建设性的解决方案；制订有针对性的培训计划，并为其参加进修、考试、培训等提供必要的条件。对于正在报考或已经取得企业法律顾问执业资格的职员，与考试相关的费用可以由所在企业承担，并可适当给予奖励，以此来鼓励职员不断开拓进取，为企业做出更大贡献的同时，实现自我的人身价值，充分发挥他们在法律风险管理工作中的积极作用。另一方面，加大资金支持、提高法律人才待遇。江苏交控科学合理落实企业法律顾问在省属企业中的职称和待遇，同时建立全覆盖的激励机制，对于法律风险管理工作成绩突出的个人，结合实际给予相应的奖励。对于总法律顾问以及各级法律工作人员，制定科学合理的待遇等级制度，从企业行政及制度层面来保障其权力的行使、待遇的享有以及工作职责的履行。通过建立激励与约束机制、完善职称评定，不断改善企业法律顾问的待遇，人尽其才、才尽其用，依托人才优势有力推进企业不断健全和完善法律风险管理制度。加大对法律风险管理制度建设的资金预算及投入比例，对于制度建设中的关键、核心及存在阻力的环节重点关注，优先增加对该领域的资金投入比例；对于法律事务工作成绩优异的部门和个人，结合实际情况、全面考核，从已为企业避免或挽回的经济损失中拿出一部分，按一定的比例给予优厚的物质奖励，以绩效考核提升企业法律风险管理制度的执行力，通过集团重视、部门带头的形式，引导企业从管理层到一线员工开创全员参与的法律风险管理工作环境和氛围，增强企业整体的法律风险防范意识，增强企业法律风险管理文化的建设步伐。

江苏交控建立了法律风险管理的考核、监督与改进机制。江苏交控根据自身工作实际建立科学合理的法律风险管理工作考核制度，将法律风险管理考核纳入企业内部考核体系，研究并制定对下属企业、分公司的法律风险管理的考核与监督制度，以推进企业法律风险防控体系上下联动机制的形成。对违反有关制度和程序、造成重大法律风险产生而导致企业损失重大的有关责任人员追究相应责任。同时，通过按期或不定期检查的形式对法律风险管理控制情况进行监督、考核，分析现有法律风险管理制度在企业整体运营中的效率和效果，总结经验和不足，并及时加以完善。法律事务部门密切关注企业的整体法律风险，并督促其他部门针对各自的业务特征制定法律风险应对措施，严格按照制度和流程办事。

最后，除了上述的相关工作，江苏交控还紧抓关键流程和关键环节，有效增强了企业在业务流程中法律风险管理的可操作性。江苏交控根据自身的运营特点在以下关键环节加强了法律内控节点的设置。①采购、收付款、债权债务管理环节：针对采购合同，提前介入洽谈环节，对于供货人的资质、信用做相应的调查，对招标等环节设置相应的内控阶段，参与营销方案的确定，对于出款的手续做进一步明确，对于催收款、清偿、主张到期债权及违约涉及的后期跟进追踪等规定明确的责任归属。②企业资产、投融资、并购领域：在及时记录、清点形成产权清单的基础上进行有效管理，细化企业资产对外抵押、担保的法律审核，对外投资的授权、执行等进行风险评估，同时根据评估结果增加尽职调查、审议、批准等管控环节。③人事管理流程：对于管理人员的选聘，应在人事制度中设立法律审核节点；对于健全激励与约束机制，应规范各类用人合同，规范晋升、培训、解聘等环节的法律审核内控节点。④关联交易：对交易主体的特殊性进行鉴定，对交易的形式、涉及的范围等进行法律审核等。

源头监控　构筑牢不可破的廉洁堤坝

国有企业是我国经济的重要组成部分，带有浓重的社会主义市场经济的特色，其保障了国民经济的正常运行和社会的稳定，维护着我国的公有制经济。但是中石化、中石油、华润集团等腐败案例触目惊心。在党的十九大报告中继续将反腐败作为我党的一项重要工作常抓不懈，新一代领导集体仍然非常重视国有企业的腐败问题，力求营造一个风清气正的国有企业经营环境。

纪检监察工作是国有企业发展的保护伞、护航舰。在新形势下如何发挥好纪检监察工作的作用，诸如国企如何理顺纪检机制工作的运作模式，与现代企业制度相结合，走纪检监察工作规范化之路，在纪律监督方面明确关系、找到重点、规范程序，实现有效的掌控监管等，是国有企业生产经营、改革发展和稳定的重要探索方向。在党的十九大精神指引下，江苏交控正是从纪检监察工作的顶层设计、制度建设、廉洁教育、保障条件等方面，探索了国有企业依法监督的一系列问题，为国有企业纪检监察改革的法治化之路树立了标杆。

双向融入　扎紧制度"铁篱笆"

江苏交控提出廉洁风险防控管理与企业全面风险管理双向融入、共同推进的领导体制。廉洁风险防控管理与企业全面风险管理既紧密联系，又相互区别。为加强廉洁风险防控管理工作，江苏交控充分利用惩防体系建设与内控和风险管理体系建设这两个载体和平台，完善廉洁风险防控管理与企业全面风险管理双向融入、共同推进的领导体制（见图7-6）。坚持党组（委）统一领导、党政齐抓共管、纪检监察部门组织协调、职能部门各负其责、依靠职工群众支持和参与的反腐倡廉领导体制和工作机制，把反腐倡廉的具体要求融入内控和风险管理体系，在加强全面风险管理的过程中推进惩防体系建设。一方面，把企业全面风险管理作为惩防体系建设的重要内容和重点任务，明确风险管理部门为牵头单位，把反腐倡廉建设的要求贯彻落实到内控和风险管理体系中去，推动廉洁风险的有效防范；另一方面，以落实党风廉政建设责任制为抓手，组织职能管理部门全面排查廉洁风险，将廉洁风险的防控措施贯穿于经营管理各项工作和业务操作各个环节，提升企业全面风险管理水平，从而形成廉洁风险防控管理与企业全面风险管理相互促进、共同发展的良好局面。

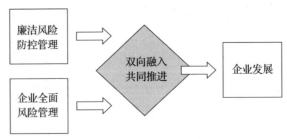

图 7-6　廉洁风险防控管理与企业全面风险管理双向融入、共同推进

在下面的案例中，宁沪高速纪委坚持冲着问题"督"、发现问题"改"的原则，切实将纪检监察工作融入重大工程项目建设管理之中，充分发挥"派"的权威和"驻"的优势，真正将监督执纪的触角延伸到最基

层，确保将瀚瑞中心项目建成"标志工程、品牌工程、效益工程、阳光工程"。

实践聚焦 7-4

瀚瑞中心项目派驻监督工作初显成效

（1）首次对重大建设项目实施派驻监督。南京瀚威房地产开发有限公司（以下简称"瀚威公司"）为宁沪高速的全资子公司。南京瀚瑞中心项目总投资约18亿元，位于南京南站丁墙路，宁沪高速于2014年8月通过挂牌竞拍的方式获得该土地的使用权。截至目前，瀚瑞中心项目实现认购921套，认购率约为90%，认购金额约为10.31亿元。项目总收入预计约为29.9亿元，总投资年化收益率（开发周期为5年）为17.7%，资本金年化收益率（开发周期为5年）为136%。宁沪高速纪委创新纪检监督新模式，探索纪检监督新方法，开启对重大建设项目派驻纪检监督组的新篇章。经过近两年的实践和探索，宁沪高速派驻纪检监督组对瀚瑞中心项目进行精准监督、精细管理，初步形成了"一派、二驻、三监、四促、五点、六步"的派驻纪检监督工作新模式。

（2）先打"六督联动"组合拳。自派驻纪检监督组2017年7月成立以来，现场联络小组坚持每周至少开展一次现场监督，截至目前，共计开展102次现场派驻监督工作，完成派驻监督日志102份，确保监督"定时化"。实施派驻监督以来，瀚瑞中心项目部在派驻纪检监督组的监督和帮助下，共新增10余项项目建设规章制度，例如《合同管理办法》《工程招投标管理实施细则》等。派驻纪检监督组还指导项目部梳理出38个廉洁风险点，逐一明确防控措施，确保监督"规范化"。近两年时间里，派驻纪检监督组对14名项目建设管理人员开展廉洁从业教育38次，专项党风廉政教育12次，发放相关图书104册，每年与瀚威公司主要负责人签订《党风廉政建设责任书》，确保监督"立体化"。派驻纪检监督组共参与项目建设相关重要会议18次，监督21项公开招投标、竞争性谈判项目的组织实施，所涉金额48 176.99万元，确保监督"贴身化"。每逢重要节点，派驻纪检监督组预先发出专门通知，早做提醒，早打招呼，再通过"飞行抽查"的方式，在节日前后对瀚瑞中心项目进行督查检查，确保监督"专项化"。派驻纪检监督组共开展党风廉政谈话21人次，明察暗访9次，确保监督"精准化"。

（3）再建"1+4"监督体系。派驻纪检监督组认真履行"教育、监督、服务"三项职能，对项目部及参建单位的党风廉政建设、工程管理及资金管理等工作进行严格精准的监督检查，切实发挥"派"的权威和"驻"的优势。在项目实施过程中，瀚威公司委托富华审计事务所开展项目全过程驻场跟踪审计工作，派驻纪检监督组不定期督查、检查、跟踪审计报告，实现了以审计监督为抓手的"联合"监督体系。派驻纪检监督组不断强化项目部参加单位及人员的安全和廉洁意识，截至目前，瀚瑞中心项目未发生一起重大质量问题与安全责任事故。瀚瑞中心项目通过采用"桩基础＋地下结构＋基坑支护一体化设计"、地下车库停车优化、人防设计优化等一系列创新技术，节省成本约700万元、增加产权车位约2000平方米，项目被评为"十三五"国家重点研发计划绿色建筑工业化重点专项示范工程和南京市扬尘防控智慧工地创建工作达标单位，实现了以强化意识为抓手的"双层"监督体系。

在重大建设项目维稳工作方面，派驻纪检监督组做到早报告、早控制、早解决，瀚瑞中心项目未发生一起因为农民工工资支付问题而引起的上访事件，塑造了瀚瑞中心项目良好的社会形象，实现了以防控结合为抓手的"责任"监督体系。派驻纪检监督组对项目部重要人员、重点岗位、重大项目的"三重"信息建立信息档案。派驻纪检监督组在瀚瑞中心项目派驻近两年的时间里，未发生违规、违纪、违法事件，实现了以抓早抓小为抓手的"阳光"监督体系。

江苏交控推进制度建设是廉洁风险防控管理的重要基础。江苏交控系统全面地研究分析企业的廉洁风险，进而对规章制度的建设进行统筹规划。在严格执行国家层面及上级机关规章制度的同时，结合企业科研生产管理特点，细化实施细则，做好制度建设的"立、改、废"工作，确保各项管理制度有章可循。具体而言，一方面，为强化廉洁风险防控机制，杜绝腐败现象的发生，江苏交控科学地进行制度设计，构建廉洁风险防控制度体系，规范重点领域、重要环节和关键岗位的权力运行；着力完善制度规章中的漏洞，按照自己查、群众议、专家评、组织审等程序，对全系统投资、营运、审批等 26 类 67 处主要缺陷进行识别和分析，梳理和排查出 216 个重要风险点；突出权力行使过程中的风险防控，开展了关键岗位权力制衡机制研究，从 7 个方面入手建立健全决策层、管理层、执行层权力制衡机制，分步完善江苏交控内部流程、健全内部管理制度、实施重大改革举措。另一方面，适应纪检监察体制改革新任务，加快推进制度机制完善和权力规范运行；主动适应、坚决贯彻监督执纪以上级纪委领导为主的工作机制；在坚持"两个为主"的基础上，重点围绕线索管理、审查调查、处分处置等环节，研究制定具体有效的措施办法，强化对下级纪委的领导和指导，推动纪检监察工作双重领导体制具体化、程序化、制度化；按照"一套规程、五项机制"完善制度规范，加强纪律处分决定执行情况监督检查，纠正和防止执行不到位、不规范问题。

纪监利剑　垒砌权力"防火墙"

江苏交控摆在第一位的措施是，抓住党委政治巡察这把利剑。江苏交控积极探索与企业发展目标契合、与经营管理融合、与资源配置吻合的党委巡察工作机制，针对巡察整改督察探索建立"六个一"项目管理机制，研定出《党委巡察整改工作落实情况督查实施办法》。精心构建巡察工作体系，始终紧盯巡察工作重点内容，用巡察震慑打通党内监督末梢。江苏交控成立巡察工作领导小组，编印《党委巡察工作手册》，出台党委巡察工作办法、操作"八项制度"、运行"十项流程"，形成了"1+8+10"的制度体系，完成了4～8轮17家二级党组织的政治巡察进驻工作，以及1～3轮6家被巡察党组织整改"回头看"督查工作。

江苏交控对关键环节进行了廉洁风险防控。一方面，江苏交控强化对决策环节的廉洁风险防控，落实"三重一大"决策制度。结合实际，研究制定本单位贯彻落实"三重一大"决策制度的具体措施和办法，明确本单位的"三重一大"事项、标准和决策规则、程序。坚持民主集中制原则，按照决策管理程序与要求，严格规范运作，加强对下属单位"三重一大"决策制度执行情况的检查督导，促进各级领导班子民主决策、科学决策。另一方面，强化对执行环节的廉洁风险防控，加强对关键岗位人员的监督。科学核定权力清单，确保职责权限"厘得清"。江苏交控根据各单位、各部门业务职责范围和"权责一致"要求，系统梳理和明确岗位职权，编制"职责权限目录"。针对每一项职权，绘制"权力运行流程图"，明确职权行使的岗位、权限、条件、程序、期限和监督方式等方面的内容，建立起"权责明晰、程序严密、运行公开、制约有效"的权力运行机制。此外，江苏交控强化对薄弱环节的廉洁风险防控，规范分公司基础管理：加强财务管理，强化资金预算过程管理和分析预警，深化资金收支两条线管理，加强营收资金的全程、全额管理与监控。

同时，江苏交控也对重点领域进行了廉洁风险防控。江苏交控紧紧围绕工程建设、资产处置、运营维护、项目采购和业务合作等经营管理的重点领域，强化管控措施，提高防范廉洁风险的能力和水平。一是规范工程建设管理。优化投资预算和项目计划下达及动态管理流程，提高项目计划编制效率，完善项目全过程管理。加强项目检查和事后评价，建立全过程管理考核机制，保证项目规范管理。深入开展工程建设领域突出问题专项治理，围绕项目排查和制度梳理完善等内容继续加强整改，推进排查常态化、检查常态化、制度完善常态化。二是规范资产处置工作。严格执行评估流程，准确评估换入设备价值，及时进行财务处理，落实江苏交控有关规定要求。三是规范运营维护管理。深化成本定额管理，加强全成本管控，建立内部成本标杆，强化分类对标，健全刚性与弹性管控流程；坚持集中管理与属地管理相结合，加强对成本资源的管控力度。四是规范项目采购管理。推进公开招标工作，使各类物资的采购公开、透明，让权力在阳光下运行。扩大集中采购范围，规范采购行为，规范项目审批流程，杜绝二次谈判。推行各级物资采购与管理的全程电子化，从源头防止腐败问题发生。五是规范业务合作管理。健全合作伙伴的准入及业务接入管理机制，加强对各类合作业务的结算成本预估和结算操作流程的监督管理，确保业务结算的准确性和完整性。加强对合作业务的监督与考核，因违约或在考核中不能达到指定要求的合作伙伴将被退出业务或退出资格。

江苏交控还组织开展了专题、专项监督。开展专题专项监督检查是落实监督责任的重要抓手。江苏交控坚持专项治理与效能监察、事后监督与过程监督相结合，加强组织协调，督促并协助相关职能部门找准问题、加强整改、完善制度、优化流程，探索防范廉洁风险问题的长效机制。例如，江苏交控制定出台了《江苏交控纪检监察工作规定》，明确四个方面20条工作任务和要求，规范纪检监察工作针对经营管理中的突出问题，开展自立项专项效能监察工作，找准风险、强化管理、解决问题，提升廉洁风险防控能力。围绕工作大局，以企业健康发展为目标，突出"关键少数"，加强对重点对象、重点领域、重点事项、关键环节、关键岗位的专题、专项督查，始终紧盯财务管理、工程建设、招标议标，加强工作监管，切实发挥执纪作用。例如，江苏交控在全系统深入开展高风险领域问题"大起底"、关键岗位廉洁风险"再排查"、规章制度"废改立"、违纪违规所得"零持有"四个专项行动。

　　江苏交控以信息技术监督为核心，实现了"技防"。建立健全不能腐的防范机制，必须实现"管理可监控、过程留痕迹、问题可追溯"，运用科技手段无疑是方法上的创新。江苏交控把应用现代信息技术手段作为创新廉洁风险防控工作的突破口，借助分级授权、在线运行、不可逆操作和电子监控等技术手段，在采购部、人力资源部、财务部等职权岗位、关键部门、重要环节中把廉洁风险制度固化到计算机操作流程中，实现风险在线监测预警和信息集成共享，确保制度执行不受人为因素干扰，实现"制度＋科技"防控廉洁风险的综合效果。例如，江苏交控建立了监督执纪信息管理系统，在全系统上线运用，实时掌握全系统监督执纪动态信息。再如，江苏交控创新设立了"三平台·三集中"物资采购一体化信息平台，实现关键环节的监督控制由计算机完成，最大限度避免了人为干预。如在平台中设置，在进行物资采购时，达不到三家以上的报价，业务人员无法看到供应商名称和相关价格；采购投标未到截止时间，计算机不显示投标情况等。物资采购一体化信息平台的运用不仅提高了工作效率，实现了无纸化办公，还有效防止了采购过程人为干预的问题，避免出现廉洁风险事件。另外，江苏交控借助科学技术，建立了动态"信息库"。建立了全系统纪检监察人员"任职、培训、考核、廉洁自律、重大事项报告"五类电子档案，并将档案与绩效考核、述职考评相结合，形成个人履职情况综合评价，做到日常表现有反映、考核评价有标准、选拔任用有依据。搭建了履职"记录台"。

实践聚焦 7-5

"三平台·三集中"是怎样"炼成"的:"连徐样本"的探索

江苏连徐高速公路有限公司(以下简称"连徐高速")于2001年11月开始运营。公司坚持扁平化两级管理模式,本部设7部1室,下辖2个管理中心、1个调度指挥中心、27个收费站、10个服务区、6个排障大队、3个养护管理中心,共计49个基层单位。

事出"意外",倒逼管理创新。2016年3月的一个下午,某收费站会计小张和驾驶员小王一起驱车到市区为单位购买办公、劳保等用品。在回程路上公务车与一辆机动三轮发生了剐蹭,所幸没有造成人员伤亡。事情发生后,公司敏锐地意识到,这不只是一次简单的交通事故,更反映出公司内部管理、风险防控、主体责任落实等方面的不完善、不到位。

初战告捷,"两大平台"出笼。综合部通过对货物种类供应、货物价格、安全卫生管控、配送运输等方面认真摸底,形成了详细的书面报告上报公司。公司通过对报告数据信息的分析和现场实际考察,从众多供应商中甄选出规模大、产品丰富的麦德龙商场、大润发商场以及七里沟农贸市场3家单位,按照《江苏交通控股系统招标投标与采购管理办法》规定,最终敲定麦德龙超市作为公司食堂原辅材料的供应商等。2017年5月,麦德龙配送平台正式运行。针对公司基层单位点多线长,传统的物资采购方式成本高、风险大等问题,连徐高速开始着手零星办公用品、耗材等物资的采购工作。在充分调研的基础上,拟采用"互联网+采购"的形式,通过建立网上采购平台对办公用品、零星耗材等物资进行集中采购。恰在此时,江苏交控决定在连徐高速进行网上商城采购工作试点，按照公司总体要求和2017年江苏省财政厅出台的《江苏省省级政府采购网上商城管理暂行办法》规定，综合部从物流配送、商品范围、售后服务等方面分别对苏宁易购、天猫和京东商城三家电商进行了深入调研。通过多轮竞争性谈判和综合因素考量，最终确定由京东商城承接办公用品、零星耗材等物资网上采购项目，并对平台的流程管理、货品选择等相关保障和制约措施与京东商城进行进一步商讨。为了确保采购各个流程和环节符合相关规定，公司印发了《网上商城采购管理办法》，对采购单位职责、网购程序、管理监督等内容进行明确，规范和指导网购工作。2017年8月"京东慧采"集中采购平台运行。

  陡生波折，方案亟须完善。两项工作完成，但好景不长，正当大家还沉浸在成功的喜悦中时，现实却给他们泼了一盆冷水。经过对反馈意见筛选分类，发现问题集中体现在以下三个方面：一是个别应急物品和特殊物品的采购。比如急用物品等，"京东慧采"集中采购平台无法满足诸如此类的特殊需求。二是通用物资性价比。"京东慧采"集中采购平台上的物品都是经过资质认证的，品质好，但价格相对于批发市场、乡镇超市要高。三是配送的时令蔬菜品质。比如，麦德龙集中配送平台送来的时令蔬菜，有时会出现菜叶发黄、发蔫以及清理不彻底的情况，影响食用。针对这些突出问题，综合部的同志们再次深入各基层开展调研，并与京东和麦德龙多次沟通、协调，采取增加货物种类、制定特殊商品报批流程、实行通用性物资集中比价采购、制定相关方监管制度加强监督管理、运用媒体加强宣传等措施，使平台上的物品种类进一步丰富，配送效率和货物品质明显提高。实现了在规范管理、降本增效的同时为员工带来更多的便利和实惠。

  炼成"正果"，赢得一致认可。为了扩大战果，相关部门在此基础上总结经验、持续探索，随之建立了废旧物资集中处置平台，实施了集中招标投标管理、集中公务车辆管理、集中业务招待审批，形成了"三平台·三集中"管理模式，筑牢了廉政风险的"防火墙"、织密了安全隐患的"防护网"、拉紧了费用控制的"警戒线"，实现了全流程、可追溯监管，有效提升了管理效能，为规范企业管理打下了坚实基础。2018年6月21日，江苏交控"三平台·三集中"工作推进会在连徐高速召开，来自江苏交控所属单位的84名代表出席本次会议。公司作为试点单位详细汇报了"三平台·三集中"建设情况，并分享了在创新"三平台·三集中"管理模式过程中的体会和认识。会议的成功举办标志着该管理模式得到了江苏交控和兄弟单位的一致认可。

江苏交控严格考核，强化廉洁风险责任追究。一方面，江苏交控用严格的考核措施对廉洁风险防控机制建设进行质量考核，以免其流于形式，这是体系建设的一个重要环节。科学制定有利于廉洁风险防控考评的相关制度，采取单位自查与上级检查相结合、动态考核与综合评估相结合的办法，对廉洁风险防范各项工作进行考核，并将考核结果作为评价单位、部门和党员干部个人落实党风廉政建设责任制的重要依据。制定出台了《江苏交控纪检监察工作考核办法》及配套《考核细则》，对所属单位纪委和派驻纪检组进行定性、定量考核。另一方面，纪检监察部门不定期开展检查，进一步强化监督，确实改变以往调查多、查处少的工作格局；对制度落实不力、防控措施不到位的，及时指出，责成限期整改，确保廉洁风险防控机制的有效运行；对不积极防控风险的，导致单位和岗位人员发生违纪违法案件的，按照党风廉政建设责任制有关规定追究相关责任人的责任，有效提升企业惩治和预防腐败的力度。这方面较好的做法是，江苏交控创造性运用"三张清单"不断推动全面从严治党向纵深发展。①以"责任清单"明责。召开全系统党风和反腐倡廉建设大会，组织签订《江苏交控全面从严治党责任书》，实行"一主体一清单""一岗位一清单"。②以"问题清单"督责。开展"两个责任"落实情况检查考核，梳理汇总各单位"问题清单",并根据问题轻重分类下发整改工作任务单4份、专项任务督办函11份。③以"整改清单"究责。督促15家单位将问题整改完成情况形成"整改清单"上报,因"两个责任"落实不力约谈党委书记、纪委书记,部门正职、二级单位班子成员因考核扣分被扣减年终绩效奖励。

为绷紧"思想弦",筑牢思想道德防线,江苏交控非常重视廉洁学习教育。一是加强思想道德建设。加强党的基本理论、基本路线、基本纲领、党章、廉洁自律准则、纪律处分条例、法律法规的学习教育,提升理论素养,加强党性修养,加强道德涵养,教育引导国企党员干部始终站稳政治立场,以理论上的坚定保证行动上的坚定,以思想上的清醒保证用权的清醒,构筑党的纪律和规矩防线,真正经受住各种考验。二是加强警示教育。深入开展警示教育,将违法违纪人员的违法违纪事实及受到党纪党规严惩和法律制裁的情况向领导干部讲清楚、道明白,让领导干部深知违法违纪的严重后果,进而从思想上形成不敢腐的约束力。突出常提醒早教育,紧盯年节假期,持续不断重申纪律要求,明确"禁止行为",画出纪律底线。充分发挥案例教育和反面教育的警示作用,让领导干部从反面教育中受到震撼、得到启发,灵魂受到洗礼、得到升华,切实筑牢拒腐防变的思想道德防线。定期组织开展专题党课、示范教育、警示教育、岗位廉政教育等各类相关教育,经常性开展全系统廉洁书画展、廉洁情景剧会演、廉洁格言征集、廉洁典型人物评选等活动,建成223个廉洁文化教育基地,打造出3个省级廉政文化示范点,编印了24本廉洁文化手册,拍摄了40部廉洁主题微电影,崇廉尚洁、风清气正的氛围更加浓厚,全系统先后有61人次主动上交礼金、礼品、有价证券。

在保障条件上,江苏交控还加强了纪检监察队伍建设。江苏交控加强纪检监察队伍的人员配备,充分考虑纪检监察工作的特征、各企业自身业务的情况,选准配强纪检监察工作人员。推进学习型纪检监察机构建设,加强经济、金融、法律、科技、管理等方面的培训,提高纪检监察队伍的综合素质。在平时的工作中,纪检监察部门要加强工作的自主性和主动性,多与业务部门进行协调沟通，主动参与到有关业务的管理过程，大胆承担起协调、监管等责任。再者，江苏交控突出能力建设，增强纪检队伍专业化履职水平。积极开展专业技能培训和岗位练兵，分层分类加强纪检工作人员业务培训，提高监督检查、审查调查、案件审理、问责追责等方面的业务技能。广泛开展干部跟班锻炼，有计划分批选派骨干到省纪委监委派驻纪检监察组、江苏交控纪律监督室跟班学习，加大干部轮岗交流力度。全面推开"嵌入式"监督，按照"管好关键人、管到关键处、管住关键事、管在关键时"要求，着力探索、明晰监督路径、丰富监督抓手。开展专项调研，重点围绕探索创新日常监督和长期监督等深入开展调研，各级纪检组织结合实际参与相关课题研究，不断完善举措办法，做实做细监督职责。

江苏交控扬子江高速通道管理有限公司（以下简称"扬子江高速"）在纪检监察工作高质量发展方面发挥了较好的示范作用。扬子江高速为公司努力营造风清气正的政治生态，切实履行监督执纪问责职责，当好政治生态"护林员"，确保主题教育不走样、不变形，有力有序逐步推进，以破解"三大难题"为目标，结合"点、线、面"齐发力，推动公司全面从严治党向纵深发展。

实践聚焦 7-6

"点、线、面"齐发力，推动纪检监察工作高质量发展

"点"上发力，扛起"挺纪明责担"。大力加强党的纪律建设，通过组

织观看警示教育片、现场教学、培训讲座等方式，加强以案释纪、以案促改，提升党性党风党纪意识。通过在《彩虹》内部月刊的"清风廉语"专栏刊登"微也足道""品廉说廉"等内容，利用网络论坛、QQ群、微信群及展板等阵地，营造"扬子江清风"廉洁文化。

"线"上发力，打造"权力防火墙"。紧盯关键节点，做好对掌管"权、财、物、事"等重点岗位和重点人员的监管，保持高压态势。公司纪委于2019年8月15日组织召开扬子江高速首次纪委委员会议，健全完善《党风廉政建设责任制办法》《纪检监督工作办法》等15项纪检监督制度。督促职能部门修订完善相关内控制度29项，做好"审计全覆盖"24项问题整改工作。

"面"上发力，织密"监督保障网"。聚焦新公司重要廉洁风险源，加大防控力度，坚持将"目光"聚焦到党员领导干部身上，将"探头"定位到权力节点上，将"触角"嵌入事前预防、事中控制、事后问责的全过程。公司纪委牵头重新修订《岗位廉洁风险等级目录》，对9个职能部室、38个基层单位，共67个岗位和所涉及"人、财、物"人员的268条岗位廉洁风险进行全面排查、梳理和完善。

CHAPTER EIGHT
第八章

穿越周期 做强做优
在不断变革中前行

江苏交控在"十三五"期间呈现高质量发展态势。通过系统思考，董事长蔡任杰提出了高度凝练的"四度思维"理念，从"宽度一厘米、深度一百米、长度一千米、高度一万米"四个维度指引公司的发展，并在江苏交控的不断前行中，丰富"四个维度"的内涵。在未来，江苏交控将格外珍惜这一经营智慧的成果，并以传承与发展的眼光继续检验"四个维度"为江苏交控的变革提供的启发。本章将依据"四个维度"的思想畅想江苏交控的未来。

变与不变

当"变化"成为媒体描述"未来"最高频的词语时，当重新定义组织、工作和人才成为每个企业需要面对的问题时，江苏交控并没有因为外部环境的复杂性和动荡性而迷失方向，反而更加警醒。江苏交控的高管团队经常思考一个问题——"对于我们公司来说，未来变化的是什么？不变的又是什么？"董事长蔡任杰提出的"宽度一厘米"清楚地告诉我们，在纷繁复杂的环境下，企业发展不能迷失方向，要聚焦。当翻开"十四五"崭新篇章的同时，江苏交控内外部环境出现了许多新情况、新变化、新趋势。公司面临着加快推进现代化综合交通运输体系建设的"发展机遇期"，投资加快、融资困难、负债上升的"矛盾凸显期"，防范风险、撤站撤岗、提质增效的"改革攻坚期"，也正是基于"三期"叠加带来的新机遇与新挑战，公司始终牢记"交通强省、富民强企"使命担当，以不变应万变，宁静致远，稳扎稳打，推进公司可持续健康发展。

大变局　大挑战

当前，我国正处在承前启后、继往开来、在新的历史条件下继续夺取中国特色社会主义伟大胜利的新时代，经济已由高速增长阶段转向高质量发展阶段，改革进入攻坚期和深水区，国资国企改革也进入深化期，国内外错综复杂的发展环境给公司发展带来了各种变局和挑战。经济全球化引发新变化。国际化进入分化期，世界各国在经济上的联系日益紧密，互惠互利的经济发展趋势积极向好，特别是2019年8月江苏获批自贸区建设，公司的高速公路、港口运输和交通工程建设等业务都将受益良多，合作大于竞争。但同时"逆全球化"的声音也不绝于耳，如何在推进"走出去"的战略中，有效应对全球经济更加复杂严峻的危机和风险，成为国有企业必须思考的重大战略问题。区域协同化带来新契机。"一带一路""长江经济带""长三角区域一体化"，以及江苏"1+3"重点功能区、江苏沿海开发等国家和区域发展倡议与战略的推进，为江苏交控拓展互联互通重大项目、重大合作、现代服务业及产业转型升级提供了广阔空间，新的发展升级、产业协同、资源整合将加速迭代。尤其是长三角深度一体化进一步扩大了该地区的交通运输需求，随着江苏省高速公路网络的不断完善，这种大环境下的路网聚集效应将会越来越明显，并且会带动区域内的公路交通总流量的增长。智能产业化引领新趋势。新一代信息技术与行业发展深度融合，以我为主、开放协作，加强与其他市场主体在数字经济、物联网、区块链、人工智能等前沿领域的合作，共同打造新技术、新产业、新业态、新模式,增强企业自身的创新力度、提升发展高度、提高企业原生动力成为新课题。产业优化带来新机会。江苏省内有着发达的金融产业和先进的制造产业,多层次资本市场加快构建、金融领域改革纵深推进,为公司继续利用资信优势、创新融资模式、充分运用金融工具、发挥融资功能提供了良好环境,也为交通行业发展提供了资金保障和技术保障。治理现代化催生新动能。以高质量党建引领高质量发展,成为新时代国企建设的组织保障。国资国企改革步伐持续加快,全面提升国企治理体系和治理能力现代化是当前的迫切需求。

江苏交控也清醒地看到公司在当前高质量发展的新阶段,面临的国际国内形势还很复杂严峻,风险和机会并存,挑战和机遇同在。"黑天鹅""灰犀牛"事件频繁发生成为最大变数,尤其是此次新冠肺炎疫情席卷全球,企业发展需要面对不确定和复杂化的因素增多。经济增速放缓的压力逐步加大,投资、消费等增速放缓,为公司结构调整和转型升级带来了难度。交通运输部进一步压缩收费范围、降低收费标准、取消省界收费站,包括征地拆迁补偿政策变化、产业引导奖励缩减等,再加上综合交通投资量大,项目建设成本拉高,边际效益下降,营收和利润增长速度可能会同步放慢,将对公司的稳定收益产生重大影响。交通行业事权改革带来相关路桥资产剥离,省铁路集团的组建以及铁路投资管理模式的变化带来铁路资产重新调整,国企分类改革及功能性重组带来公司相关优质资产划转等,导致公司面临整体资产质量下降的风险;征地拆迁政策调整带来项目投资成本快速增长,项目决策不可控带来巨额亏损项目增加,非经营性投资项目的额外安排等,导致公司面临投资运营效率下降的风险;国家化解和防范金融风险打出多套"组合拳",增强金融服务实体经济的能力,交通基础设施建设面临融资环境动态变化的风险。

此外,随着国家关注民生和环境保护的力度不断加大,交通基础设施建设会对沿线产生一定的环境污染,公司将大力推行绿色环保建设,这也会增加公司的建设和运营成本。同时,随着长三角一体化城市群高铁网的建成，越来越多的人出行选择更为快捷舒适的高铁。虽然公路仍然是主要交通方式之一，但是高铁网络的客运量已经超过公路客运量，长三角高铁网的建成势必给公司高速公路的经营业绩带来替代性竞争风险。江苏交控在关注外部环境变化之时，也在审定自身内部出现的新情况和新问题，当前及未来更多聚焦在如何有效应对"钱从哪里来""人往哪里去""险从哪里防"这三大难题。

不变的初心与使命

江苏交控自成立之初就是带着强烈的使命感而存在的。自 2000 年成立以来，江苏交控的发展历程承载着江苏省委省政府赋予的不同时期的重要任务，饱含着江苏人民对美好生活的殷殷期望，同时，也肩负着江苏交控员工对企业可持续发展的需求。20 年来，江苏交控一直没有忘记自己的初心和使命，未来也一样。

江苏交控承担了"交通强省、富民强企"的使命。"交通强省"对于江苏交控来说已经被赋予了新的时代内涵。"交通强省"是交通强国战略分解的关键环节。党的十九大报告首次提出了建设"交通强国"的战略目标，江苏省委、省政府将推进重大基础设施建设作为全省"十三五"规划中的重中之重，江苏省综合交通基础设施总体要达到世界先进水平。

建设交通强国是立足国情、着眼全局、面向未来做出的重大战略决策，2019 年 9 月发布的《交通强国建设纲要》提出了 2021 年、2035 年以及 21 世纪中叶的短、中、长期战略目标，这也为江苏交控绘制企业愿景和蓝图时，提供了方向指引，同时也令他们深感责任之重。"交通强省"的使命和初心，要求江苏交控强化现代化综合交通运输体系的主业保障。建设综合交通运输体系是江苏高质量发展最迫切的需求，公司是落实"交通强省"战略的主力军和排头兵，是全省经营类交通项目投融资的主渠道。江苏交控要进一步提升功能定位，发挥资本的引领和放大效应，有效分担省级财政的压力，支持保障高铁、机场、港口、航空等专业化交通投资运营平台的组建和发展，加快补齐发展短板，全力推动现代综合交通运输体系建设，合力谱写"交通强国"的江苏篇章。

"富民强企"是"交通强省"使命的保障和目标，只有企业能够可持续发展，才能保障交通强省使命的实现，而交通强省的根本目标是通过建立现代化高质量的综合立体交通网络和构筑一体化的综合交通枢纽体系，提升公共服务水平，建设人民满意的交通。富民强企的可持续发展要求公司必须牢牢抓住"主业、改革、创新和高质量"四个方面的关键引擎。交通运输是基础性、服务性的行业，是经济社会发展的重要支撑，是保障和改善民生的重要领域。江苏交控怀揣感恩之心，以"方便群众安全、便捷、舒适出行"为立企之本，努力解决与群众关系最密切、要求最迫切的服务问题，全力打造让人民满意的交通，努力探索让人民幸福的交通，积极建设让人民骄傲的交通。

战略聚焦不动摇

未来环境的动荡逐渐加剧，科技创新速度不断增强，江苏交控在快速发展的同时，也面临着诸多诱惑。是否进入一个新的产业、开拓新的市场、发展新的产品和服务，可能是战略层面需要不断斟酌的难题。江苏交控在发展中承载着战略不断调整、战略不断聚焦的艰难过程。曾经，江苏交控也试图在房地产等非相关行业进行多元化的探索，但是并没有取得突破，而这个试错的过程也并不是毫无价值，反而通过尝试坚定了战略聚焦交通主业的信心。江苏交控的战略聚焦，既反映了不忘初心、牢记使命的决心，也反映了江苏交控对未来战略定位和发展思路的思考。

未来的战略将聚力"三商"发展定位，着力推动交通运输与物流业、制造业、旅游业等关联产业联动融合发展，着力推动运输服务提质升级，着力打造高质量立体互联的综合交通网络化格局。一是全省重点交通基础设施建设领域有带动力的投资商。强化主渠道功能，履行先行军职责，全力保障重点交通投融资任务，构建高质量、现代化的综合交通运输体系，推进交通一体化格局。二是全国综合交通产业领域有竞争力的运营商。坚持交通基础设施、金融投资、"交通+"三大主业，打造高效、协同、互补的产业体系，支撑综合交通生态圈构建，积极融入区域经济发展。三是全球高速公路领域有影响力的服务商。聚焦产品化、市场化、国际化，打造一流设施、一流技术、一流管理、一流服务，彰显高质量、高品质、高效率的江苏高速形象，推动江苏高速品牌进入世界先进行列。

未来的战略将聚焦"四新"发展思路，全链条推进现代企业治理，全维度建设交通强国先锋，全要素攻坚供给侧结构性改革，全方位驱动新旧动能转换。一是注重点面结合，把江苏交控放进新时代、强国梦、全球化的大坐标系内，围绕"国际影响、国内领先"重塑企业发展大格局，树立发展新坐标。二是注重纵横交互，进一步拓展发展布局，挖掘横向空间、延伸纵向产业、释放发展动能，开拓发展新路径。三是注重内外兼修，提升精益管理能力，培育创新协同能力，增强并购整合能力，打造发展新能力。四是注重上下联动，推动集团总部与所属企业同频、顶层设计与基层首创结合、组织变革与业务发展协同，催生发展新活力。

呼唤企业家精神

江苏交控对于企业家精神是有着自己的理解的。蔡任杰先生一直强调，企业家精神不是仅仅针对"企业家"而言的创新精神，而是面向江苏交控的每个员工而言的，通过全员的企业家精神的融入，形成组织的创新精神。德鲁克早在《创新与企业家精神》这本书中就提出企业家精神需要系统学习，需要加以管理，最重要的，它应以有目的的创新为基础，因为企业家精神的本质就是有目的、有组织的系统创新。

内敛力与扩张力的交融

江苏交控提出的"深度一百米"正是企业家精神的体现，体现了内敛力和扩张力的融合，既要修炼内功，也要开拓创新。江苏交控一直弘扬"工匠精神"，"工匠精神"强调的是员工专注于自己的产品和服务，为客户创造价值，这是一种内敛力的提升，专注企业的主业。企业在未来的发展中，继续发挥主业优势，弘扬养护人的"铺路石精神"和"工匠精神"，提升苏式养护的品牌价值；同时，着力发挥科技创新引领作用。实现交通运输由大向强的历史性转变，关键要靠技术创新。必须把发展的基点放在创新上，充分发挥技术创新的引领作用，大力建设智慧交通，着力培育具有国际竞争力的基础设施建设等技术能力，加快"互联网＋交通运输"等推广应用，深入实施人才优先发展战略，为建设交通强省提供有力的技术支撑和人才保障。

江苏交控的企业家精神还强调直面企业未来可能遇到的困难，勇于试错，这是对扩张力的考验。江苏交控需要在未来的发展中树立利他思维、跨界思维、共生思维。首先，企业存在的意义是给客户创造价值。江苏交控给客户到底提供的是什么？是让人民满意的交通、人民骄傲的交通、人民幸福的交通吗？这些看似无法用言语去定量描述具体内涵的词语是如何指引江苏交控所提供的产品和服务的呢？江苏交控是承载着政府、人民、员工、合作伙伴多方的诉求而存在的，肩负着巨大的责任。这种责任感为企业追求创新提供了内在动力，也为企业在决策时提供了考虑问题的边界。其次，未来跨界思维对于江苏交控特别重要。"金融投资"和"交通＋"作为"两翼"也从战略层面上体现了江苏交控在跨界上的尝试。企业的跨界思维需要企业的能力做相应的支撑。比如江苏交控作为投融资发展平台，经过多年的发展，投融资能力不断增强，跨界金融是在考虑企业内在能力基础上而决策的，未来将继续发挥内在投融资的优势，将金融板块发展壮大；而"交通＋"也是企业家精神的体现，从交通主业跨界到传媒业、能源业、旅游业，目前来看，跨界的尝试还刚刚起步，如何实现多个产业之间的协同效应、创新商业模式、整合核心资源是企业在未来跨界中需要考虑的问题。再次，强调"共生"思维，这也是企业家思维的一个重要维度，最早由陈春花、赵海然所著的《共生：未来组织的进化路径》一书提出。随着江苏交控所面临的外部环境越来越多变，非竞争性业务在企业中的作用越来越强，顾客的需求越来越被重视，企业需要越来越关注利益相关者的诉求。不管是客户还是战略合作伙伴、员工等，都应该保证多方的利益、多元利益，当所有的利益都被保护时，才能共生。

创新是企业发展的灵魂

创新是引领发展的第一动力，是企业家精神的鲜活灵魂。创新也是江苏交控的核心价值观之一。江苏交控在系统思维的指导下，关注技术、商业模式、管理和文化创新，建立"围绕产业链部署创新链、围绕创新链完善资金链、围绕资金链支持产业链"的交通创新生态圈。

一是公司要凸显技术创新的引擎效应，加快推动技术与行业的黏合度，提高交通与相关行业的黏度，与行业主管部门、科研院校深度合作，共同打造技术创新生态圈。重点加大对"集中养护""路桥检测""安全保障"等方面的新技术、新材料、新工艺、新设备的研究，以及大力开拓建设"云、网、边、端"四位一体的技术平台，推动服务管理向自动化、智能化转变，强化科技同经济对接、创新成果同产业对接、创新项目同现实生产力对接、研发人员创新劳动同收入对接，研究建立成果推广机制，不断提升科研成果、知识产权的转化应用效益。鼓励并培养员工的"首创精神"和"工匠精神"，推动生产一线微创新。运用信息技术手段，优化交通运行和管理控制，健全智能决策支持和监管，加快实现交通基础设施和运载工具数字化、网络化及运营运行智能化。着力提升在国际国内标准和规则制定中的话语权和影响力，更好地为全国乃至全球交通治理提供"江苏交控智慧方案"。

二是公司要实现商业模式创新的辐射效应，坚持和实践"面向客户、面向市场、面向未来"的创新驱动理念，创新价值主张促进服务转型，创新经营机制拓宽盈利渠道，在产融结合上下功夫，发挥内部协同效应，提高资源配置效率，优化成本结构。加快培育具备较强盈利能力的业务和新的利润增长点，形成一批具有较大规模、较好回报和稳定现金流的优质资产，增强自我造血功能，支撑公司的持续健康发展。积极开展"交通＋"顶层规划和商业模式研究，力争产生更大的商业价值。

三是公司要发挥管理创新的带动效应，持续对标国际、国内一流企业，切实做好找短板、补短板、强短板的工作，建立健全鼓励激励、容错纠错、能上能下三项机制建设，调动干部员工的积极性。同时，以信息化、集约化、专业化为支撑，推进流程再造，建设江苏交控大学（党校），上承组织战略，下接组织绩效，为人力资源、财务管理、安全生产、行政办公等业务培养专业化人才，分步探索建设专家指导、业务伙伴、服务支撑三位一体的"共享中心"，实现业务型管理向价值型创造的转变。

四是公司要深化文化创新的融合效应，坚持先进文化前进方向，弘扬民族精神和时代精神，融入社会主义核心价值观，积极构建新常态下富有激励、各具特色、积极向上的企业文化，打造一批优势突出、特点鲜明的文化阵地和文化品牌。积极承担国企社会责任，按照上级要求继续做好结对帮扶工作和其他社会公益工作，依法、规范、高效地开展扶贫济困、慈善捐助等公益活动。

从价值链走向生态圈

未来，江苏交控希望打造综合大交通的生态圈。这也是江苏交控提出的"长度一千米"的体现。以往江苏交控将自己看成整个交通运输基础设施产业的一个关键的环节，在整个价值链上，承担着高速公路、高铁、港口、机场、航空的基础设施的投资和运营。在"十三五"规划期间，江苏交控开始逐步向系统外交通媒体资源、"交通+"产业延伸以及与大数据、云计算等融合赋能，并注重发挥金融业在整个产业融合发展过程中的杠杆作用。未来公司将对产业加速转型升级，对新兴产业实现智能升级，对未来的战略产业实施战略升级，聚力打造新一代交通4.0、5.0版本，高层次构建可持续的综合交通生态圈。

产业的多元延展

第一，整合基础设施网。基础设施网是江苏交控核心的存量设施资产。一方面，以资本为纽带，推动高速公路与高铁、机场、港口等交通基础设施的衔接，实现立体互联，促进资源要素的快速集聚和高效配置，推动综合交通枢纽和重要运输节点的优化布局。另一方面，加快整合系统存量的设施资产，对路网沿线收费站、服务区、存量的土地资源，与龙头企业合作，研究论证仓储物流开发、路网内集中配送、物流接驳以及集散中转终端布设等业务实施的可行性，为进一步拓展"路沿经济"提供设施保障。

第二，搭建能源供应网。公司发挥专业化平台优势，推动清洁能源在综合交通网内的推广应用和产业化运作，大力推进"高速公路+光伏"，在高速公路服务区、收费站屋顶、互通枢纽区快速实施光伏发电应用，加快建成江苏省全网覆盖、形式多样、功能协调、景观优美的光伏能源高速公路网系统；择优拓展社会集中式和优质分布式光伏电站投资，扩大电站持有规模；努力拓展省内海上风电、陆上分散式风电等风力发电的投资运营，形成交通能源、风光并举的业务格局。加快新旧动能转换，推动天生港发电转型发展，落实启通天然气管线、江苏华电通州湾百万机组、天生港发电厂址燃气机组热电联产等项目投资运营。保障高速公路网油品供应，加快推进服务区LNG加气站建设，探索服务区充电桩运营管理模式，推动充电桩实体化运营。

第三，探索商贸服务网。公司路网基础设施承载着包括服务区、文化传媒、物流、路网运营服务用户资源和ETC客户资源。江苏交控在"十三五"期间的"交通+"战略的实施为资源要素的进一步整合打下了坚实的基础。服务区资源在"十三五"期间在商业模式创新方面取得了重大突破，成为公司利润的又一重要来源。未来服务区将进一步提升整体服务品质和经营质态，努力打造一批功能多样、特色鲜明、业态丰富、商业氛围浓厚的服务区集群。公司依托综合大交通网络资源，围绕"规模化、精准化、专业化"，整合控股系统媒体资源，按照整合资源、发掘资源、拓展资源的"三步走"战略，完成公司传媒网络终端布局，深入挖掘和提升交通媒体资源的价值。立足广告经营主业，创新产业模式，积极探索文化传媒领域新的利润增长点，打造规模化、集约化、高端、高效的产业集群，逐步构建广告主业突出、多元协调发展的经营格局。适时引入战略投资者，实施股份制改造，通过资本市场实现乘数效应，提升存量资产的证券化水平。江苏交控凭借路网运营服务用户资源、ETC客户资源和路网服务区线下商户资源，将进一步做强、做专、做精商贸服务线上平台，形成线上线下要素共享、协同发展的运营机制。围绕"交通+互联网"，有效挖掘和应用大数据，使其产生更大的商业价值。

互联网思维下的价值流动

江苏交控秉持互联网思维，坚持以客户为中心、以业务为灵魂，坚持问题导向、需求牵引、创新驱动，借助云计算、大数据、移动互联网、物联网、人工智能等新一代信息技术，围绕全面感知、泛在互联、深度融合、科学决策、智能响应和主动服务，努力实现交通智慧式管理和运行。公司积极引导行业先进技术研发，有效利用高速公路沿线广告牌、门架系统、收费站等资源，加快推进5G基站布局，实现路网全覆盖，并运用

AI视觉、SD-WAN组网、5G通信、光纤管网等数据采集传输系统，构建高可靠、高密度、低延时的AI云端智能组网系统。公司坚持真正运用好"互联网思维"和"云计算技术"，强调"以出行者为中心"进行理念创新、"以业务为灵魂"进行路径创新、"以互联网为标杆"进行技术创新，逐步构建起架构体系、网络体系、用户体系和运维体系等四大体系，同时在同一架构体系下，公司着力打造调度云、收费云、服务云、内控云、资管云、党建云这六个云平台。这些数据的交互能够在未来"化云为雨"为客户创造更大的价值，也提高了企业的运营效率，并逐步形成数字化、智能化、便捷化的信息支撑网。信息支撑网的形成能够为车路协同、网联汽车、自动驾驶、物联网等前沿发展趋势打造丰富的智慧交通运营场景。对海量数据的挖掘和应用，能够为智能出行业务链提供人工智能解决方案，从中长期来看，面向交通传媒、能源供应、商贸平台等领域提供个性化定制数据成品包，能使数据创造更大的价值。

高位引领　全球视野

追求卓越，是江苏交控提出的"高度一万米"的集中体现。江苏交控向世界一流示范企业冲刺，向具有国际影响、国内领先企业进军的号角已经吹响，公司走高质量发展道路、向万亿元企业迈进的目标已经明确。实现综合交通产业集团的美好蓝图，要求江苏交控在未来的发展中树立高站位的要求和全球的视野。

高站位引领发展

新时代是国有企业高质量发展的时代，江苏交控既要高瞻远瞩，又要脚踏实地，聚力内涵式提升，聚焦高质量发展，努力建设让江苏人民感到骄傲的交通，继续在国有企业中发挥示范引领作用。

第一，确立更高站位的发展目标。公司必须抓住"一带一路"、长三角一体化以及江苏省自贸区建设机遇，做好深度融入对接，成为区域经济社会发展具有带动力、影响力和驱动力的国有企业龙头；公司必须瞄准万亿元资产目标，做好行业标准引领、标杆示范，努力成为具有国际影响、国内领先的万亿元级综合交通产业集团，在改革发展的重要领域和关键环节取得积极成果，奋力实现"三个领先"，即对标国内同类大型交通投资集团，综合实力全面领先；对比省属兄弟企业，整体贡献全面领先；对照行业标准，所属企业发展优势全面领先，竞争力显著增强。

第二，明确更高要求的发展定位。公司聚焦"高质量发展"，立足"创建一流企业"，以资本为核心，以产权为纽带，以投融资为抓手，通过系统化、一体化的运作，形成交通基础设施、金融投资、"交通+"三大主业，打造高效、协同、互补的产业体系，支撑综合交通圈建设，积极融入区域经济发展。一是在定位中围绕一条主线不动摇，坚持在现有基础上直接改组国有资本投资运营公司，将主要承担以高速公路为主的经营类交通项目投资的投融资平台改革为对经营类综合大交通的资本布局的资本投资运营主体。二是在发展中突出两项功能，推动以资本为核心，围绕流动性和增值性，促进"资金、资产、资本"的循环流转，实现国有资本形态转换。一方面发挥国有资本投资功能，以对战略性核心业务控股为主，通过开展投资融资、产业培育和资本运作等，发挥投资引导和结构调整作用；另一方面发挥国有资本运营功能，通过打造资本运作、资金融控、资产证券化以及资产处置等平台，盘活国有资产存量，引导和带动社会资本共同发展。三是在改革中强化三类属性，强化"投融资"属性，充分发挥全省经营类交通项目投融资的主渠道作用，确保重点经营性交通基础设施投融资任务的顺利完成，全力支撑全省综合交通运输体系建设构建；强化"资本"属性，成为国资改革重组及重点领域产业整合的推动者，推动国有资本实现战略性布局、功能性重组以及结构化调整；强化"产业"属性，成为优势产业转型升级和质效提升的主导者，着力构建"资产合理配置、资源优势互补、资本有序流动"的经营类综合大交通生态圈。

第三，禀赋更契合实际的发展原则。坚持立足当前与谋划长远相结合，把握历史机遇，强化战略管理；坚持统筹规划与逐年推进相结合，注重顶层设计，科学分步实施；坚持保持领先与补齐短板相结合，巩固先发优势，解决迫切需求；坚持自我发展与外部支持相结合，突出以我为主，争取为我所用，围绕推动高质量发展，协调好速度规模与质量效益的关系，协调好增量拓展和存量优化的关系，协调好整体提升与突出重点的关系，协调好巩固国内领先和探索进军海外的关系，全面提升公司整体竞争力和可持续发展能力。

"一带一路"开启国际化进程

新中国成立 70 年来，特别是改革开放以来，我国工业成功实现了由小到大、由弱到强的历史大跨越，使我国由农业国成长为工业制造大国。国有企业作为国民经济发展的重要支柱，一直承担着重要责任，也在不断加快国际化步伐。江苏交控作为国有企业，理应在国家更大开放格局之下不断优化调整，在"走出去"与"引进来"的协调发展中，秉承合作共赢理念，在世界舞台上奏响华丽乐章。

国有企业在改革开放的国际化道路上越走越宽，实现了从量到质的飞跃。新时代，在我国推动全方位对外开放、培育国际经济合作和竞争新优势的过程中，国有企业国际化又迎来了新机遇。我国目前对外开放政策已经从第一阶段进入第二阶段，从第一阶段的"出口导向、引入外资"转变为第二阶段的"进口导向、对外投资"方针。2013 年，我国提出构建"一带一路"倡议。"一带一路"不仅是中国人民的机会，也是世界人民的机会。把"一带一路"办好，符合时代方向、市场规律、百姓需求、中国希望、外国机会。"道路通，百业兴。"互联互通是贯穿"一带一路"的血脉，而基础设施联通则是"一带一路"建设的优先领域。国有企业是国家重大决策发展中的前锋，是共商、共建、共享"一带一路"的主力。因此，江苏交控看到了经济全球化带来的新的契机，只有高度参与世界经济，开展全球合作、区域合作、行业合作才能在新一轮的全球竞争中把握机遇。江苏交控深知肩上的重任，并意识到在当前及未来一段时间必须抱团出海，利用资源、资本和资金优势，通过稳步的国际化战略，实现由本土化企业向国际化企业转变。江苏交控立足"一带一路"倡议新起点，把握发展目标，努力推进改革创新，拓展国际合作新空间，注重文化融合，为公司国际化发展进行了积极探索。

"小步快走"理性出海

面对国际竞争的环境，江苏交控要想成为具有国际影响的万亿元级综合交通产业集团，需以夯实内功为根基，理性出海。公司在"走出去"的过程中，不会被灿烂的前景诱惑，追寻的是风险最小化，而不是利益最大化，对海外市场进入方式的选择要循序渐进。就目前而言，公司缺乏对于海外市场竞争情况的了解，以及资金和人力资源匮乏是困扰其海外扩张的主要瓶颈。因此，公司在海外市场进入方式的选择上采用了渐进性的策略，从低风险、低控制的进入方式，逐渐向高风险、高控制的进入方式过渡。而纵观国内企业国际化成功案例，基本上是沿着上述轨迹的。

江苏交控将加快推进优势企业海外投资布局，创新海外融资方式，结合集团海外业务布局和项目进展，通过跨境美元融资、自贸区债券、海外直接投资和海外上市等分步进行海外融资，并进一步提升"苏交控"品牌的海外知名度。公司将以宁沪高速为主体，积极探索推进基础设施国际化投资布局，提升自身的话语权和影响力；利用云杉资本海外平台，加强与国际性金融机构的沟通对接，择优配置流动性较好、投资收益可观的海外金融资产。同时，公司还可通过联合体收购、合作联盟等形式，与央企龙头企业、省属企业以及国际机构合作,共担风险、抱团出海。国际化推进并非仅仅是资本国际化,公司也要全面推进国际交流合作,引技引智,与国外一流企业和机构在技术创新、科技研发、大数据应用、人工智能等业务领域展开深度合作。加快国际交流学习,推动高层次国际化人才引进和培养,重点加强在国际金融、境外投资、跨国商贸等领域的人才储备,以国际化人才资本支撑国际化发展战略。此外,江苏交控将继续推进"苏式养护"和管养国际化输出,重点探索智慧交通产业国际化发展路径,加快推动云调动系统、AI门架系统、SD-WAN组网技术等成熟的智慧交通成果走向国际化。始终遵循共商、共建、共享的原则,落实"一带一路"倡议,推动陆上、海上、天上、网上四位一体的联通。聚焦关键通道、关键城市、关键港口,连接陆上公路、高铁网络和海上港口网络,建成遍及城乡、通达全国、联通世界的全球运输供应链。

居安思危　增强风险意识

风险意识是江苏交控上至领导层,下至普通员工都会高度关注的。一方面江苏交控面临着"三期"叠加的关键时点,一直思考"钱从哪里来""人往哪里去""险从哪里防"的关键难题,全员都紧绷着一根弦,关注外部环境的机遇与挑战以及内部经营的难题和突破点。在未来的发展中,变革创新将成为企业的常态,而任何的变革都将面临传统逻辑思维的刚性,会存在很大的困难。居安思危,增强风险意识,是江苏交控取得今天成绩的法宝,更是未来可持续发展的定海神针。因此,在纷繁复杂的国际化发展过程中,公司要具备理性思维,努力提高自身的竞争能力,把风险管控放在首位,建立随时退出机制。选择国际化项目要从自身熟悉的高速公路业务做起,充分考虑政策风险、汇率风险、财务风险等,特别是做好各种风险分析。

党的十九大报告明确了国有企业发展的责任与使命,特别是在新一代信息技术所带来的更加紧密的人类共同体发展这一目标指引下，作为国有企业的江苏交控开始整装再出发，继续贡献中国智慧、中国技术、中国方案。公司愿意与省内外和世界各国人民共享交通运输发展的成果，并将进一步深化合作，打造互联互通、互利共赢的交通运输开放合作体系。

江苏交控将"永远在路上"，不断深化企业改革，积极调整产业结构，深度嵌入交通行业产业链，实现从传统道路运输企业到国有大型综合交通产业集团的华丽转身，积极布局综合大交通产业生态圈，鼎力推动江苏交通强省的创新与发展。作为江苏交控人，我们使命光荣，任重道远，每一个人都会自觉担负起企业改革发展的历史重任。